国家出版基金项目

"十四五"国家重点图书出版规划项目

中国语言文化典藏系列 组委会

主　任

田学军

执行主任

田立新

成　员

宋　全　杨　芳　刘　利　郭广生　顾　青
张浩明　周晓梅　刘　宏　王　锋　余桂林

中国语言资源保护工程

中国语言文化典藏系列　编委会

主　编

曹志耘　王莉宁　李锦芳

委员（音序）

郭　浩　何　瑛　黄成龙　黄拾全　李云兵
刘晓海　苗东霞　沈丹萍　王　锋　严修鸿
杨慧君　周国炎　朱俊玄

曹志耘 王莉宁 李锦芳 主编

中国语言文化典藏·花垣苗语

刘宝俊 著

商务印书馆
The Commercial Press

序

随着现代化、城镇化的快速发展，我国的语言方言正在迅速发生变化，而与地域文化相关的语言方言现象可能是其中变化最剧烈的一部分。也许我们还会用方言说"你、我、他"，但已无法说出婚丧嫁娶各个环节的方言名称了。也许我们还会用方言数数，但已说不全"一膈穷，两膈富……"这几句俗语了。至于那些世代相传的山歌、引人入胜的民间故事，更是早已从人们的生活中销声匿迹。而它们无疑是语言方言的重要成分，更是地域文化的精华。遗憾的是，长期以来，我们习惯于拿着字表、词表去调查方言，习惯于编同音字汇、编方言词典，而那些丰富生动的方言文化现象往往被忽略了。

2017 年，中共中央办公厅、国务院办公厅《关于实施中华优秀传统文化传承发展工程的意见》首次提出"保护传承方言文化"。2020 年，国务院办公厅《关于全面加强新时代语言文字工作的意见》明确提出"科学保护方言和少数民族语言文字"。语言方言及其文化的保护传承写进党和政府的重要文件，具有重要的历史意义。党中央、国务院的号召无疑是今后一个时期内，我国语言文字工作领域和语言学界、方言学界的重要使命，需要我们严肃对待，认真落实。

中国语言资源保护工程于 2015 年启动，已于 2019 年顺利完成第一期建设任务。针对我国传统语言方言文化现象快速消失的严峻形势，语保工程专门设了 102 个语言文化调查点（包括 25 个少数民族语言文化点和 77 个汉语方言文化点），按照统一规范对语言方言文化现象开展实地调查和音像摄录工作。

为了顺利开展这项工作，我们专门编写出版了《中国方言文化典藏调查手册》（商务印书馆，2015 年）。手册制定了调查、语料整理、图册编写、音像加工、资料提交各个阶段的工作规范；并编写了专用调查表，具体分为 9 个大类：房屋建筑、日常用具、服饰、饮食、农工百艺、日常活动、婚育丧葬、节日、说唱表演，共 800 多个调查条目。

调查方法采用文字和音标记录、录音、摄像、照相等多种手段。除了传统的记音方法以外，还采用先进的录音设备和录音软件，对所有调查条目的说法进行录音。采用高清摄像机，与录音同步进行摄像；此外，对部分语言方言文化现象本身（例如婚礼、丧礼、春节、元宵节、民歌、曲艺、戏剧等）进行摄像。采用高像素专业相机，对所有调查条目的实物或活动进行拍照。

这项开创性的调查工作获得了大量前所未有的第一手材料。为了更好地保存利用这批珍贵材料，推出语保工程标志性成果，在教育部语言文字信息管理司的领导下，在商务印书馆的鼎力支持下，在各位作者、编委、主编、编辑和设计人员的共同努力下，我们组织编写了《中国语言文化典藏》系列丛书。经过多年的努力，现已完成50卷典藏书稿，其中少数民族语言文化典藏13卷，汉语方言文化典藏37卷。丛书以调查点为单位，以调查条目为纲，收录语言方言文化图片及其名称、读音、解说，以图带文，一图一文，图文并茂，EP同步。每卷收图600幅左右。

我们所说的"方言文化"是指用特殊方言形式表达的具有地方特色的文化现象，包括地方名物、民俗活动、口彩禁忌、俗语谚语、民间文艺等。"方言文化"是一个新的研究领域，需使用的调查、整理、加工方法对于我们当中很多人来说都是陌生的，要编写的图册亦无先例可循。这项工作的挑战性可想而知。

在此，我要向每一个课题的负责人和所有成员道一声感谢。为了完成调查工作，大家不畏赤日之炎、寒风之凛，肩负各种器材，奔走于城乡郊野、大街小巷，记录即将消逝的乡音，捡拾散落的文化碎片。有时为了寻找一个旧凉亭，翻山越岭几十里路；有时为了拍摄丧葬场面，与送葬亲友一同跪拜；有人因山路湿滑而摔断肋骨，住院数月；有人因贵重设备被盗而失声痛哭……。在面临各种困难的情况下，大家能够为了一个共同的使命，放下个人手头的事情，不辞辛劳，不计报酬，去做一项公益性的事业，不能不让人为之感动。

然而，眼前的道路依然崎岖而漫长。传统语言方言文化现象正在大面积地快速消逝，我们在和时间赛跑，而结果必然是时间获胜。但这不是放弃的理由。著名人类学家弗雷泽说过："一切理论都是暂时的，唯有事实的总汇才具有永久的价值。"谨与大家共勉。

曹志耘

2022年4月13日

目录

序

引 言   1
   一 花垣   2
   二 花垣苗语   5
   三 凡例   13

壹·房屋建筑   17
   一 住宅   20
   二 其他建筑   41
   三 建筑活动   52

贰·日常用具   61
   一 炊具   64
   二 卧具   72
   三 桌椅板凳   74
   四 其他用具   79

叁·服饰   89
   一 衣裤   92
   二 鞋帽   97
   三 首饰等   102

肆·饮食   107
   一 主食   110
   二 副食   112
   三 菜肴   117

伍·农工百艺   125
   一 农事   128
   二 农具   140
   三 手工艺   151
   四 商业   168
   五 其他行业   171

陆・日常活动	185	玖・说唱表演	269
一 起居	188	一 口彩禁忌	272
二 娱乐	193	二 俗语谚语	273
三 信奉	209	三 歌谣	281
		四 戏剧	288
柒・婚育丧葬	221	五 故事	302
一 婚事	224		
二 生育	238	调查手记	318
三 丧葬	240		
		参考文献	326
捌・节日	251		
一 春节（苗年）	254	索　引	327
二 元宵节	258		
三 清明节	259	后　记	336
四 端午节	261		
五 赶秋节	264		
六 其他节日	266		

引言

一 花垣

　　花垣县隶属湖南省湘西土家族苗族自治州，位于湖南省西部，武陵山脉中段，湘、黔、渝交界处，东接保靖县、吉首市，南连凤凰县，西邻贵州省松桃苗族自治县、重庆市秀山土家族苗族自治县。东经109°15′—109°38′，北纬28°10′—28°38′，南北长49.5公里，东西宽38.5公里，总面积1109平方公里。地势东、南、西三面高，北部低，中部呈三级台阶状，形成高山台地、丘陵和沿河平川三种台阶型地貌带。境内以山原地貌为主，崇山峻岭雄奇挺拔，层峦起伏，溪河交错，有古苗河、花垣河、牛角河等大小河流30多条。

　　花垣县先秦属荆楚，秦属黔中郡，西汉属武陵郡，东汉属五溪地，唐属溪州地。明洪武元年（1368年）在今花垣县的吉卫镇设置崇山卫，这是明王朝在湘西苗族地区腹地设立的第一处重要的军事卫署。后撤销崇山卫，改置崇山千户所，隶属湖广土司。洪武三十年（1397年），

置镇溪军民千户所，分镇溪、崇山124寨为"十里"，自高岩河分界，下"四里"为今吉首地，上"六里"为今花垣县域，旧称"六里苗地"。清雍正八年（1730年）设"六里同知"，雍正十年（1732年）改"六里"为永绥厅，治所在今吉卫镇吉多坪。嘉庆二年（1797年）乾嘉苗民起义失败后，永绥厅升格为直隶厅。嘉庆七年（1802年），厅治因地处偏僻而移至今花垣镇。民国元年（1912年）改直隶厅为行政厅。次年改永绥厅为永绥县，属辰沅道。民国24年（1935年）属湘西绥靖处。民国25年（1936年）属湖南省第三行政督察区。民国29年（1940年）属第九行政督察区。

1949年11月成立永绥县人民政府，治所在花垣镇，属沅陵专区。1952年，永绥县改属湘西苗族自治区。1953年9月，永绥县改名花垣县，治所不变。1955年属湘西苗族自治州。

1957年至今属湘西土家族苗族自治州。截至2017年8月,花垣县行政区划设花垣镇、边城镇、龙潭镇、民乐镇、吉卫镇、麻栗场镇、雅酉镇、双龙镇、石栏镇共九个镇,和长乐乡、猫儿乡、补抽乡共三个乡。

花垣县是苗族聚居区。自清康熙五年(1666年)"改土归流"后,"流官"和外地商贾不断涌入花垣,境内增加了汉族、土家族等民族。1949年后随着社会的发展,不少外地干部来县工作,又增加了满族、瑶族、黎族、侗族、回族等民族。根据2020年第七次全国人口普查数据,全县常住人口为249238人。在常住人口中,苗族为194513人,占78.04%。(以上人口数据根据花垣县人民政府门户网站2021年7月16日发布的《花垣县第七次全国人口普查主要数据公报》)花垣县是湘西土家族苗族自治州苗族人口最多、聚居密度最大的县,大多数乡镇苗族人口比例超过90%。

花垣县位于湖南西部边陲,湘、黔、渝接壤处,自古有"西南门户"之称。境内层峦叠翠,溪流纵横,有极其丰富的自然景观。流经高山密林的古苗河,两岸山峰耸峙,风景殊绝;著名的文笔峰倒蘸蓝天,直逼苍穹;奇特的石栏杆如林竞秀,百态千姿;大龙洞、小龙洞绝壁挂瀑,飞珠喷玉。大自然在这里营造了一处处美丽诱人的山水佳境。

花垣是古朴神秘的"百里苗乡",苗族传统文化保存较好,人文景观独特。湘西五大古镇之一的边城茶洞,古朴清秀,因沈从文笔下的《边城》而驰名中外。2016年,花垣苗族赶秋随中国二十四节气正式列入联合国教科文组织人类非物质文化遗产代表作名录。苗鼓、苗族古老歌、苗族医药以及苗族武术、花带、苗戏、椎牛祭、接龙舞、司刀绺巾舞等,分别列入国家级非物质文化遗产代表性项目和湖南省级非物质文化遗产代表性项目名录。花垣县还是唢呐艺术之乡、苗族山歌之乡、中国民间文化艺术之乡、中国苗绣织锦艺术之乡和全国蚩尤文化研究基地。苗族的传统节日苗年、三月三、四月八、樱桃会、赶秋节等,蕴含了湘西苗族浓郁的风俗民情。接龙舞、都乐舞、傩戏、上刀梯、猴儿鼓等苗族传统文化活动与绝技,以及古朴的建筑,绚丽的服饰,独特的饮食,展示了花垣苗族多姿多彩的生活。

二 花垣苗语

（一）概述

花垣苗族自称 [qo³⁵ɕõ³⁵]，称汉族为 [qo³⁵tɑ²²]，称苗语为 [tu⁵³ɕõ³⁵]，称汉语为 [tu⁵³tɑ²²]。[qo³⁵] 是名词前缀，[cõ³⁵] 是自称，[tɑ²²] 是对汉族的称呼，[tu⁵³] 是"话"的意思。

花垣苗语属于苗语湘西方言。20世纪50年代的苗语普查，将苗语湘西方言分为西部土语和东部土语两种，花垣苗语属于湘西方言西部土语。

清代以前花垣苗族没有本民族文字。在清末民初，花垣县龙潭镇苗族民间知识分子石板塘，根据汉字造字法，借用汉字偏旁，创造了方块字形的板塘苗文。在新中国成立初期，花垣县麻栗场镇老寨村（今文笔峰村）苗族民间艺人石成鉴、石成业，又在板塘苗文的基础上进行改造，创制了老寨苗文。这两种苗族文字曾在花垣民间一度流行，但范围有限，时间不长，早已不再使用。在20世纪50年代的苗语调查研究中，专家学者确定以花垣县吉卫镇腊乙坪村（今夜郎坪村）话为苗语湘西方言的标准音，并于1956年创制了记录苗语湘西方言的拼音文字——湘西苗文。

近几十年来，随着文化教育的普及，经济的发展，以及大众传媒的影响，交通条件的改善，花垣苗语也发生了不少变化，主要体现在苗语的应用范围日益缩小，使用苗语的人口渐次高龄化。21世纪以来，花垣苗族原生态的语言文化受到现代化浪潮更强烈的冲击，促使花垣苗族人民产生强烈的文化自觉意识，苗族语言文字和传统文化受到了一定程度的重视。在一些民族小学，苗族语文走进了课堂，县广播电视台还设有专门的苗语节目。苗语和苗族传统文化通过岁时节日、婚丧嫁娶等活动，以及政府组织的各级申遗工作，得到了传承和弘扬。不过从总的发展趋势来看，花垣苗族的语言和传统文化活力仍呈减弱趋势。

（二）声韵调

本书调查、记录的花垣苗语音系以吉卫镇夜郎坪村的发音为标准。

1. 声母 67 个（不含零声母）

p	pʰ	mp	mpʰ	m	m̥ʰ	w	
pj	pʰj			mj			
pɻ	pʰɻ		mpʰɻ	mɻ			
ts	tsʰ	nts	ntsʰ				s
t	tʰ	nt	ntʰ	n	n̥ʰ	l	l̥ʰ
ʈ	ʈʰ	ɳʈ	ɳʈʰ	ɳ		ʐ̩	ʂ
tɕ	tɕʰ	ɲtɕ	ɲtɕʰ	ɲ̥		ʑ	ɕ
c	cʰ	ɲc	ɲcʰ			ʎ	ʎ̥ʰ
k	kʰ	ŋk	ŋkʰ	ŋ			h
kw	kʰw	ŋkw	ŋkʰw	ŋw			hw
q	qʰ	ɴq	ɴqʰ				
qw	qʰw	ɴqw	ɴqʰw				

声母例词

p	pɛ⁴⁴	棺材	pei⁴²	花	po³¹	脓	
pʰ	pʰei³⁵	漂亮	pʰo⁵³	枪	pʰɑ³⁵	劈~柴	
mp	mpɑ⁵³	猪	mpe⁵³	雪	mpo⁵³	密	
mpʰ	mpʰɑ⁴⁴	女人	mpʰɛ⁴⁴	瓢	mpʰu⁵³	洒~水	
m	mɑ³⁵	乳房	mɑ²²	疮	me⁴²	有	
m̥ʰ	m̥ʰɑ̃⁵³	晚上					
w	wɑ̃³¹	他	wɛ³⁵	万	wɑ³¹	瓦	
pj	pjɛ³⁵	变	pjo⁴⁴	膘	pɑ⁴⁴qo²²pjɑ⁴⁴	蟋蟀	
pʰj	pʰjɛ⁴⁴	偏	pʰjo⁴⁴	嫖	tɕi⁴⁴pʰjo³⁵	溢出	
mj	mjɛ⁴⁴	浅	mjɛ³⁵	面条	mjo³⁵	庙	
pɻ	pɻɑ³⁵	五	pɻɯ⁴⁴	房屋	pɻɔ⁵³	拧~毛巾	
pʰɻ	pʰɻɛ³⁵	吹~风	pʰɻo³⁵	吹~火	tɕi⁴⁴pʰɻɛ⁵³	抚摩	
mpʰɻ	mpʰɻə⁵³	喊叫	mpʰɻɑ³⁵	量~米			
mɻ	mɻɛ³⁵	猴	mɻɛ̃²²	辣	mɻɛ⁵³	肺	
ts	tse³⁵	钻	tsa⁴⁴	看见	tsei³⁵	最	
tsʰ	tsʰɔ⁴⁴	织~毛衣	tsʰɛ³⁵	千	tsʰɑ⁵³	沙	
nts	ntsɑ⁵³	庄稼	ntsɑ̃⁵³	骑	ntsɔ⁵³	米	
ntsʰ	ntsʰɔ⁵³	洗~衣	ntsʰɛ³⁵	粗糙	ntsʰɔ̃⁵³	陡	
s	sɑ⁴⁴	歌	sɑ⁵³	糠	sei³⁵	信	
t	tə²²	柴	tu⁵³	话	tɛ³⁵	裙	
tʰ	tʰɛ³⁵	放置	tʰu⁴⁴	拾起	tʰə³⁵	舀~水	
nt	ntə⁴⁴	纸	ntu⁵³	树	ntɔ⁴⁴	织~布	
ntʰ	ntʰe⁵³	盖~上	ntʰɑ⁴⁴	解开	ntʰɛ³⁵	件一~衣	
n	ne⁴²	人	nɑ̃³⁵	兄	nɔ³¹	苎麻	

n̥ʰ	n̥ʰɛ⁵³	喊	n̥ʰe³⁵	太阳	n̥ʰã⁴⁴	听见	
l	la³¹	田	lu⁵³	地	qo³⁵lɛ²²	亲戚	
l̥ʰ	l̥ʰa⁴⁴	切~菜	l̥ʰo⁵³	铁	l̥ʰei³⁵	抽	
t	ta⁵³	爪	to⁵³	装	tã²²	生长	
tʰ	tʰa⁵³	找	tʰo⁵³	握	tʰu⁴⁴	做	
ȵ	ȵa⁴⁴	睁~眼	ȵe²²	传达	ȵã⁴⁴	回	
ȵʰ	ȵʰa⁴⁴	卷~袖子	ȵʰo⁵³	紧	ȵʰa⁵³	厉害	
ŋ	ŋã²²	鼓	ŋã²²	染	ŋo⁴⁴	呕吐	
z̩	z̩a⁴⁴	尿	z̩ə⁴⁴	高粱	z̩ei³⁵	蔬菜	
ʂ	ʂɛ³⁵	高	ʂɛ⁴⁴	姜	ʂo⁵³	芝麻	
tɕ	tɕa⁴⁴	差太~	tɕã³¹	匠	tɕɯ⁴⁴	酒	
tɕʰ	tɕʰa⁴⁴	遮住	tɕʰɯ⁴⁴	秋	tɕʰe³⁵	称~物	
ntɕ	ntɕo⁵³	箥	ntɕã²²	集市	ntɕɛ⁵³	钉~钉子	
ntɕʰ	ntɕʰi⁵³	红	ntɕʰa⁴⁴	只一~鞋	ntɕʰa⁵³	怕	
ȵ̥	ȵ̥a⁴²	肉	ȵ̥i³⁵	住	ȵ̥ɯ³¹	买	
ʑ	ʑi²²	八	ʑɛ⁴⁴	烟草	ʑa²²	舔	
ɕ	ɕɛ³⁵	油	ɕi⁴⁴	灰	ɕe³⁵	女婿	
c	ce⁴²	隔	ci⁵³	风	ci³⁵	兵	
cʰ	cʰɛ³⁵	劝	cʰei⁴⁴	开始	tse⁴²cʰi³⁵	节气	
ɲc	ɲce³⁵	金子	ɲcɯ²²	球	ɲci⁴⁴	污垢	
ɲcʰ	ɲcʰe⁴⁴	跐	tɕi⁴⁴ɲcɛ⁴⁴	高兴	ɲcʰi⁴⁴	篮子	
ʎ	ʎe³¹	要	ʎu⁴⁴	摘~果子	ʎo⁴²	大	
ʎ̥ʰ	ʎ̥ʰa⁵³	锡	ʎ̥ʰe⁵³	饭食	ʎ̥ʰə⁵³	擤	
k	ku²²	十	ka³⁵ka⁵³	喜鹊	ku⁴⁴	斗笠	
kʰ	kʰə³⁵	关~牛	kʰo⁴⁴	穷	kʰo⁴⁴	锄头	
ŋk	ŋkɯ³⁵	蘑菇	ŋka³⁵	药	tɕi⁴⁴ŋku⁵³	爬	

ŋkʰ	ŋkʰu⁴⁴	弯	tɕi⁴⁴ŋkʰə²²	裤	tɕi⁴⁴ŋkʰɑ²²	作揖
ŋ	ŋã⁴²	船	ŋɯ³⁵	读	ŋa²²	窄
h	hu⁴⁴	喝	hɔ³⁵	雾	hɑ³⁵	舀~米
kw	kwa³⁵	黄瓜	kwei⁴²	黄	kwɑ⁵³	茄子
kʰw	kʰwã⁵³	绊	kʰwa⁵³	夸口	kʰwã³⁵	宽敞
ŋkw	ŋkwɛ⁴⁴	缠绕	ŋkwei⁵³	顽皮		
ŋkʰw	ŋkʰwɛ⁵³	叫狗~	ŋkʰwɛ³⁵	狗叫声		
ŋw	ŋwa³¹	勤快	te³⁵ŋwei⁴²	少女	qo³⁵ŋwa³¹	周围
hw	hwa³⁵	画	hwã⁴⁴	发~钱	hwei⁴⁴	飞
q	qu⁴⁴	抓~一把	qə³⁵	螺蛳	qa⁴⁴	屎
qʰ	qʰa⁴⁴	干枯	qʰə⁵³	砍	qʰu⁴⁴tsei³⁵	胳肢窝
ɴq	ɴqu⁴⁴	走访	ɴqə³⁵	唱	ɴqɑ⁵³	价~钱
ɴqʰ	ɴqʰe⁴⁴	看	ɴqʰa³⁵	干涸	ɴqʰe⁴⁴	排
qw	qwe³⁵	黑	qwã²²	葱	qo³⁵qwɑ⁴⁴	腰
qʰw	qʰwɯ⁵³	陷				
ɴqw	ɴqwe³⁵	睡	ɴqwɑ⁵³	塌	ɴqwɑ⁵³	缺口
ɴqʰw	ɴqʰwɯ⁵³	秃				

2. 韵母（16个）

i　e　ɛ　a　ɑ　ɔ　o　u　ɯ　ə
əɹ　ei　ĩ　ẽ　ã　õ

韵母例词

i	pi⁴⁴	果子	çi⁴⁴	灰 草木~	mi²²	大
e	ne⁴²	人	te³⁵	儿子	pe⁴⁴	满
ɛ	tɛ³⁵	裙子	cɛ⁴⁴	冰	tɕɛ⁵³	收藏
a	tsa⁴⁴	看见	n̠a⁴²	肉	ta³⁵	厚
ɑ	lɑ³¹	田	ʂɑ⁴⁴	雹子	qo²¹pɑ⁴⁴	公的
ɔ	ɔ⁴⁴	箭头	pɔ⁴⁴	丈夫	z̩ɔ³¹	力气
o	to⁵³	六	so³⁵	蓑衣	ço⁵³	鞋
u	u³⁵	水	pu³⁵	三	lu⁵³	地
ɯ	pɯ³⁵	我们	tɯ⁵³	霜	sɯ³⁵	钢
ə	ə⁴⁴	衣服	pə⁵³	躺	pə³⁵	被子
əɹ	tɕi³⁵əɹ³⁵	第二	tsɻ²²əɹ²²	侄儿		
ei	ntei³⁵	布	mpei⁵³	梦	pei³⁵	盆
ĩ	ke²²mĩ³⁵	革命	lõ²²mĩ²²	农民	nĩ²²hã²²	银行
ẽ	ŋẽ⁴²	儿媳	nʰẽ⁴⁴	穿~衣	nẽ⁴⁴	这
ã	tã³¹	肥	ntã⁴²	糖	lã²²	狼
õ	nõ³¹	雨	tɕõ⁵³	坐	tõ⁴⁴	冬

3.声调（6个）

1	[35]	pa³⁵	坝	ta³⁵	外祖父	tɕu³⁵	针
2	[42]	pa⁴²	爸	ta⁴²	下~雨	tɕu⁴²	笼子
3/7	[44]	pa⁴⁴	粘贴	tɕu⁴⁴	抱	ta⁴⁴	外祖母
4/8	[22]	pa²²	坏了	ta²²	踩踏	ʑi²²	八
5	[53]	pa⁵³	看护	ta⁵³	杀	tɕu⁵³	年
6	[31]	pa³¹	停雨~	ta³¹	死	nõ³¹	鸟

4.声韵调说明及音变

声母

（1）[h] 有自由变体 [x]。

（2）[ʐ] 有自由变体 [j]。

韵母

（1）[i] 跟非舌尖音声母拼读时读 [i]，跟舌尖前音声母 [ts、tsʰ、nts、ntsʰ、s] 拼读时读 [ɿ]，跟舌尖后音声母 [tʂ、tʂʰ、ntʂ、ntʂʰ、ʂ、ʐ] 拼读时读 [ʅ]。

（2）[ə] 有自由变体 [ɤ]。

声调

（1）古苗语4声因声母清浊分化为8个调类后，在花垣苗语中第7调并入第3调，第8调并入第4调，共为6个调值。

（2）连读变调不多，主要有三种表现：

① 两个 [35] 调连读时，前一个变读为 [31]，后一个保持原调，即 [35]+[35] → [31]+[35]。

② 两个 [42] 调连读时，前一个变读为 [13]，后一个变读为 [35] 或 [13]，即 [42]+[42] → [13]+[35/13]；或者前一个保持原调，后一个变读为 [35] 或者 [13]，即 [42]+[42] → [42]+[35/13]。

③ [35] 调跟 [42] 调连读时，前一个变读为 [31]，后一个变读为 [35] 或 [13]，即 [35]+[42] → [31]+[35/13]。

三 凡例

（一）记音依据

本书苗语记音以吉卫镇夜郎坪村 60 岁左右的老年人发音为准。

田野调查时的主要发音人：麻兴章，男，苗族，吉卫镇夜郎坪村人，农民，生于 1943 年，高中文化，苗语母语人，兼通汉语西南官话。

课题摄录时的发音人：龙正海，男，苗族，吉卫镇夜郎坪村人，农民，生于 1958 年，初中文化，苗语母语人，兼通汉语西南官话。

（二）图片来源

本书收录花垣苗族语言文化图片共计 600 幅左右，集中拍摄于 2016 年至 2018 年。图片拍摄者为刘宝俊、瞿继勇及本团队其他成员。

这些图片主要是在吉卫镇及其所属夜郎坪村、大夯来村拍摄的。部分是在花垣县范围内其他地区如花垣镇以及蚩尤、茶洞、磨老、隘门、水井、文笔峰、芷耳、十八洞、金龙、板栗、板栗寨、卧大召、扪岱等花垣苗族村寨拍摄的。也有近十张图片是在与花垣县相邻、同属于苗语湘西方言西部土语的吉首市矮寨、德夯、坪朗村、重午以及保靖县的夯吉等地拍摄的。

花垣县在 2015 年进行了较大规模的村、镇合并。本书图片在花垣县的拍摄地点均按合并后的村镇名称记录。如原腊乙坪村和下水村合并为夜郎坪村，本书图片拍摄地点记录为"夜郎坪"而不记录为"腊乙"或"下水"。

（三）内容分类

本书所收花垣苗族语言文化条目按内容分为9大类35小类：

（1）房屋建筑：住宅、其他建筑、建筑活动

（2）日常用具：炊具、卧具、桌椅板凳、其他用具

（3）服饰：衣裤、鞋帽、首饰等

（4）饮食：主食、副食、菜肴

（5）农工百艺：农事、农具、手工艺、商业、其他行业

（6）日常活动：起居、娱乐、信奉

（7）婚育丧葬：婚事、生育、丧葬

（8）节日：春节（苗年）、元宵节、清明节、端午节、赶秋节、其他节日

（9）说唱表演：口彩禁忌、俗语谚语、歌谣、戏剧、故事

如果某个条目可归多个大类，则按主次归于主要的类。例如糍粑可归饮食、节日，本书归饮食。为阅读方便，把一些关系特别密切的条目放在一起，例如把 [cõ^{35}mpe^{44}] "粑臼"放在副食类的糍粑的后面而未放入日常用具类。

（四）体例

（1）每个大类开头先用一段短文对本类语言文化现象做一个概括性介绍。

（2）除"说唱表演"外，每个条目均包括图片、苗语词、正文三部分。

"说唱表演"不收图片，体例上也与其他部分有所不同，具体情况参看"说唱表演"章。

（3）各图单独、连续编号，例如"1-10"，短横前面的数字表示大类，短横后面的数字是该大类内部图片的顺序号。图号后面注明拍摄地点（一般为村级、镇级名称，如果城镇有街道，则标出街道名）。图号和地名之间用"◆"隔开，例如"1-1◆文笔峰"。

（4）一般，每幅图下写该图苗语词的国际音标和汉译，汉译加双引号，例如：[pɹɯ⁴⁴]"房屋"。如果是一图多词，各词之间用"｜"隔开，例如：[tõ⁵³pɹɯ⁴⁴wɑ³¹]"瓦屋顶"｜[tõ⁵³pɹɯ⁴⁴]"屋脊"。

（5）正文中出现的苗语词用引号标出，并在一节里首次出现时注国际音标，对苗语词的注释用小字随文夹注；在一节里除首次出现外，只加引号，不再注音释义。

（6）"说唱表演"转写苗语语料时，采用直译（对译）的方法。如遇不明意义的音节，用方框"□"表示。

（7）所有苗语词和语料除在音系说明中已有交代的外，均按实际读音记音。如有连读变调等语流音变现象，一律按其在语流中的变调记音。

壹 · 房屋建筑

　　花垣苗族最主要的房屋建筑是普通百姓的民居及其附属建筑物。花垣苗族历史上大多居住在山区，他们最初结草为庐以蔽风雨，再从十分简陋的茅草棚逐渐发展为瓦棚、竹木墙瓦房、砖瓦房以至现代的钢混结构民居。

　　花垣苗族多居住在山区，传统民居多依山而建，就地取材，依财力大小建房。缺乏财力的人家，大多取山上的竹子、树木、石头或石片做墙，用茅草、树皮、石片覆盖屋顶，建造成竹墙房、木墙房、石墙房等。财力丰赡之家，或团泥为砖筑墙，或烧制土砖为青砖筑墙，再用烧制的小黑陶瓦覆盖屋顶，建造成土砖房、青砖房。以木头搭房架、以竹子编扎成墙壁的房屋，和以木头搭房架、用木板做墙的房屋，是民居的基本建造样式。又以竹墙吊脚楼、木墙吊脚楼最具民族特色。

　　在房屋结构上，正房一般为三间二层，一层住人，二层储物。正房左右侧可搭建偏厦，用作厨房或厕所。一般一栋房屋只有一面或两面，很少有三面的三合院和四面的四合院建筑。一户人家单独住一栋房，子女成家后大多分户另居。一个村寨多为十

几户、数十户,各家各户的房屋星星点点分布在山谷、山顶或丘陵、平地之间,通过条条小巷连接起来,各自独立而又不显松散,高低左右错落有致,看似随意却又浑然一体,自然朴实,与山水田园相辅相成。白天鸡鸣犬吠,炊烟袅袅,生机勃勃;晚上灯火点点,静谧而温馨。

也有一些旧时的富裕大户人家,例如边城镇磨老村的龙家大院,建筑十分气派。这种青砖黑瓦的三合或四合院,配以马头墙、门楼、砖雕、木雕,迥然有别于一般平民的民居。不过这种大户人家的房屋建筑较为少见。

现在在花垣偏僻的苗族村寨,质朴的竹墙房、木墙房仍然随处可见,保留着传统建筑的风貌。但这种传统建筑采光不足,通风欠佳,雨季湿气较重,多不为年轻一代所接受。随着社会的发展,传统的民居建筑逐渐衰落,钢筋水泥建成的新式楼房逐渐增多。而那些与传统的农耕文化、手工生产相适应的附属建筑物,如碓屋、磨房、油坊、水碾坊甚至牛栏等,都已经或正在消失,有的已只剩遗址、残迹,成为历史的见证。

一 住宅

[pɹɯ⁴⁴]"房屋"

一户人家居住的房子。花垣苗语[pɹɯ⁴⁴]也是"家"的意思。传统民居以木为整体框架结构，主要以木板为墙，或编竹为墙，以黑瓦覆盖屋顶。一般为三开间，前后两进，左右两侧和后面可以搭盖偏厦。第一进中间开大门，进大门是堂屋，两侧是房，用作火塘间、厨房等。堂

1-1 ◆文笔峰

1-2 ◆夜郎坪

1-3 ◆文笔峰

屋和两侧的房之间一般不用墙隔开。第二进是在堂屋、火塘间、厨房后面与之相对的三间房，用墙隔开，用作卧室。楼上用来放置粮食、家具、杂物，有的也用作卧室。屋的正面多为平面"一"字形（见图1-1）。也有呈"凹"字形的（见图1-2），中间堂屋墙壁后退一根柱子，腾出的空处叫 [to³⁵hwã⁴⁴] "吞口"，可用作休闲小憩之地，或临时放置犁耙、蓑衣等。还有呈曲尺形的 [tɕ³⁵ko³¹ȵɯ⁴⁴] "转角房"（见图1-3），由正房和一侧厢房组成。

[mpõ²²mpõ²²ntsʰɯ⁴⁴] "茅草棚"

用茅草覆盖屋顶的小棚子。这种棚子十分简陋，建造也十分简单，只需少量竹木和茅草即可搭建。茅草棚低矮狭窄，以前是十分贫穷的人家居住之所，现在仅存少数，用作厕所、猪栏、杂物间，或作为在野外看守鱼塘、果园的人和在野外养蜜蜂的蜂农临时栖身的地方。

1-5 ◆ 文笔峰

[tɕo³⁵co³¹lɯ³¹] "吊脚楼"

一种重要的特色民居。一般有两层，上层用作居室，室外有楼台，吊脚悬空，飞檐上翘，是做女红、晾晒衣物和休闲的场所。下层多用作畜圈，或摆放农具杂物。吊脚楼多依坡地高低地势而建，也可在平地建楼。

1-6 ◆ 隘门

[wã³⁵lɯ³⁵] "望楼"

旧时村寨中为观察敌情或欣赏景色而建在屋顶上面的楼。望楼一般设在村寨地势最高的屋顶上，楼上有顶，四周无壁，形似亭子，便于观察瞭望。有的还在望楼上设置大鼓，遇有敌情就击鼓报警。现在保留下来的望楼极少，多用于观景、休闲、女子绣花，或作为旅游景观。

1-7 ◆ 重午

[pɹɯ⁴⁴tɕɛ⁴⁴] "砖瓦房"

用砖做墙、用瓦盖顶的房子。砖是烧制的青砖，土砖较少。相对于茅草屋和竹木墙房而言，砖瓦房就是很好的房屋了。苗语有 [qo³⁵pɹo³⁵te³⁵tɕõ⁵³pɹɯ⁴⁴wɑ³¹] "幺儿子住瓦房"的俗语，比喻受偏爱的人得到特殊的照顾。

1-4 ◆ 十八洞

[ɕɯ³⁵ɲcɯ³¹ntu⁵³] "木绣球"

屋檐下一种起装饰作用的圆球形吊脚悬柱。柱头雕刻成造型精美的绣球形状，再在两旁配饰镂空的花板。

1-9◆隘门

[qo³⁵sõ⁴⁴ɻɯ⁴⁴] "屋架"

用树木做柱、梁、檩、椽等搭成的房屋框架，是房屋的主体结构。屋架有屋顶而没有楼板、墙壁。在屋架上装上木楼板分层，用木板或竹子等做墙壁分隔房间，就成为可以入住的房屋了。

[qo³¹pɹei⁴⁴tɕʰɛ⁴⁴] "穿枋头"

传统房屋采用穿斗式结构，[tɕʰɛ⁴⁴] "穿枋"是房屋柁架之间连接各根柱子的长方形扁木，扁木穿过墙外柱子而露出的榫头就叫"穿枋头"。大门外两侧两根柱子上的"穿枋头"，往往伸出柱子较长，并做成象鼻或者龙头造型。往里勾的象鼻寓意招财进宝，上昂的龙头寓意平安吉祥。

1-10 ◆ 大夯来

[ntã⁴⁴wu⁴⁴] "堂屋"

一户人家居住的房屋中，居中的开有大门的房间。堂屋是家庭房屋的中心，是接待贵宾、祭祀祖先，或举办婚丧大事时宴请宾客的场所。有的在堂屋正面墙上设置神龛，供家中祭祀祖先神灵之用。

1-11 ◆ 文笔峰

[qo³¹kã³⁵] "三脚架"

　　在铁圈上焊接三只脚的铁架，在火塘中用以放置鼎罐、菜锅、烧水壶等。三脚架在火塘中的摆法颇有讲究。在正常情况下，三脚中的一脚要正对里侧中柱上的 [hã⁴⁴qo⁵³] "神位方"。当家中有新丧时，就将这只脚偏离"神位方"放置；如果逝者是非正常死亡，则将三脚朝上倒置。苗族传说，三脚架是三位名叫 [qo³¹kã³⁵] "果刚"、[qo⁵³ʂɯ³⁵] "果受"、[qo⁵³lo³¹] "果洛"的护火祖先变成的。为纪念护火祖先，就用"果刚"命名三脚架，不能用脚踩踏它，否则就认为是对护火祖先不敬。

1-15 ◆大夯来

[kʰə⁴⁴pɹa³¹] "酸汤罐"

　　装酸汤的陶罐。需长期放在火塘边，借用火塘的微温使酸汤发酵并保存。人们喜爱酸汤，家家户户的火塘边都有酸汤罐。

1-16 ◆夜郎坪

[ɳʈu³¹hwã²²] "厨房"

　　炒菜做饭的专用房间。有大灶、水缸、潲水桶、锅碗瓢盆和其他厨具、餐具。厨房有的设在堂屋左边的正间，有的设在堂屋右边的正间。也可不占用正间而设在正间左右两侧的偏厦。

1-12 ◆大夯来

[qʰu⁴⁴tɕi³⁵tə²²]"火塘"

做饭、炒菜、烤火以及围坐休闲聊天的地方。火塘的位置，要上对屋脊、横对中柱。用[sɑ⁴⁴l̥ɔ³⁵]"火塘石"围砌成边长一米左右的正方形，深近一尺。火塘内放置一个三脚架，可在上面放置锅、壶等。除了大型宴客以及炎热的夏天外，家常炊事多在火塘进行。

1-14◆文笔峰

[qo³¹te³⁵ntɯ⁵³tə²²]"火塘间"

设有火塘的房间。依姓氏的不同设在堂屋的左边或右边。火塘间必须在地面悬空一尺左右铺设[pɛ⁴⁴tsõ⁴²]"地楼板"，即木地板。在火塘间的中间设置火塘。正对火塘里侧的中柱，是该户人家祖先神灵所在的位置，该方位叫"神位方"。围坐火塘时伦常有序、主宾有别："神位方"为上方，供长辈和贵客坐；"神位方"对面为下方，供晚辈坐。其他两方不论。

1-13◆文笔峰

1-18♦夜郎坪

[tõ⁵³pɹɯ⁴⁴wa³¹]"瓦屋顶" | [tõ⁵³pɹɯ⁴⁴]"屋脊"

　　屋脊是瓦屋顶正面前后坡交会的顶端。呈水平直线，两端翘起，像"龙尾"。正中用瓦垒成镂空的三角形，寓意"明珠"。三点一线的"龙尾"和"明珠"寓意"双龙拱珠"。屋脊连同前后坡是瓦屋顶，是用烧制的灰黑色小陶瓦覆盖的屋顶，也是现在最普通常见的屋顶。

[pɹa³⁵ce³¹]"炕架"

　　吊挂在火塘正上方的竹木桁架。腌制好的鱼、肉以及辣椒等，都可以放置或吊挂在上面，让火塘的烟火将其炕干，留作长年食用。不用时也可放置其他杂物。

1-17♦大夯来

1-20 ◆ 十八洞

[tõ⁵³pɹɯ⁴⁴ntsʰɯ⁴⁴] "茅屋顶"

用野生白茅、针茅或稻草等覆盖的屋顶。将茅草均匀平铺在屋顶上,用长竹片、竹条将其压住,固定在 [ɳtɛ²²mpi²²] "椽条"上。茅屋顶容易着火、生虫,还容易被风刮走。但茅草容易采集,不用花费太多金钱,所以旧时的贫穷人家大多只能用茅草盖屋。现在有茅屋顶的房间已不多见,茅草屋常用作厕所、畜圈或杂物间。

[su⁵³nõ³¹pɹɯ⁴⁴] "屋檐"

屋顶正面前后坡下端的边缘部分。檐口下面多设有装饰性的檐板,主要有平板、波纹板、锯齿板、镂空板、雕花板、彩绘板等。有的檐口还有简单的瓦当。

1-19 ◆ 夜郎坪

花垣苗语　壹·房屋建筑

29

1-21◆文笔峰

[pʰo⁵³pɹɯ⁴⁴cɛ³⁵]"杉皮屋顶" | [co⁵³cɛ³⁵wɑ³¹]"杉皮瓦"

当地出产高大的红杉和灰杉，杉树树皮质地坚韧，耐腐性强。旧时穷苦人家无力购置陶瓦，就将杉树皮剥下，用石板压平后用来覆盖屋顶，即杉皮屋顶。这种屋顶的房子现在已很难见到，多是偏厦或棚屋等，用作厕所、猪圈、牛栏或杂物间。盖屋顶用的杉树皮叫杉皮瓦。

1-22◆十八洞

1-23 ◆夜郎坪

[ɣo³⁵wɑ³¹] "亮瓦"

　　用透光材料如硅酸盐玻璃等做成的瓦，常用在没有窗户采光，或采光不足的偏厦、厨房、阁楼的屋顶上。

[ntei⁵³pɹɯ⁴⁴l̥ɕʰɯ⁴⁴] "竹泥墙"

　　一种用竹材糊上泥巴做成的墙。先用箬竹、山竹或楠竹片编制成墙，然后用牛粪、碎稻草、熟泥、猕猴桃树树浆等混合后和成泥巴，涂抹在墙的两面，抹平缝隙。竹泥墙能经风雨，泥巴不易剥落，是传统民居中比较常见的墙，极具民族特色。

1-24 ◆大夯来

1-25◆卧坝

[qo³¹mẽ³⁵]"箬竹"

    一种野生小竹。细长形，高丈许，韧性强，易弯曲，建房屋时可以用来编制成篱笆墙。

[ntei⁵³pɹɯ⁴⁴ntu⁵³]"木板墙"

    用木板做成的墙。在传统民居中比较常见。有条件的人家隔几年就给木板墙涂刷桐油，可使木板不易腐朽，不被虫蛀，经久耐用。年代久了，木板墙就会呈现出暗灰色。

1-26◆立新

[fã⁵³co⁵³cɛ³⁵] "杉皮墙"

用杉树皮做成的墙。将平整好的杉树皮截成所需长度,用木条或竹条夹住,固定在墙里的木柱子上。这种墙十分简易,容易毁损,现在已不多见。

1-28 ◆扣岱

[qo³¹ȵtɕã³¹zɯ³⁵] "石墙"

用片石或条石砌成的墙。墙体十分坚固厚实,多见于花垣县雅酉镇一带的苗族村寨,是受凤凰县苗族垒石成墙建筑风俗影响而形成的建筑形式,在花垣其他地方很少见。

1-27 ◆扣岱

花垣苗语 壹·房屋建筑

33

1-29 ◆磨老

[ȵtɕã⁴²tɯ³⁵] "土砖墙"

  用土砖砌成的墙。这种墙在汉族传统房屋中十分常见,在当地却很少见。

[tu⁴²lɯ³⁵] "楼门"

  上面有阁楼的院门。传统的院门大多都是这种形式,现在已简化,门上没有阁楼,甚至没有门顶。

1-32 ◆十八洞

1-31 ◆夜郎坪

[mi²²tu⁴²] "大门"

开在堂屋的正门。大门的门扇少则两扇，多则四扇、六扇至八扇不等。门扇的多少显示堂屋的大小和主家的贫富、门第的高低。以前，只有两扇大门的一般都是小户人家、贫苦人家，有六扇、八扇大门的则是大户人家、富贵人家。每扇门的一侧上下都有轴和枢。有多扇门的人家，平时从中间两扇进出，其他的不用打开。遇有婚丧大事时，可以把门扇都打开或者卸下来，扩大进出口，以方便办事。

[qʰu⁴⁴mã³⁵qʰu⁴⁴qwɯ⁴⁴] "猫狗洞"

在大门下开的四方形洞口，供家中猫、狗、鸡等进出。

1-30 ◆蚩尤

花垣苗语 壹·房屋建筑

1-33 ◆文笔峰

1-34 ◆夜郎坪

[qo³¹ʌɛ³¹tu³⁵] "门闩"

用来闩住两扇大门的木质物件。门闩呈"井"字形，两条竖木杠分别固定在两扇大门上，两条横木杠分别从左边和右边套在竖杠上的孔眼中，闩住大门。将横杠抽离竖杠上的锁眼，就可以打开大门。

[qo³⁵su⁴⁴ntu⁵³] "木锁"

传统建筑大门上的门簪，用来锁合连楹和门框，固定大门。有方形、菱形、六角形、梅花形等，数量少则两个，多则四个。

[zɿ³⁵ʂe⁴⁴pɹɯ⁴⁴] "础石"

用来垫房屋木柱柱脚的石礅，避免木柱下端直接接触地面而不牢靠、易腐蚀。传统的础石由整块石头打凿而成，呈鼓形或方形，有的雕凿莲花瓣、飞鸟等吉祥图案。

[ce⁵³tsɿ⁵³qʰu⁴⁴pɹɯ⁴⁴] "格子窗"

一种有格子窗棂的窗户，有横、竖窗棂组成的各种漂亮的格子图案。在雅酉镇一带的村寨，也有木质竖条窗棂组成的栅栏形窗户。

1-35 ◆茶洞

1-39 ◆蚩尤

1-38◆大夯来

[qʰu⁴⁴pɹɯ⁴⁴] "窗户"

  当地乡村人家的窗户颇有特色，大多没有窗棂，但窗后有两扇木板窗门，窗门上下安有固定的木槽，窗门可以在木槽里左右滑动，以打开或关闭窗户。

[ta²²ʐɯ³¹tu³⁵] "门阶石"

  大门通常设有较高的门槛，为方便迈过门槛，通常在门槛里外设置供脚踩踏的门阶石。有的里外各为半圆形，合成一个整圆形，取意圆满，见图1-37。有的呈"八"字形，大边朝外，寓意出门顺畅、前程远大，见图1-36。有的还在门阶石上雕刻吉祥花纹，或刻上"出入平安"等吉祥词语。除大门外，房屋内其他有较高门槛的房门也可设门阶石，不过没有大门的门阶石那么讲究。

1-36◆茶洞 　　　　　　　　　　1-37◆蚩尤

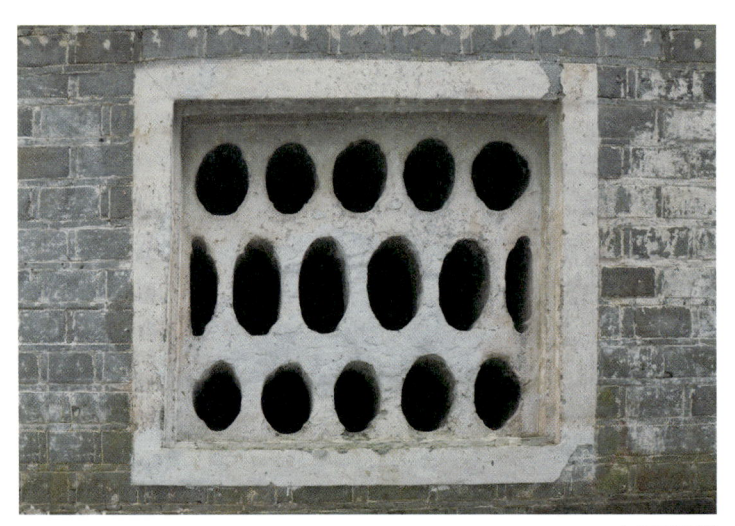

1-40◆吉卫镇

[qʰu⁴⁴pɻɯ⁴⁴zɯ³⁵]"石窗"

　　用石材做窗框和窗棂的窗户。窗棂用整块石板镂空而成,样式单调,古朴厚重。石窗花费极大,制作极难,也极为少见。

[hã³¹hã³⁵]"巷道"

　　村寨中两排房屋中间的过道。一般比较狭长,随着房屋的分布延伸。

1-43◆大夯来

1-41 ◆茶洞

[tɕʰɛ⁴⁴tɕĩ⁵³] "天井"

宅院中房与房之间，或房与围墙之间围成的露天空地。上面是四面或三面屋檐形成的"井口"，可见天空；下面是与上方对应的、大于上方"井口"的四方形下凹空地，以承接"井口"屋面的雨水。天井主要用于采光、通风、排水。

1-42 ◆茶洞

1-44 ◆茶洞

[ti³¹luɯ³¹zɯ³⁵] "石地漏"

城镇街道窨井上可以排水的石井盖。用整块石头凿成莲花瓣形的孔，让地面的流水排进窨井中。

[qo³⁵zã²²ne⁴²] "村寨"

苗族大多聚族而居，多户人家形成一个村寨。由于历史原因，村寨大多建在偏远的半山或山顶，或者建在 [hã⁴⁴] "夯"中。苗语 [hã⁴⁴] 是"山谷"的意思，花垣有很多以"夯"为名的村寨，如夯来、夯渡、夯采、夯尚、夯湘、夯寨，等等。一个村寨通常由十数栋至数十栋单户房屋组成，呈星点状分布，大小、朝向不求整齐划一，显得错落有致。

1-45 ◆大夯来

二 其他建筑

[pɹɯ^{44}mo^{31}sɿ^{22}] “茅司屋”

跟猪圈建在一起的有 [mo^{31}sɿ^{22}] “茅司” 的房子。旧时很少有单独建造的厕所，一般都跟猪圈连在一起。紧挨着猪圈挖一个大的茅坑，上面架两条用木板或石板做成的 [pɛ^{44}mo^{31}sɿ^{22}] “茅司板”，中间留半尺左右的缝隙。猪圈的排粪口跟茅坑连通，便于将畜粪排到茅坑中，储存用作肥料。这种传统的厕所很不卫生。现在在政府的倡导和帮助下，有很多家庭在自家房屋的旁边单独修建一小间现代的冲水厕所，卫生条件大为改善。

1-46◆夜郎坪

1-48◆夜郎坪

1-49◆夜郎坪

[tõ⁴²n̠e³⁵]"牛圈"

用来关牛的圈或栅栏。由于牛圈占用空间较大，所以大多单独建在户外，也有建在房屋侧边或者房屋后面的偏厦中的。现在农村耕牛已不多见，牛圈也很少见。

[tõ⁴²ʐõ³⁵]"羊圈"

用来关羊的圈或栅栏。有的建在偏厦中，有的建在户外。近几十年来村寨时兴养羊以获取经济利益，羊圈也较为常见。

[tõ⁴²mpɑ⁵³]"猪圈"

用来关猪的圈或栅栏。一般建在房屋侧边或者后面的偏厦中，也有单独建在户外的。传统农村家庭都建猪圈养猪。现在有的农村家庭已不养猪了，改为养山羊，猪圈就改作羊圈了。

1-47◆夜郎坪

1-50 ◆夜郎坪　　　　　　　　　　　　　　1-51 ◆大夯来

[tɕu⁴²qa³⁵]"鸡舍"

　　用来关鸡的栅栏、棚子或小木橱。多用竹、木制成，一般放在室内或院子的角落处。

[tɕu⁴²nõ³¹]"鸭圈"

　　用来关鸭子的圈或栅栏。有的建在偏厦中，有的建在院子里或户外。

1-52 ◆文笔峰

[qʰu⁴⁴hõ⁴⁴ço⁴⁴]"红薯窖"

　　用来储藏红薯的地窖，又叫 [qo³⁵ẓe²²tɯ³⁵]"土仓"、[qʰu⁴⁴tɯ³⁵]"土洞"、[qʰu⁴⁴ço⁴⁴]"薯洞"。在屋内或者屋外地面掘深约丈余的洞，洞底再横着朝不同方向掘一个或几个仓，主要用来储藏红薯或马铃薯。上下需用梯子，平时窖口用板子盖住。建在室外的红薯窖，窖口上面还需搭盖棚子以遮雨雪。

1-54◆扣岱

[qo³⁵ẓe²²]"粮仓"

　　用来储藏粮食的仓库，又叫 [ẓe²²pɛ⁴⁴]"板仓"。旧时大户农家多建有粮仓。粮仓以树木为架、木板为壁，在正面开仓门。仓门的两侧开槽，门板是一块块等长的木板，从下往上一块块嵌入木槽中，最上面的木板可以上锁锁住。粮仓底部是木板，四角用砖石垫底，使之悬空以避潮湿和虫鼠。粮仓大多建在室内，现仍在使用；以前也有建在户外的，但很少见。

1-53◆扣岱

1-56 ◆ 金龙

[ʎə⁴²uɜ⁵]"水井"

在山坡或峭壁有泉水的地方，横向开凿洞穴，洞口再用石头垒至半高，聚集洞中山泉而成井，供日常生活取水之用。井口外大多建有水池，以供洗涤之用。井池上方再搭建一个 [te³⁵pɹɯ⁴⁴ʎə⁴²]"井亭"，以遮蔽阳光和雨雪。在当地，横井是其特色，很少有竖向水井。在花垣苗语里，"井"和"泉"是一个词，都读 [qo³⁵ʎə⁴²]。

[qʰu⁴⁴tɕɛ⁵³tɕɯ⁴⁴]"酒窖"

藏酒用的地窖。当地山多，自然形成的岩溶洞穴也多。这些山洞过去多为兵、匪的藏身之地，现在有的被当作天然的酒窖。

1-55 ◆ 三兵

1-57 ◆茶洞

[pɹɯ⁴⁴ɕo⁵³tsʰei⁴⁴] "凉亭"

供人歇息、纳凉、聊天的亭子，多建在村中和大路旁。

[pɑ⁴⁴lɯ³⁵] "牌楼"

像牌坊一样的楼门。建在大的村寨或者城镇的出入口。

1-58 ◆茶洞

1-60 ◆ 大夯来

[ʐɯ³⁵ zɔ²² mpe²²] "石磨"

将粮食磨成干粉或水浆的磨具，是传统家庭日常生活必备的用具。

[zã²² tu⁴²] "寨门"

出入村寨的大门。村寨大多都有或大或小的寨门。大的上面有阁楼，小的则仅在门上用茅草遮盖。

1-59 ◆ 扣岱

1-62◆重午

[pɹɯ⁴⁴zɔ²²ntso⁵³] "碾坊"

　　安放碾具用以碾米的作坊。当地多是靠水力驱动的水碾,罕有畜力拉动或人力推动的旱碾。水碾建在河流岸边,修一个亭子,地面安一圆形石槽和一个扁形石碾。石碾中凿一孔,安装横木杠和竖木杠,竖木杠从碾槽的正中穿过伸进河水中,下端安装扇叶。河水冲击扇叶带动石碾使碾槽中的稻谷壳和米分离。现在粮食都用机器脱壳,传统的碾坊已废弃不用。

[pɹɯ⁴⁴tsa³¹ɕɛ³⁵] "油坊"

　　传统用木榨人工榨油的作坊。人工榨油是当地人们获取茶油、菜油、豆油、花生油的传统工艺。当地盛产油茶,茶油是常见的食用油。榨茶油时,将 [qe³⁵ntsɑ⁴⁴zɛ⁴⁴] "油茶籽" 粉碎后放入甑子蒸熟,填入圆形铁箍中制成茶籽饼,再将茶籽饼竖着叠放进榨槽中,插入木楔,众人合力,用木撞锤撞击木楔,使茶油从槽眼中流出来。现在这种古老、传统的榨油手艺已逐渐废弃,机器榨油取代了人工榨油,油坊也极为罕见。

1-61◆德夯

1-63◆彭湖

[qʰu⁴⁴ʐo³¹wa³¹] "砖瓦窑"

  烧制砖瓦的土窑。用砖砌成一个下大上小的圆拱形窑洞，下部开一个小的窑门，窑洞顶上设置一个烟囱，或留一个小的出烟口，窑洞外部用土覆盖。窑工先用黏土制成砖坯、瓦坯，将其晾干，再把晾干的砖坯、瓦坯从窑门运进窑洞中，一圈圈、一层层垒好，同时铺填木柴或煤炭，然后封闭窑门烧制。

1-64◆彭湖

1-65 ◆大夯来

[qʰu⁴⁴ẓo³¹tʰe⁵³] "木炭窑"

　　烧制木炭的土窑。大小不一，一般修在有树木的山中，便于就地取材。将山中木材砍成一段一段的，竖排放在窑中，经完全燃烧后封闭熄火，形成木炭。近来因封山育林，人们多使用机制木炭，传统的木炭窑已弃置不用。图1-65是一处早已废弃的木炭窑。

1-67 ◆茶洞

[ɲco⁴²ẓɯ³⁵] "石桥"

　　有条石桥和石拱桥两种。传统的条石桥多用整块长条形石料做成，适用于狭窄的溪流或浅水处，多供人行走。石拱桥用大石块砌成，建在较大的河流上，河流越大拱桥的孔就越多、拱跨越长。承重量大，可供车辆通行。

[ɲco⁴²ntu⁵³] "木桥"

　　用树木或木板搭建的桥。比石桥容易建造，但也容易被大水淹没、冲毁，多搭架在窄小的溪流或浅水处。

1-66 ◆茶洞

1-69◆排料

1-70◆夜郎坪

[pa⁴⁴lei⁵³u³⁵]"笕"

安放在屋檐下导引屋檐雨水，或横架在田间小溪上过水的槽。有的用整木凿成，有的将大的竹子剖开，取其半边，去掉竹节做成。现在多用塑料管、铁皮管或者水泥管。

[tɕʰo³⁵na²²ʐɯ³⁵]"点石桥"

设置在溪流或浅滩上供人行走的石墩，一步一墩。

1-68◆排料

1-72 ◆合兴

三 建筑活动

[tɕɯ²²mɹa⁴²pɹɯ⁴⁴] "立排架"

把架好的房屋木排架立起来。排架沉重，传统多用人力，现在也用吊车。

[to⁵³tɕi³⁵cu²²zɯ³⁵] "架地脚枋"

地脚枋是房屋的基础构件。在平整好地基后，用树木做成扁形的地脚枋，作为建房的基础。

1-71 ◆合兴

[mpa²²pɹɯ⁴⁴]"锤屋架"

1-73◆合兴

把横着的穿枋榫头插进排架柱子上的榫口,用大锤将其锤紧,构成一个稳固的屋架。

[ȵtɕɯ⁵³ʌã⁴²pɹɯ⁴⁴]"上梁"

建造房屋是一生中的大事。在安放房屋屋脊最高处的主梁时,需选择吉日举行隆重的上梁仪式。上梁仪式包括制梁、包屋梁、开梁头、祭梁、安梁、抛梁粑、烧堂火、挂彩布等一系列复杂的过程。上梁时亲友前来恭贺围观,增添喜气。

1-74◆夜郎坪

花垣苗语 壹·房屋建筑

1-75◆夜郎坪

[tʰu⁴⁴ʂã⁴²pɹɯ⁴⁴] "制梁"

在新造房屋上主梁之前先要制梁。木匠将准备好的梁木去皮，锯出榫头，加工成符合尺寸和规矩的主梁。

[po⁴⁴ʂã⁴²pɹɯ⁴⁴oɡ] "包屋梁"

主梁制好后，木匠要在主梁正中包上一块红色的梁布。红色寓意主家兴旺发达、吉祥红火。包屋梁时木匠要念包梁词，如："主人送来一匹红，弟子拿来包梁中。红布购买自松江，松江有个黄娘娘。眼有灵眸手乖巧，织出红布两面光。"

1-77◆夜郎坪

1-76◆夜郎坪

[tʰa⁵³tsʰa⁵³ntɯ²²]"讨彩头"

在制好的主梁上，包一支笔、一块墨锭和一双红筷子，或者其他吉祥物。笔、墨预兆子孙后代识文断字、知书达理；红筷子预兆子孙将来不愁吃喝。

[qo³⁵n̩tɕɛ⁵³ŋõ⁴²]"银八卦"

在红色的梁布朝下一面的正中间，用竹钉钉上一个银质八卦图，民间认为可以镇宅驱邪，保新房平安。

1-78◆夜郎坪

[cʰe⁴⁴ʎã⁴²ntɯ²²] "开梁头"

木匠用凿子在主梁一端的梁头、中间的梁腰、另一端的梁尾三处，象征性地凿下一点木屑，主人恭敬地用衣襟兜住木屑，叫"开梁头"。开梁头被认为预兆福禄降临，木匠在开梁头时要念开梁词，如："手拿凿子开梁头，富贵荣华田万丘。手拿凿子开梁腰，世代子孙能登科。手拿凿子开梁尾，代代子孙出贵人。"

1-79◆夜郎坪

[fã³⁵sɑ²²] "祭梁"

在将主梁吊上屋顶之前，在堂屋设供桌，备香烛、纸钱、酒肉、糍粑、果品等供品，木匠和主人一起祭拜三界地主、五方宅神，祈求主家兴旺发达、吉祥平安。祭梁时木匠端一碗酒，用手指在主梁的梁头、梁腰、梁尾三处点上酒，边点边念祭梁词，如："一杯喜酒点梁头，武到将军文封侯。两杯喜酒点梁腰，富贵满堂儿孙多。三杯喜酒点梁尾，万代兴隆从今起。"

1-80◆夜郎坪

1-81 ◆铅厂

[pɹo²²pi⁴⁴mpe⁴⁴]"抛梁粑"

当主梁吊上屋顶安放好之后，木匠需站在屋顶抛梁粑。先由主家接抛下的糯米糍粑，然后亲友抢着接，认为接得越多就越吉祥。木匠边抛边诵祝颂词，如："一手元宝抛向东，七十二贤在空中。两手元宝抛向南，七十二贤下涅槃。三手元宝抛向西，七十二贤下天庭。四手元宝抛向北，七十二贤下天台。无数元宝抛八方，感谢邻里共帮忙。三亲六戚贺重礼，建成龙居恩不忘。"抛完后燃放鞭炮，上梁仪式结束，主家宴请亲友。

[ntɕʰɛ⁵³ntɛ²²mpi²²]"钉椽条"

"椽条"是放置瓦片的长条形薄木板，将"椽条"隔大半片陶瓦的距离，一条条垂直钉在檩木上。在"椽条"上面安放陶瓦，就做成了瓦屋顶。

1-82 ◆合兴

花垣苗语 壹·房屋建筑

1-83 ◆金龙

[tɕi⁴⁴hu³⁵tei⁴⁴pɹɯ⁴⁴] "上墙板"

给已经建好的屋架内外安装木板做墙，封闭四周屋架，分隔房间。

[jɔ⁵³ɕɛ³¹to³¹o³⁵] "刷桐油"

新做的木板墙要刷桐油，以防腐防蛀。过几年再刷一遍，反复刷过桐油的木板墙历经风吹、雨打、日晒后，会变得灰黑发亮。

1-84 ◆鼓戎湖

1-85◆夜郎坪

[ti⁴⁴tə²²ntã²²wu²²] "烧堂火"

新房建成后，要在堂屋或火塘间的火塘中燃烧旺火。人们认为堂火燃烧得越旺，主家的新居就越吉利，主家就越兴旺发达。

[kwɑ³⁵tsʰa⁵³] "挂彩布"

新房建成或上梁时，主家的舅舅和姑姑要赠送彩色的布，挂在新房的大门两边或主梁上，预兆有好的彩头。

1-86◆夜郎坪

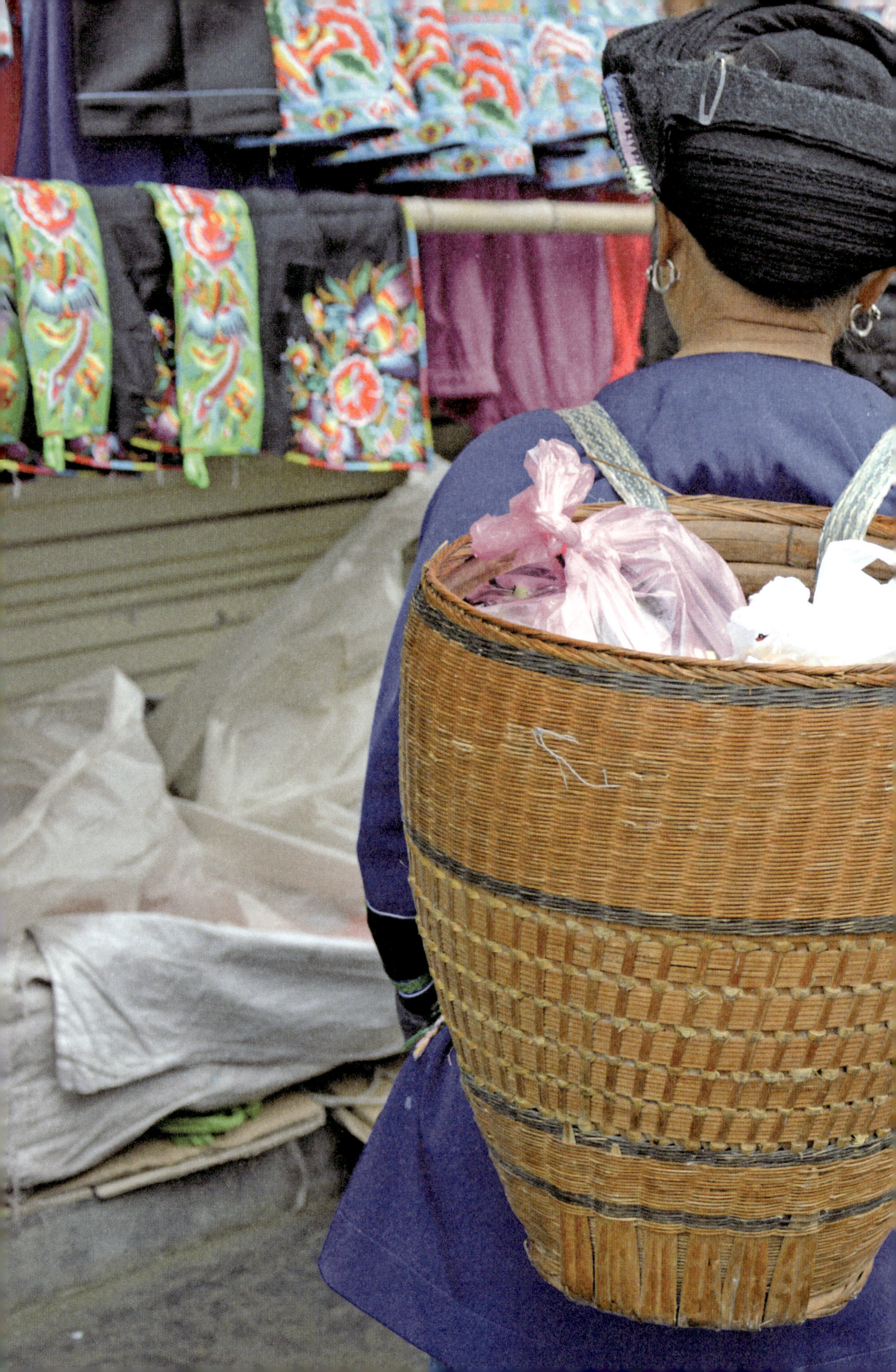

貳・日常用具

传统的日常生活用具主要有炊具、卧具、坐具和各种盆、桶、篓、箱、柜，等等。这些用具大多用竹、木、石等制成。

花垣苗族地区盛产竹子、树木和石头，传统的日常生活用具基本上都是就地取材，手工制造，自给自足。其中又以竹器最为常见。除了斗笠、背篓、箩筐、晒簟、席子、桌子、椅子、箱子、筛子等常见竹器外，甚至装粮食的大囤、养蜜蜂的蜂桶、盛桐油的圆桶等，都用竹篾编扎、涂以泥巴制作而成。石器也颇具特色，从用来舂少许食物的小擂钵，到体形较大的猪食槽，打糍粑用的粑臼，能舂较多食物的碓臼，磨豆腐和米粉的磨盘，碾谷脱粒的碾盘、碾槽，放在厨房装水的水缸等，都能用整块石料手工凿成。而用木料制成的床铺、盆桶、箱柜、桌椅板凳则更是随处可见。竹材、石材、木材都是山上的自然物产，但制作过程却十分艰辛，颇费时费力，也磨炼出民间的篾匠、石匠和木匠等高超的工艺。那硕大的粮囤，方正平直的石水缸，以及堪称为工

艺品的各种竹器，都凝聚着乡民的心血，也充分体现出劳动人民的勤劳和智慧。

在居家生活中，火塘是家庭的核心区，而火塘中的铸铁三脚架、铸铁鼎罐和用来装酸汤的陶罐，又是日常生活必备的"三大件"。在山区寒冷的冬天和温凉的春秋，一家人在火塘中燃起旺旺的柴火，架起三脚架，放置煮饭或炒菜、炆汤的小锅和鼎罐，就着酸汤罐里的酸汤佐菜，家人或者邻居、亲朋好友一起围坐在火塘周围烤火，谈古论今、唱歌聊天、吃饭饮酒，透着浓浓的惬意和快乐。

随着社会的发展，许多竹、木、石手工制品都被工厂批量生产的塑料制品和金属制品取代。质朴的竹粮囤，笨拙的石水缸、猪食槽等，民间早就不再制作了，原有的也大多弃置不用，铸铁鼎罐也逐渐被现代的电饭煲、高压锅所取代。传统的日常用具，许多正在逐渐远离日常生活。

2-2 ◆ 文笔

[mi²²tso³⁵] "大灶"

用砖砌成的大土灶。大灶设在专门的厨房中，一般有两到四个灶膛，有的灶上有连接灶膛的烟囱。灶膛上放置固定的大小铁锅，用来炒菜、蒸饭、酿酒、打豆腐、煮猪食等。

2-1 ◆ 夜郎坪

2-4◆夜郎坪

[qo³¹tso³¹pə³⁵mpʰa⁵³] "宰猪灶"

宰猪专用的灶。灶的一端设置一个灶膛，另一端有较大的灶台，可以在灶台上面宰猪。一般宰猪专业户家里才建造这样的灶台。

[tso³⁵ɳtɕʰa⁴⁴] "单灶"

一种可以搬动的单锅小铁灶。只有一个灶膛和一口铁锅，可移至户外空地烹炒菜肴。家里办大事时，可借用别人家的单灶，多个单灶同时使用。

2-3◆茶洞

65

[nthe⁵³wɛ²²] "锅盖"

盖锅用的盖子。传统的锅盖用木板制成，现在多用铁、铝等金属。

2-7◆夜郎坪

2-8◆夜郎坪

[tɯ⁴⁴ʎɯ²²wɛ²²tɯ⁴⁴ʎɯ²²tɕo⁵³] "垫锅圈"

用粗的竹篾条编成的圆垫圈，用来垫鼎罐和锅。鼎罐和锅的底部都是圆锥形，用垫锅圈垫着放，就很平稳。

2-10◆夜郎坪

[ɛ³⁵ȵtɕɯ⁴⁴] "盐罐"

装盐的罐子。传统的盐罐是陶罐，有盖，盐不易受潮。

[qo³¹tɕo⁵³] "鼎罐"

用来煮饭、煮汤的铸铁锅。锅身圆形，锅底圆锥形。锅身上安有提梁，锅盖上有柄。鼎罐可架在火塘的三脚铁架上，也可挂在火塘上方的钩子上烹煮食物。

[ɛ³¹ɕɛ³⁵] "油罐"

装食用油的罐子。传统的油罐是有提手的陶罐，肚大、口小，不易泼洒。花垣苗语小的"罐"和大的"坛"不分，都叫 [ɛ³¹]。

2-5◆夜郎坪

2-9◆夜郎坪

2-6 ◆夜郎坪

2-11 ◆磨老

[wɛ²²ʐei³⁵] "菜锅"

　　用来炒菜的铁锅。小的可架在火塘的三脚架上，用来炒菜、烧水；大的固定在大灶上，还可用来蒸饭、酿酒、打豆腐、煮猪食等。

[tõ⁴²pʰɹɔ³⁵tə²²] "吹火筒"

　　用竹筒做的 [pʰɹɔ³⁵tə²²] "吹火" 的工具。用一段约两尺长的小竹筒，在一端竹节上钻一个小孔，其他竹节打通。把有小孔的一端对着灶膛或火塘，从另一端吹气，以助柴草燃烧。

[sɑ³⁵l̥ʰo⁵³] "火钳"

　　用来夹柴火的铁钳。火钳长一尺余，像剪刀形状，生火做饭或取暖时，用以夹取柴火、木炭、蜂窝煤等，也可拾取垃圾。以前火钳多由民间铁匠打造，现在大多购自市场。

2-12 ◆夜郎坪

[ɳtɕʰa⁴⁴kə⁴⁴u³⁵] "水桶"

　　用来挑水的桶。传统都用木桶，一般用不易开裂的杉木做成，桶身用竹箍或铁箍箍紧，上有木梁。

2-13 ◆大夯来

花垣苗语　贰·日常用具

67

2-14 ◆十八洞

[qo³⁵tʰõ⁵³pu²²u³⁵] "背水桶"

　　用来背水的木桶。较高，扁平形，有两根挽绳。苗族大多生活在山区，旧时山路崎岖陡峭，从溪谷往山上挑水容易泼洒和摔跤，就用背水桶来背水。图 2-14 是收藏在十八洞村苗族博物馆的背水桶。

[ȵtɕi⁴²tʰõ⁵³] "把桶"

　　一边有钩形把手的圆木桶，主要用来提猪食喂猪，或用来提水。

2-16 ◆大夯来

2-15 ♦十八洞

[to³¹hə³⁵] "葫芦壶"

用成熟、干枯了的葫芦做成的壶。多用来装水、装酒，外出时便于携带。

2-19 ♦十八洞

[ka²²to³⁵ntu⁵³] "木瓢"

一种由木料制成的半圆形的瓢。用来舀取粮食、水等，现在已不多见。

2-18 ♦夜郎坪

[ka²²to³⁵tõ⁴²l̥hə⁴⁴] "水舀子"

用来舀水的用具。传统的水舀子，是用一节大的竹筒，底部保留竹节，在竹筒一侧中部安上木柄做成，现在很难见到。

2-17 ♦双龙

[tɕʰo⁴⁴mpjo⁴⁴] "撮瓢"

一种敞口的瓢，主要用来撮取粮食，是农村常用的生产生活用具。传统的撮瓢用半边原木掏空做成，现在已不多见。

[ka²²to³¹to³¹hə³⁵] "瓜瓢"

将成熟、干枯了的大肚形葫芦对半剖开做成的瓢。用来舀水、舀物或装东西，较常见。

2-20 ♦夜郎坪

花垣苗语 贰·日常用具

69

[tɛ⁵³ntu⁵³] **"木碗"**

用整块木料做的碗。传统的木碗是用手工凿成的,现多为机器车成。

2-23◆隘门

[ta²²ɕo⁴⁴] **"擂钵"**

一种小型的家庭日常舂捣用具。由擂臼和擂杵组成,用整块的石材或木料手工凿成。擂钵是人们日常生活中十分重要的工具。苗语有歇后语 [a⁴⁴m̥hã⁵³kwa³⁵tɕɛ³⁵qa⁴⁴ta²²ɕo⁴⁴—mpɛ⁴²tei⁵³tɕe⁵³ʌe³¹mpɛ⁴²] "除夕晚上借擂钵——想都不要想"。

2-21◆十八洞

2-22◆夜郎坪

[nɛ⁵³tsʐ⁵³] **"碾子"**

一种小型的手工碾,主要用石材、金属等做成,可碾碎大米、石膏、中药、辣椒等物。像图2-22这种用木材做成的手工碾十分少见。

2-27◆夜郎坪

[qo³⁵thõ⁵³ɕɛ³¹to³¹zo³⁵] **"桐油桶"**

用来装桐油的桶。图2-27这种桐油桶,是用竹篾编扎成桶,用泥、牛粪混合后,内外均匀涂抹制成,经桐油浸泡后不渗漏,经久耐用。这种传统的桐油桶,早已不再使用,为历史遗物,十分罕见。

2-24◆花垣镇建设路

[ntsɿ³¹wɛ⁵³] "瓷碗"

将瓷石粉碎做原料,或人工配制高岭土、石英、长石等做原料,经多道工序制坯再上釉、施色后烧制而成的碗。有的为素白色,有的有各色花纹,比陶碗要光滑、美观。

2-25◆磨老

[pʰu³⁵ɕo⁴⁴] "瓦钵"

用陶土烧制而成的钵,比碗大,比盆小,质地较为粗糙。常用来装饭菜、盛汤水、炖肉食等,也用来洗涤餐具。

[tʰõ⁵³cɛ³¹] "碗柜"

放在厨房或火塘间,用来装碗、盘、盆、钵、筷子等餐具的木柜子。旧时人们常常在食用鲜鱼时,将鱼尾巴剁下来,粘贴在碗柜的门上,以体现生活的富足。久而久之鱼尾巴掉落后,碗柜门上就显现出漂亮的鱼尾纹。

2-26◆十八洞

二 卧具

2-30 ◆茶洞

[te⁴²pə⁵³co⁴⁴pei⁴²co⁴⁴ɕi⁵³] "雕花床"

  一种豪华的雕花大木床。床的四周有木架，上有精致的花板，床下有踏凳，踏凳两头还有床头柜或床凳。雕花床制作工艺讲究，花费很大，占用空间很大，多见于从前的大户人家，一般家庭难以置办。

[te⁴²pə⁵³] "床"

  供人睡觉的卧具。由床头板、床尾板、两侧挡板组成。随着社会的发展，新式卧具也进入了寻常百姓家。

2-28 ◆磨老

2-29◆茶洞

[kɑ²²ntu⁵³te⁴²pə⁵³] "木铺板"

搭拼在条凳上的木板或门板，在上面铺稻草、草席和褥子，是十分简易的卧具。以前家庭中常见，现在已不多见。

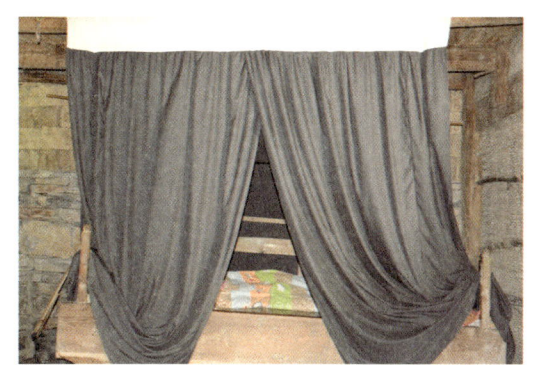

2-32◆扪岱

[tɕã³¹xwã³⁵] "蚊帐"

旧时的蚊帐，多用自织的土布，经蓝靛浸染做成，较厚实，透风、透光差。图2-32的土布蚊帐，仍见于花垣雅酉镇一带的少数家庭，其他地方大都使用购置的新式蚊帐。

[te⁴²pə⁵³l̥ʰɔ⁴⁴] "竹床"

一种用竹子编成的简易凉床。较为轻便，可以搬动，可以坐卧，凉快通风，常用于夏天户外乘凉消暑。

[jo³¹lɛ²²] "摇篮"

婴儿的卧具。用竹篾编一个扁长形睡篮，架在木架上。木架下面两端有弧形的横杠，可使睡篮左右摇动，催婴儿入睡。

2-31◆隘门

2-33◆文笔峰

花垣苗语　贰·日常用具

三桌椅板凳

2-34 ◆十八汇

[pa³¹ɕɛ⁴⁴tso³¹] "八仙桌"

　　一种大方桌，一般每边坐两人，共坐八人。这种汉族常见的八仙桌，在当地一般家庭中极为少见，一般只在宴客时才使用，平时多放在堂屋神龛前面当案桌，供奉祖先神灵。现在多见于城镇的餐馆中。

2-38 ◆蚩尤

[tɕi⁴⁴pe⁴²zɯ³⁵] "石桌"

　　用石材做成的桌子。图2-38这种石桌，用整块石材凿成桌面，中间开方形卯孔，嵌在石柱的榫头上，呈蘑菇形状。这种古朴、厚重的石桌，现已罕见。

2-36 ◆十八洞

2-35 ◆夜郎坪

[tɕi⁴⁴peʰ⁴²o̥ʰ⁴⁴] "竹桌"

用竹子编扎而成的桌子。较为矮小，很少见。

[ʑɛ³¹tso²²] "圆桌"

一种圆形的木桌。较为矮小，多为四脚，或有六脚，一般家庭很少见。大的圆桌，多见于城镇的餐馆。

[tɕi⁴⁴pe⁴²nõ³⁵ɬ̥ʰe⁵³] "餐桌"

吃饭用的小方木桌。比八仙桌矮小，一般放在火塘间，配小木椅使用，是家庭生活中最常见的桌子。

2-37 ◆十八洞

2-43◆夜郎坪

[qo³¹kɯ³⁵pa⁴⁴me²²]"条凳"

　　长条形的板凳。有高有矮，图 2-43 这种矮条凳，凳面用整块木板做成，两边有护耳，下部还有连杠加固，整体十分牢固。凳面一端的缺口，是长期在凳子上做木工或篾工时刀斧留下的痕迹。

[qo³¹kɯ³⁵ntu⁵³]"木椅"

　　一种有靠背的木椅子。比一般家庭日常生活中使用的小木椅要高。通常在两张木椅中间配一个高茶几，常放在堂屋中用来接待客人。花垣苗语有靠背的"椅"跟没有靠背的"凳"不分，都叫 [kɯ³⁵]。

2-40◆茶洞

2-41 ◆金龙

[kʰo³⁵ʐi⁵³] "靠椅"

能调节靠背前后高低、供半躺着的椅子。用木材做架子，用竹片链条做椅身，可以收拢和张开。

2-39 ◆夯吉

[te³¹te³⁵tɕi⁴⁴pe⁴²ɳa³⁵ntə⁴⁴] "儿童书桌"

旧时私塾中儿童读书用的小桌椅，书桌和座椅连成一体。这种儿童书桌早已不再使用，仅存历史遗物，十分罕见。

2-42 ◆蚩尤

[qo³¹kɯ³⁵l̥o⁴⁴] "竹椅"

用竹材做成的椅子。

2-44◆茶洞

[sɿ³⁵hwã⁴⁴kɯ³⁵] "方凳"

　　方形的凳子。高脚，没有靠背。汉语叫"杌凳"或"杌子"。

2-46◆夜郎坪

[po³⁵tɕu⁴⁴] "坐墩"

　　用稻草编扎成的坐具。圆柱形，编扎简单。以前常见，现在很少见。

[ʑɛ³¹mpɛ³¹kɯ³⁵] "圆凳"

　　圆形的高脚凳子，一般有四只直脚。图2-45这种五只脚的圆凳，下部有星状横条连接五脚，较为结实。

[te³¹te³¹kɯ³⁵] "儿童轿椅"

　　一种幼童坐椅。类似于轿子上的坐椅，供能坐稳但不能行走的幼童使用。多为木材制造，也有用竹材制成的。

2-45◆茶洞

2-47◆夜郎坪

四 其他用具

2-49 ◆磨老

[cɑ³⁵tsʅ⁴⁴tʰɛ³¹pei³⁵] "脸盆架"

　　放脸盆的架子。传统的脸盆架为木架，架子上面可以搭毛巾，有的还有镜子，大多雕花，造型美观，做工精细，多用作女子的嫁妆。

2-48 ◆茶洞

[pei⁴²ntsa⁴⁴me³¹] "脸盆"

　　洗脸用的盆。传统多用木脸盆，也有极少铜脸盆。后来一度普遍使用搪瓷脸盆，现在大多使用塑料脸盆。

2-50 ◆夜郎坪

[qo³⁵pei³¹ɴqu⁴⁴u³⁵] "澡盆"

　　洗澡用的圆盆。旧时都用木澡盆，现在多用塑料澡盆。

[pɹo⁵³ɕɛ³⁵to³¹ʐɔ³⁵] "桐油灯盏"

　　一种传统的简易油灯。用小盏、小碗或小杯盛上桐油或者其他植物油,在油中放置灯芯,露出灯芯头,点燃照明。后被煤油灯取代。

2-55◆夜郎坪

[mɑ⁵³tĩ²²] "马灯"

　　一种可以手提的、有玻璃罩的可防风雨的灯,以煤油为燃料。马灯 20 世纪初从欧美传入中国,因其可以防风,可提灯骑在马上不灭而得名。后来传入湘西,但不常见。现在已被手电筒取代。但现在结婚时,燃烧红烛的新式红色小马灯常作为吉祥的象征出现在送亲仪式上。

2-58◆夜郎坪

[qo³⁵tʰõ⁵³ɴqu⁴⁴u³⁵] "澡桶"

　　洗澡用的扁形木桶。比澡盆深,可以半躺在里面,类似于现代的浴缸。有时可以用来打豆腐,还可以在宰猪时用来浸泡猪的胴体。

2-51◆大夯来

[pei⁴²ntsa⁴⁴l̩ʰo³⁵] "洗脚盆"

　　洗脚用的盆子。旧时用木盆,后来出现铜盆、搪瓷盆,现在多用塑料盆。

[qo³⁵tʰõ⁵³qa⁴⁴] "马桶"

　　旧时的一种木质坐便器,供夜间大小便用。

2-52◆夜郎坪

2-53◆十八洞

2-56 ◆十八洞　　　　　2-57 ◆十八洞　　　　　　　　　　　　　　　　2-59 ◆磨老

[pɹo⁵³ɕɛ³⁵] "煤油灯"

　　一种用玻璃做成的、用煤油做燃料的照明器具。中部圆肚里装煤油，上有灯芯头可点燃，有玻璃罩子罩住灯芯。煤油灯有大有小，图2-56是较大的煤油灯，图2-57是较小的煤油灯。现在煤油灯大多被电灯取代，仅在停电时偶尔使用。

[qo³¹ta²²pɹu⁵³ɕɛ³⁵] "灯台"

　　传统的室内照明用具，用来放置灯盏或蜡烛。木杆上有放灯盏的灯座，灯座有的是固定的，不能调节高度，有的能升降。现在已不用灯盏，更不用灯台。

[qo³¹tɔ³⁵] "扫帚"

　　扫地用的工具。日常使用的扫帚种类很多，最常见的是用芭茅穗编扎的和用草本植物"铁扫帚"编扎的，还有用竹枝扎成的。

2-54 ◆花垣镇建设路

花垣苗语　贰·日常用具

81

2-60◆夜郎坪

[cɑ³⁵tsʅ⁵³kʰɑ̃³⁵ə⁴⁴] "烘架"

用木条做成的方形木架，放在火盆或火塘上，可将衣服、被子等搭在架子上面烘干，也可用来烘干辣椒等。

2-61◆夜郎坪

[hu⁵³mpẽ²²] "火盆"

冬天烤火用的盆。在一个低矮的四方形或多边形木架中，放置一个铸铁浅锅，锅内盛灰，在锅里燃烧木炭或柴火，可坐在旁边取暖。

[ɛ³⁵pɹɑ³¹] "腌菜坛"

腌制酸菜等的陶坛。坛口外面有沿，能贮水。用一个像瓦钵的坛盖倒扣在坛口上，在边沿贮水，能隔绝空气，保持坛子里的菜长久不变质。

[qo³¹a³⁵lʰɔ⁴⁴] "竹箱"

用竹篾编制而成的小方箱，用来装衣服或小物件。现在已经不用，也很罕见。

2-63◆夜郎坪

2-68◆十八洞

2-65 ◆扣岱

2-66 ◆夜郎坪

[tʰu⁴⁴u³⁵] "水缸"

放在厨房里用来装水的缸。或圆或方，上有木盖。图 2-65 是旧时用整块石材凿成，或用五块石板拼成的方形水缸，叫 [tʰu⁴⁴u³⁵ʐɯ³⁵] "石水缸"，现在已很少见。图 2-66 是烧制的圆形陶质水缸，现在很常见。

2-64 ◆大夯来

2-67 ◆磨老

[qo³¹ɛ³⁵tɕɯ⁴⁴] "酒坛"

用来装酒的陶坛。大肚、小口，用来装自酿的玉米酒、米酒等。用沙袋盖在坛口上，或用塞子塞住坛口，使酒不易挥发、变质。

[qo³¹ɛ³⁵to⁵³ntso⁵³] "米缸"

装米的陶缸。盖上盖子可以防潮、防虫、防老鼠。

[hõ⁵³lõ²²] "火笼"

一种烤火用的手炉。用木板做成方形的笼，或用竹篾编成圆形的笼，在笼内四周钉上铁皮，或放置旧的瓦盆、瓦钵或搪瓷盆、搪瓷碗，盛上灰，放置燃烧的木炭，用来烤手取暖。火笼上有提梁，可以提着行走，多用于儿童上学时使用。

2-62 ◆芷耳

2-69◆夜郎坪

[qo³¹ta³⁵ntu⁵³] "木柜子"

旧时一种木衣箱。顶上有活动的盖，带锁。常做陪嫁品，用来装嫁妆。平时用来装衣服或较贵重的物品。

2-72◆十八洞

[qo³⁵tʰõ⁵³] "卧柜"

一种横向立地的长方体木柜。上有盖板，可以开合。一般用来装衣物、被子、枕头或其他物件，也可用作粮柜。

[qo³⁵tʰu⁴⁴to⁵³le³⁵pə²²] "粮桶"

用来存放粮食的高木桶，也可用来打豆腐。

[pjɛ⁴⁴tʰu⁴⁴] "扁桶"

用来装米的一种旧式木桶。扁圆形，上面的盖分成两半，一半固定在木桶上，另一半是活动的。

2-75◆茶洞

2-74◆夜郎坪

2-71◆扪岱

[i⁴⁴kwei³⁵] "衣柜"

一种竖向立地的长方体木柜。正面开门，一般用来装衣物、被子、枕头等。

2-73◆十八洞

[qo³⁵tʰõ⁵³to⁵³ntso⁵³] "粮柜"

一种长方体大木柜，形同卧柜，但比卧柜大，上有盖板，可以开合。现在有的家庭还用这种粮柜来装粮食，有的则用来放置杂物。

[ȵtɕi⁴²ɕã⁴⁴] "提箱"

外出时用手提的小箱子，可以装随身物品。图 2-70 是传统的提箱，用木料制成。有的雕刻有花纹，并用油漆漆过，十分精致，现在已不用，很少见。

[qo³⁵tə³¹] "粮囤"

旧时一种用来装粮食的囤。用箬竹、山竹或荆条编成大圆桶，用掺入牛粪的泥涂抹里外、封闭缝隙，晾干后用来储存粮食。这种粮囤十分简易，早已废弃不用。

2-70◆夜郎坪

2-76◆夜郎坪

花垣苗语 贰·日常用具

85

2-77◆磨老

[qo³⁵co⁴⁴] "饭篮"

　　一种装饭用的小圆竹篮。用细竹篾编成，有盖和提梁。用来装饭菜，可以提着外出干活时吃。也可将剩下的饭菜装在里面，挂在梁上，防止老鼠、猫狗等偷食。饭篮透气，里边的饭食不容易变馊。

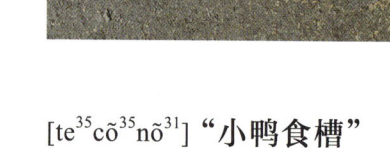

2-84◆文笔峰

[te³⁵cõ³⁵nõ³¹] "小鸭食槽"

　　喂鸭子用的小木槽或小竹槽，也用来喂鸡。作用跟小猪食槽相同。

[qo³⁵tɕi⁴⁴] "背篓"

　　可以背在背上的竹篓。当地山区道路崎岖狭窄，挑担行走不便，背篓就成为必不可少的生产和生活用具。根据不同用途，背篓的大小和精粗也不一样。如背衣服、布料和小孩的背篓做工精细，带花纹；背柴草、鸡鸭、小猪的背篓篾粗肚大，禁得住摔打。现代交通条件大大改善，但用背篓背物已经成为传统习惯，背篓至今仍然随处可见。

[qo³⁵tɕi⁴⁴pu²²te³⁵] "背椅"

　　一种背小孩的竹椅子。椅上有挽绳，小孩站在或坐在椅子里，大人将背椅背在肩上行走。

2-79◆排碧

2-81◆吉卫镇

中国语言文化典藏

86

2-78 ◆夜郎坪

2-80 ◆夜郎坪

[qo³⁵ɲcʰi⁴⁴] "针线篮"

妇女做女红时用来装剪刀、直尺、针线、顶针以及小块布料等的竹编篮子。旧时针线篮是女子出嫁时必备的嫁妆和出嫁后做女红的必备器具。

[tɑ³¹põ³⁵] "背带"

母亲背负婴儿所用的包布、布兜，即襁褓。多由婚前的女子或婚后的娘家成员精心制作。背带被喻为"背上的摇篮"，是我国许多民族世代相传的育婴工具，至今在花垣苗族地区广为流行。

[cõ³⁵mpa⁵³] "猪食槽"

喂猪时用来盛放猪食的长条形槽。有木槽和石槽两种，用整块木料或条石凿成，至今在农村仍然使用。

[te³⁵cõ³⁵mpa⁵³] "小猪食槽"

喂小猪的小木槽或小竹槽，也用来喂鸡鸭。有提梁，将食料放在槽内，可以放在地上喂食，也可提着呼唤放养的小猪和鸡鸭。

2-82 ◆大夯来

2-83 ◆大夯来

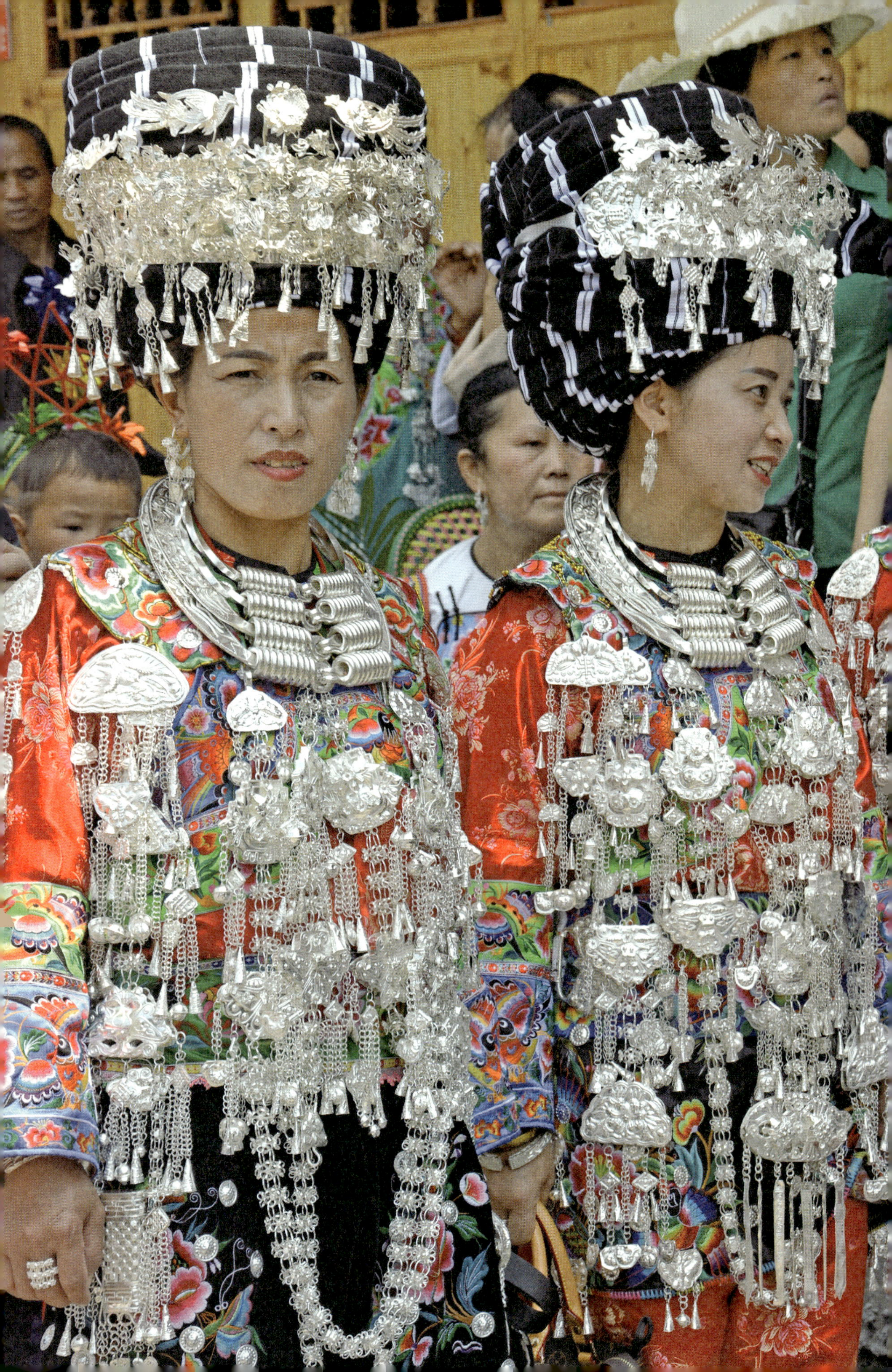

叁·服饰

苗族是一个将历史和文化穿在身上的民族。过去，人们在频繁的战乱中迁徙流动，因为没有本民族的文字，就把民族的文化和历史的记忆体现在服饰上，不同的地域环境和支系就形成了绮丽多变的服饰文化。所以苗族服饰除了实用价值，还有历史文化价值和艺术价值。

花垣苗族服饰是湘西苗族服饰五大式样之一，以花垣县吉卫镇为代表，旁及吉首、保靖及凤凰北部。它具有鲜明的民族特色，款式丰富多样，装饰纹样缤纷绚丽，银器配饰华丽精巧。尤其是女性盛装，工艺精湛，色彩斑斓。

男子通常头缠青色或花色布帕，帕长一丈左右。上身穿黑白或者青蓝相间的条纹对襟布衣，衣袖长而小，裤筒短而大，衣料有花格、全青、全蓝等，花格衣最具特色。女性喜戴黑色头帕，形状上大下小，端正平整，前齐额眉。上身穿圆领满襟衣，腰大，右衽，袖子大而短。衣襟和袖口处用盘结、刺绣、镶嵌、嵌条等手法装饰花草、虫鱼、龙凤和几何图案。下身穿裤子，裤筒大而短，或穿裙子，裙摆长而宽。

花垣苗族的首饰种类繁多，有金饰、银饰、铜饰、玉饰，以银饰最为普遍。银饰

多由苗族银匠精心设计，手工制作，造型精美，各具特色。种类有银帽、银盆、凤冠、耳环、项圈、手镯、戒指、银花、银牌、披肩等，耳环、项圈、手镯、戒指是最常佩戴的饰物。各种银饰又有不同造型，项圈就有轮圈、扁圈、盘圈等，耳环也有瓜子耳环、石榴耳环、梅花针耳环、圆圈耳环、龙头耳环、粑粑耳环等。女子出嫁、串亲、做客、赶集、节日赴会等均佩戴银饰。

在现代社会，偏远的村寨至今尚存手工纺纱、织布、染布、刺绣和制衣的传统。但是随着与汉族文化交流日益密切，服饰受汉族影响较大，苗族服饰逐渐改变，现除吉卫、排碧、排料、董马库等乡镇穿苗装者居多外，其余乡镇男女青年衣着大多与汉族无甚区别。

花垣苗族服饰保持了浓郁的民族文化传统，是灿烂的苗族文化中的精品之一，蕴含着苗族的历史印迹、宗教意识和审美观念，表现出聪明才智和创造能力。苗族服饰作为苗族历史意识与乡土情结的一种传达，被誉为"穿在身上的史书"，是民族传统文化中的宝贵财富，多彩的苗族服饰是花垣一道亮丽的风景线。

一 衣裤

3-1 ◆吉卫镇

[ə⁴⁴n̰ĩ⁵³] "男上装" | [ə⁴⁴pʰa³¹lɛ³⁵] "对襟衣"

男子传统上装有 [ə⁴⁴po⁵³lɛ⁴²] "满襟衣" 和 [ə⁴⁴pʰa³¹lɛ³⁵] "对襟衣" 之分。满襟衣无领，较宽松，现在已不流行，男子主要穿对襟衣。对襟衣有领，从中间开襟，左右两襟相对，衣短袖窄，有7颗布扣。底色多为深蓝或灰黑，面料也可用黑白相间的细条纹土布或湖蓝色布。

[tɕi⁵³ŋkʰə⁴⁴mpʰa⁴⁴] "花边裤"

女性穿的裤子。较短，裤腿大，裤脚下部有横栏、花边，多为湖蓝、绿、黑色。裤腰用白布缝缀，用布带束腰。

[tɕi⁵³ŋkʰə⁴⁴tɕi⁵³nõ²²] "棉裤"

中间絮了棉花等保温材料的裤子。图3-5是女性棉裤样式，裤脚有花边，男性棉裤没有花边。裤腰用白布缝缀，用布带束腰。

3-4 ◆夜郎坪

3-5 ◆十八洞

3-2◆夜郎坪

3-3◆十八洞

[ə⁴⁴po⁵³lɛ⁴²]"满襟衣"

  正面为满幅衣襟的上衣。左襟大、右襟小，襟口、纽扣在右侧。旧时男女均穿，男性穿的没有绣花，女性穿的有绣花。现在穿满襟衣的多为女性。

[ə⁴⁴mpʰa⁴⁴]"花边衣"

  一种女性上装，多为满襟，大襟上部襟口以及袖口绣有彩色图案。布纽扣 5 颗，无领，腰大、襟长、袖阔，多以湖蓝、绿、黑等为底色，腰上可系花带、腰裙。

[pi⁴⁴kwa³⁵]"坎肩"

  一种无袖、无领的短上衣，套穿在衬衣、夹衣、毛衣外面，是一种新近引进的外来服饰款式。男式坎肩为对襟，多在衣服边缘镶以跟衣服不同颜色的衣边；女式坎肩为满襟，沿大襟上部襟口绣花作为装饰。

3-6◆十八洞

3-7◆茶洞

3-8 ◆十八洞

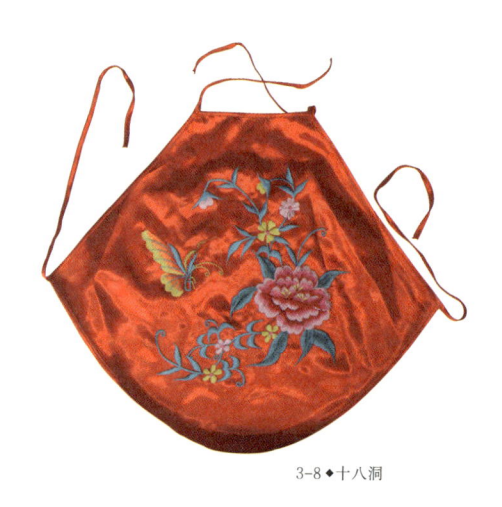

[tɕʰa⁴⁴tʰu⁴⁴] "兜肚"

一种女性保护胸腹的贴身内衣，起暖腹护胃的作用。上部有两根带子系在脖子后，左右有两根带子系在背后。正面多绣有表达吉祥意义的图案。

3-12 ◆十八洞

[te³¹te³⁵tɕʰa⁴⁴ɴqõ⁴⁴] "围嘴"

围在婴幼儿脖子上的布环圈。用以隔住涎水和喂食时漏出的汤水、饭食，避免弄脏衣服。

3-9 ◆十八洞

[ntõ²²ɲcẽ²²] "筒裙"

一种女式紧身裙。以前苗族女子多穿蜡染布做的筒裙或无花纹的素色筒裙，现在多穿有图案的花筒裙。

3-13 ◆夜郎坪

[tɕi⁵³ŋkʰə⁴⁴tɕã⁵³po⁴²] "开裆裤"

婴幼儿穿的一种裤子。裆部敞开有口，方便婴幼儿便溺。

3-11 ◆茶洞

[wei⁵³jo⁴⁴] "围腰"

女性系在腰前的围裙。有鲜艳的绣花和坠饰,主要作用是护腰、护胯并作为装饰。

[pe³¹tse³¹ɲcẽ³¹] "百褶裙"

一种女式大摆裙,有多至数十条纵褶,整齐对称,色彩艳丽。衣裙颜色以红、蓝、黄、白、黑为主,多有刺绣、织锦、蜡染、挑花装饰。

3-10 ◆茶洞

[so³⁵] "蓑衣"

3-16 ◆十八洞

旧时用棕树树皮上的棕毛编成的披在背上的雨衣。上端有两根挽绳，可以将蓑衣挽在双肩上。蓑衣是旧时农民雨天外出时必备的雨具，常配合斗笠使用。现在已被尼龙雨衣或其他防水布料制成的雨衣替代，传统的蓑衣已不多见。花垣苗语 [so³⁵] 既指"蓑衣"，又指"棕"。

[ɕi⁴⁴mpɛ³⁵] "花带"

用不同颜色的棉线或丝线编织成精致的带子。宽约一寸，长约五尺，常用作围腰带、小孩背带、斗笠带等。也用作礼品赠人，或用作恋爱时送给情人的信物。图3-14是在花带架上织花带。花垣苗族花带已被列入湖南省级非物质文化遗产代表性项目名录。

3-14 ◆夜郎坪

3-15 ◆文笔峰

二、鞋帽

3-18 ◆夜郎坪

[ku⁴⁴]"斗笠"

又叫 [we²²tɯ⁴⁴]"锅斗"。用来遮雨的圆锥形帽子，形状像倒扣的菜锅。多用竹篾夹着箬竹叶或棕片或油纸编扎而成，至今在当地仍十分常见。

[tɕa⁴⁴mo³⁵te³¹te³⁵]"童帽"

儿童戴的帽子。童帽的样式很多，有单帽、棉帽、狗头帽、猫耳帽等。传统的童帽多有彩色刺绣，随着生活水平的提高，现在还流行在童帽上镶嵌各种银饰。图 3-17 是传统手工制作的猫耳帽。

3-17 ◆十八洞

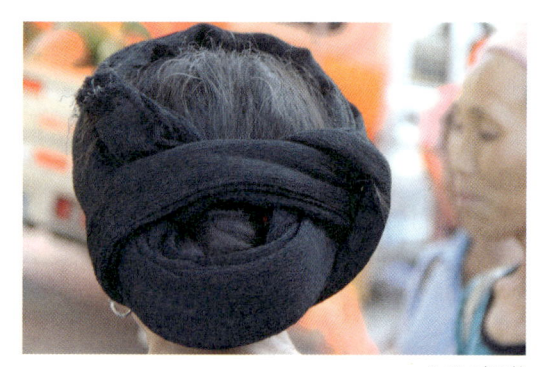

3-19◆吉卫镇

3-20◆吉卫镇

3-21◆卧大召

[ɕã⁵³me³¹] "头帕"

　　头帕是花垣苗族极为重要、极有特色的头饰。头帕多用棉、麻织成的土布做成，宽约尺余，长约丈余，将其包裹在头上，既能遮发、御寒，又有装饰功能。一般为青黑色或青花色。家有丧事时，则在服丧期间戴白色的孝帕。包头帕是苗族人民十分重要的穿戴技巧，要求包扎紧实、平整美观、不易松散。头帕包不好，会遭人讥笑。传统男女都要包头帕，现在老年女性仍大多包头帕，老年男性一般只在重要的场合才包头帕。很多中青年已不习惯戴头帕，更不会包头帕，包头帕这种传统的民族特色技能有失传之虞。现在商店里有包扎定型的头帕出售，可直接戴在头上，无须包裹。

3-22◆金龙

[ço⁵³mpʰei³¹ntei³⁵] "布鞋"

　　历史上苗族早先跣足，后穿草鞋、麻鞋，进而发展为穿布鞋。传统的布鞋都是手工制作，把多层土布用米浆粘实，再用针和麻线纳成厚厚的鞋底，然后缝上鞋面即成。手工制作的布鞋，现在已极少见，人们大多从商店购买工厂制作的普通布鞋。

3-23 ◆扣岱

3-24 ◆吉卫镇

[ço⁵³mpʰei³⁵tsɛ⁵³mɹo³¹] "尖头鞋"

　　一种传统的手工制作的女式布鞋，鞋头为尖形，上有绣花。

[wɑ⁵³kʰɯ⁵³ha²²] "圆头鞋"

　　一种鞋头为圆形的布鞋。男女都穿，女性穿的圆头鞋绣有花纹，男性穿的没有花纹。

3-25 ◆吉卫镇

3-26◆吉卫镇

[ɕo⁵³mpʰei³¹pei³⁵] **"绣花鞋"**

　　传统的女鞋和童鞋都有手工绣成的各种图案,样式古朴,十分精巧。现代的绣花鞋则多为工厂用机器织花或染花而成。

[ɕo⁵³mpʰei³⁵tɕi⁴⁴nõ²²] **"棉鞋"**

　　鞋底厚实、鞋身絮有棉花的布鞋,鞋身比一般布鞋高,冬天用以保暖。

3-27◆吉卫镇

3-28 ◆夜郎坪

[ço⁵³ntõ³⁵] "草鞋"

用稻草或龙须草或加上废弃的布条手工编制的鞋子。草鞋是古老、传统的劳动用鞋，旧时男女老幼下地干活，上山砍柴、伐木、采药、狩猎等，无论晴雨，都穿草鞋。现在生活条件改善，已很少有人穿草鞋。

[ço⁵³ntõ³⁵nã³¹] "麻鞋"

用苎麻编制的鞋子。形状和功能类似草鞋，但比草鞋柔软、耐穿。

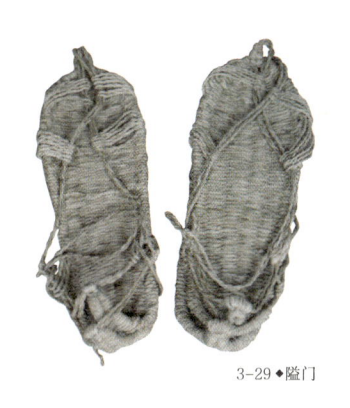

[tʰa²²ha²²] "拖鞋"

没有鞋帮的鞋子。拖鞋是从汉族引进的现代产品，但图 3-30 这种用苎麻编制的拖鞋，从草鞋、麻鞋发展而来，较少见，人们大都穿从商店购买的塑料拖鞋。

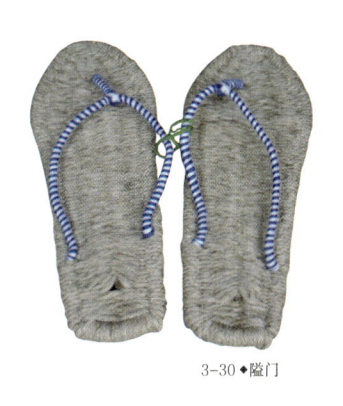

3-29 ◆隘门

3-30 ◆隘门

三 首饰等

[tɕa⁴⁴mpo³¹ŋõ³⁵] "银帽"

3-31 ◆吉卫镇

用银子手工打造的装饰性女帽。帽顶有伞状银花，帽檐四周有鸟、兽、鱼、虾等动物以及兰、菊、桂等植物，熠熠发光，十分华丽。银帽用于女子出嫁或在盛大节日、庆典活动时佩戴，以前只有富贵人家才有，有时一个或几个村寨才有一顶，需要时可以借用。现在银帽很常见，市场上也有机器制造的银帽出售，但有的并非纯银制造。

[qʰã⁵³mɹɯ⁴²] "耳环"

3-32 ◆夜郎坪

女性戴在耳垂上的环形装饰。样式、质地有很多种，大多佩戴银环，也有佩戴铜环、金环的，环下垂缀虫鱼、花卉、叶片等。因所需资费不多，一般人家女子也能拥有，在日常生活中佩戴。

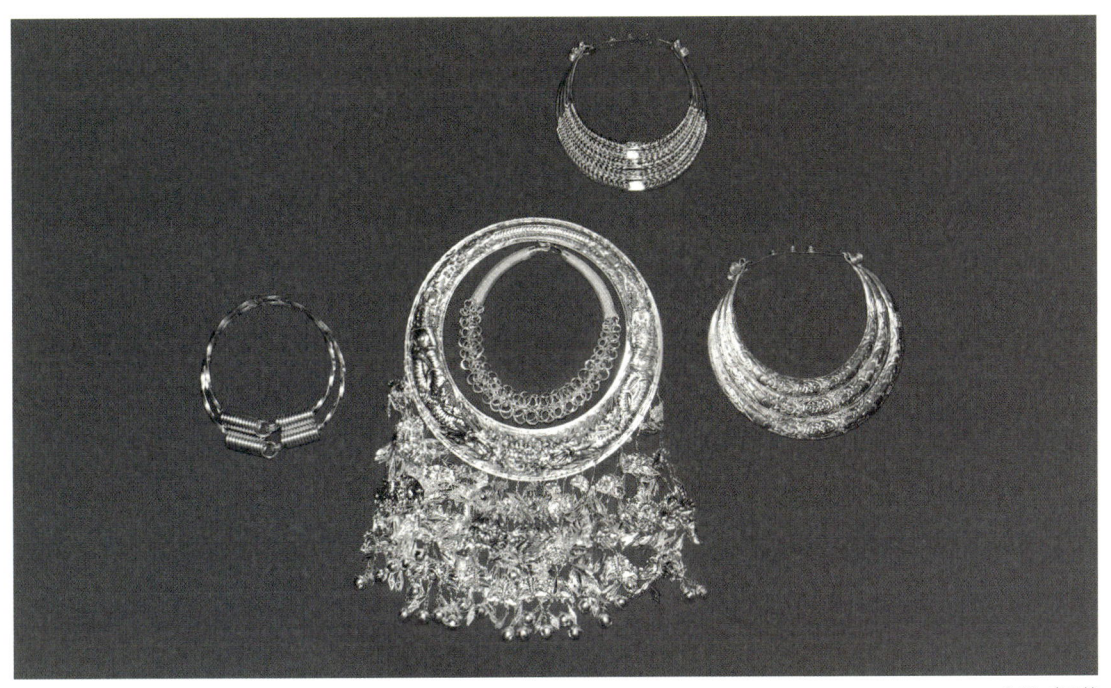

3-33♦吉卫镇

[qʰã⁵³ɴqõ⁴⁴] "项圈"

佩戴在颈项上的银质圆圈。女子佩戴的项圈有轮圈、扁圈、盘圈等多种样式，精致华丽，多在出嫁、赶集、做客、参加大型活动时佩戴。男子一般不戴项圈，在遭遇不顺时，为求吉辟邪，才戴一个用一根小银条做成的项圈，没有其他点缀、装饰，十分简单。

[ɕi⁴⁴mpɛ³⁵tɛ³⁵ə⁴⁴] "腰带"

女性佩戴在腰间用作装饰的带子。多用银子做成，由数条连缀的细链条做带身，两端以花卉、蝴蝶造型做带头。

[qʰã⁵³ntɑ²²] "戒指"

戴在手指上的圆圈形首饰。传统多戴银戒指，有的戴黄铜戒指，现代也流行戴黄金、铂金和玉石戒指。双手均可佩戴，可同时佩戴数对。

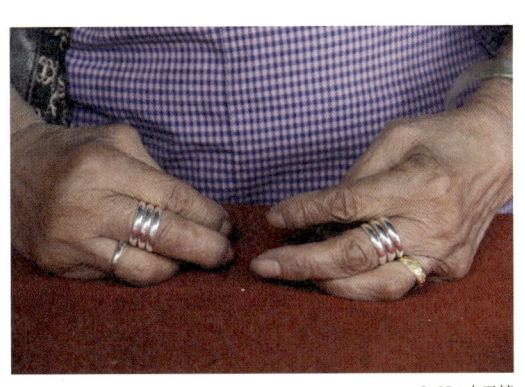

3-34♦五斗　　　3-35♦吉卫镇

[ntɕi⁴²po⁴⁴]"提包"

用手提的包。大小不一,男女通用。图3-39是妇女手工制作的女用绣花布提包。现代更多地是从市场购买皮革或帆布等质料的提包。

3-39◆夜郎坪

[qʰã⁵³po³¹]"手镯"

女性戴在手腕部位的圆圈形首饰。传统的手镯多用银子制成,现代也流行金、玉材质的手镯。图3-37这种扭成麻花状的实心铜手镯,尚不多见。

3-37◆夜郎坪

[qʰã⁵³po³¹ntɕɛ⁵³]"臂圈"

戴在手臂上的银环或铜环。样式简单,功能与项圈类似,主要在遭遇不顺时,为求吉辟邪才戴。

[ʂu⁴⁴ʎɤ³⁵m̩]"手链"

戴在手腕部位的链条形首饰,传统多用银或者铜做成。

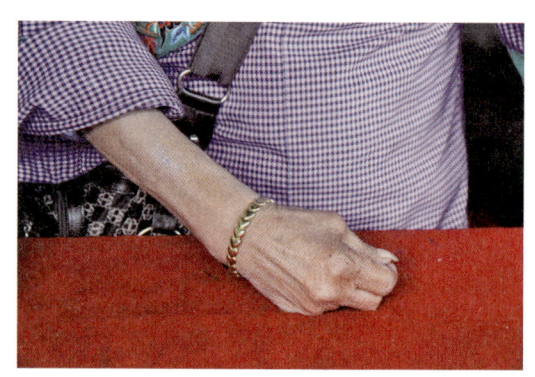

3-38◆板栗寨

3-36◆吉卫镇

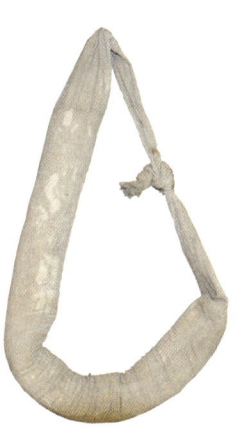

[tsa³¹ɛ³¹tsʅ⁵³] "扎裢子"

一种圆筒状布口袋，旧时出门常用来装干粮或其他食物。装上东西后将两头的口子扎在一起，大的挎在肩上，小的挂在腰带上。现代已不使用。

3-42 ◆茶洞

[pei³⁵po⁴⁴] "背包"

背在背上的包，用两根带子将包拷在双肩上。图 3-40 是妇女手工制作的简易素色土布背包。现代更多地是从市场购买皮革或帆布等质料的背包。

3-40 ◆夜郎坪

[kwa⁴⁴po⁴⁴] "挎包"

挎在单肩上的包。大小不一，男女通用。图 3-41 是手工制作的女性小挎包。现代更多地是从市场购买皮革或帆布等质料的挎包。

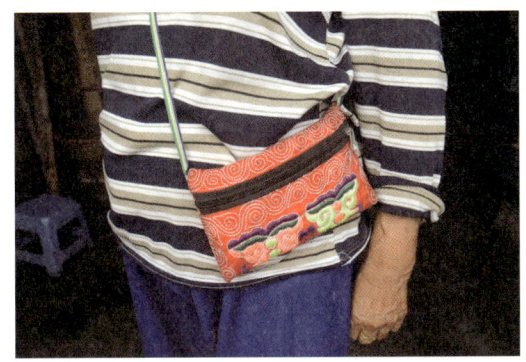

3-41 ◆夜郎坪

[po⁴⁴hɯ⁴⁴] "包袱"

包裹衣服、棉花等的正方形素色粗土布。包裹物件时对角相结，将其挽在肩上，或提在手上。

3-43 ◆夜郎坪

花垣苗语 叁·服饰

105

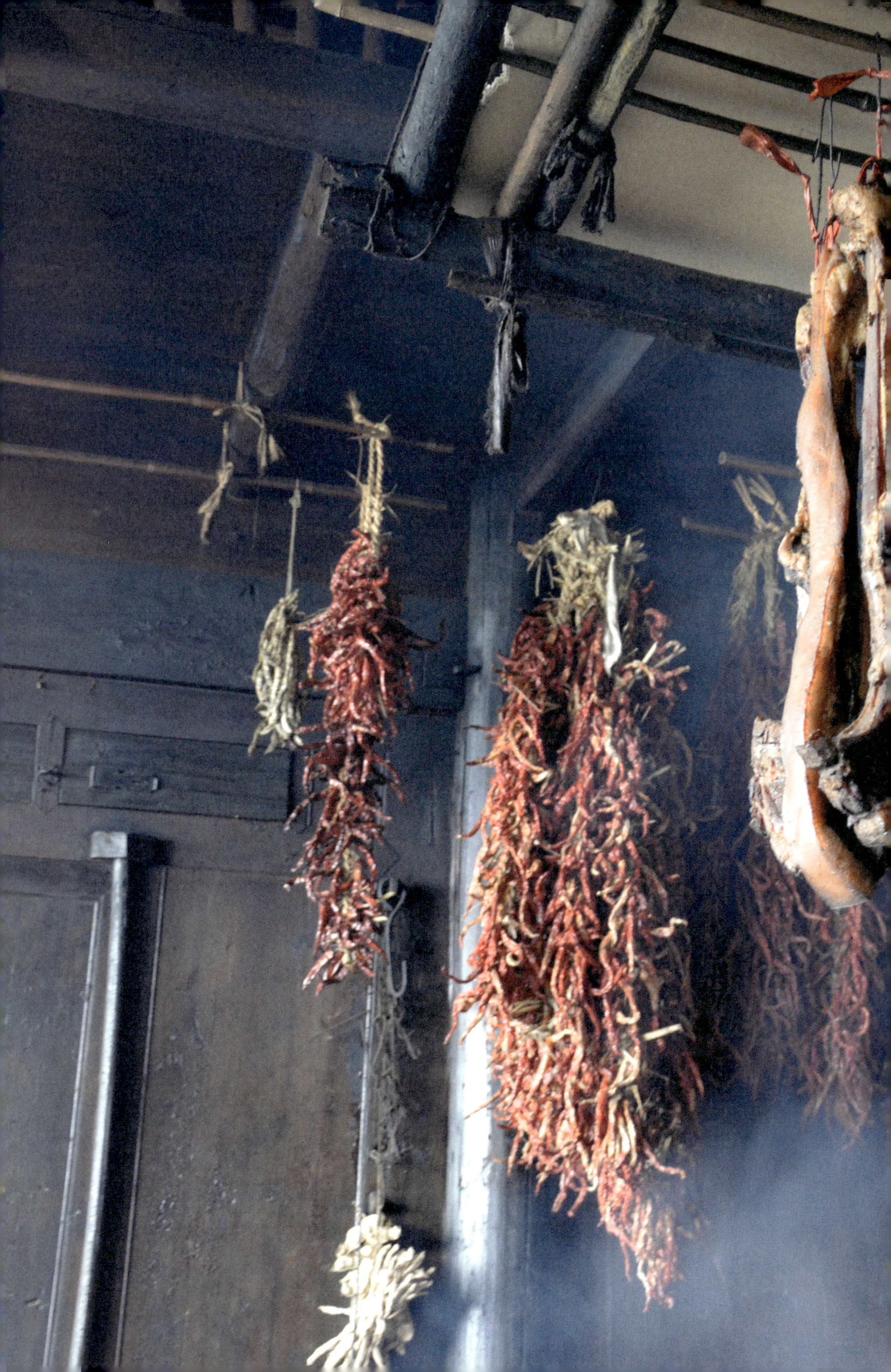

肆·饮食

历史上花垣苗族以大米、玉米为主食，辅以红薯、大麦、小麦、小米等，一般日食两餐，青黄不接时或灾年，贫苦人家常以糠菜充饥。

现在花垣苗族的粮食作物仍以水稻为主，同时种植红薯、玉米、土豆、小麦、黄豆等。最常见的主食是米饭，另外有玉米、红薯、土豆等。副食有用大米、糯米、小麦、黄豆、玉米、红薯等加工后做成的各种糕、粑、饼、粉等。饮食中最有特色的是糯米糍粑。几乎家家户户都有打糍粑的粑臼、粑槌，岁时节日、婚丧嫁娶、造屋上梁等都要用到糍粑。糍粑已经不只是一种美味的副食，还是馈赠宾客的礼物和供奉祖宗神灵的祭品。

日常菜肴除自产的新鲜蔬菜外，最具特色的是腌制的酸辣食品，如酸菜、酸汤、酸辣子、酱辣子等，均为苗家日常菜肴。当地有"三天不吃酸，走路打乱窜""吃不得辣子出不得门"等民间俗语。又有"望酸坛，知贫富"的俗语，即腌酸菜的坛子越多越显富贵。山村人家，每户都有几个十几个腌菜坛子，制作各种酸菜。人们不光是把各种蔬菜腌制成酸菜，如酸豆角、酸萝卜、酸辣椒、酸青菜、酸白菜、酸洋姜、酸胡葱，甚至连肉类也能做成酸鱼、酸肉等。火塘边酸汤罐里贮存的酸汤，是烹制菜肴必不可少的调味品。此外，人们一年四季、一日三餐都离不开辣椒，夏秋食鲜椒，冬

春食干椒，日常更有各种辣椒制品——糯米酸辣子、糟辣子等。

苗语俗语云 [qo³¹ɕõ³⁵nã⁴⁴ʂʰe⁵³，qo³⁵tɑ²²nã⁴⁴ɴqa⁵³]，意为"苗族人舍得饭，汉族人舍得钱"，当地人历来好客，来了客人总要以酒肉相待。酒有包谷酒、糯米酒，肉有猪、牛、羊、鱼、鸡、鸭等。苗乡平时买鱼、肉不方便，为避免客人到家后招待不周，因而一般人家多用腌制腊肉招待贵客。现在随着商品经济的发展，肉食丰富，随时可买，但民间腌制腊肉已成传统习俗，也是一大特色菜肴。

男子大多抽烟喝酒。传统主要吸旱烟，烟叶是自己种植的，将干烟叶刨成烟丝，或随手揉碎，装在烟斗中，或用纸卷成烟筒。在农村，中老年男性仍习惯吸这种冲劲很大的烟叶而不习惯吸香烟。男子大多能喝酒，日常饮用的酒以当地民间自酿的包谷酒为主，不太爱喝瓶装勾兑的商品酒。因此，许多村寨都有专门酿制包谷酒的酒坊，自产自销，供寨中自饮或宴客，也有销往城镇或外地的。

按花垣苗族传统，日常习惯喝山泉水，不怎么喝茶，因而较少有茶树茶园。近些年来湘西利用山地优势和环境气候优势，大力种植茶树作为经济作物，饮茶之风也逐渐兴起。

一 主食

4-6 ◆吉工

[tsa³⁵hwei⁵³] "榨米粉"

  人工制作米粉的一种方法。将大米淘洗后浸泡磨浆，沉淀成粉块，揉成粉团。将粉团蒸熟后，放进一个方形木榨，用木杠抵住压板往下压榨粉团，从木榨下部密密的漏孔中挤压出米粉，米粉掉进下面木桶的冷水中冷却成型，即制成可供食用的湿粉。

[hwei⁵³ntso⁵³] "米粉"

  用大米做成的湿粉。有圆、扁、粗、细等种类，煮熟后加入做好的木耳、肉末或肉片等配料，撒上葱花、辣椒末，是城镇居民最常见的早餐。

4-5 ◆夜郎坪

4-1◆夜郎坪

[ɬe⁵³qwə³⁵] "米饭"

　　用大米煮熟或蒸熟而做成的饭，是日常最重要的主食。传统上，农村一日三餐，早餐在家吃饭，外出劳作时，中午就在劳动场地吃带来的饭，晚上再回家吃饭。有时也一日两餐，起床后一早就外出劳作，至中午回家吃饭；然后又外出劳动，傍晚再回家吃饭。以米饭为主，因米饭不易消化，更能充饥。在城镇工作的人，则中、晚餐以米饭为主，早餐则多吃米粉、粥、油香粑、馒头、包子之类，与汉族无异。

[ɬe⁵³hu⁴⁴ɕo⁴⁴] "红薯饭"

　　大米跟红薯合煮而成的饭。红薯饭较米饭软、甜，比米饭易消化，但容易胀气，所以不太常吃。红薯也可以单独蒸、煮或烤熟后食用。

4-2◆夜郎坪

[ɬe⁵³ci⁴⁴se⁴⁴] "粥"

　　用大米、小米等熬成的带汁液的食物。有时加入青菜煮成，叫 [ci⁴⁴se⁴⁴ʑei³⁵] "菜粥"。

4-4◆夜郎坪

[ɬe⁵³pə⁴⁴zə⁴⁴] "包谷饭"

　　大米跟嫩玉米粒一起蒸煮成的饭，带有玉米的清香和甜味，十分可口。

4-3◆夜郎坪

花垣苗语　肆·饮食

111

二 副食

4-7 ◆花垣镇赶秋

[mpe⁴⁴qwə³⁵]"糍粑"

将糯米蒸熟、捣烂成泥做成的粑粑。糍粑是人们非常看重的一种日常副食，逢年过节、喜事丧事、建屋上梁以及祭祀祖先神灵都要用上糍粑。糍粑不仅仅是一种食物，更是表达吉祥、珍贵意义的文化符号。

4-8 ◆大夯来

4-9 ◆十八洞

[cõ³⁵mpe⁴⁴]"粑臼"

用来打糍粑的大石臼，是将整块大石中间凿空制成，现在很常见。跟粑臼作用相同的还有[ʌõ³⁵mpe⁴⁴]"粑槽"，是用一段将大树中间凿空而成的木槽，现在很罕见。用来捶击熟糯米的工具叫[qei⁴²mpe⁴⁴]"粑槌"，是一种丁字形长把木槌。

4-10◆吉卫

4-12◆茶洞

[mpe⁴⁴pə⁴⁴zʅ⁴⁴] "包谷粑"

　　用嫩玉米磨成的粉做成的粑粑。将新鲜的玉米粒磨成粉浆，做成粑，蒸熟食用。玉米是最重要的杂粮，包谷粑也是夏季常见的副食。

[mpe⁴⁴ʐei³⁵] "蒿菜粑"

　　当地十分常见且受欢迎的时令特色食品。在春天，采摘野白蒿长出的幼嫩叶芽，洗净切碎，拌一定比例的糯米和黏米，蒸熟制成粑粑，用腊肉、豆腐干、蒜苗、大头菜丁等做馅，用桐树叶子包好，蒸熟即成。

[ʐɯ³¹ɕã²²] "油香粑"

　　当地一种常见的油炸食品。中间略微凹陷，形状像小小的灯盏，故又叫"灯盏窝"。做法是用糯米加黄豆浸泡后磨成浆，用一个小圆勺舀着浆，放进油锅里炸，待焦黄时捞上来，就成了有油香、米香和豆香的油香粑。

[mi⁵³tɯ³⁵hu⁵³] "米豆腐"

　　用大米和黄豆做成的豆腐，是当地传统的特色小吃。做法是把大米和黄豆淘洗浸泡后加水磨成浆，倒在铁锅内，加入碱，煮成糊状，倒入豆腐框中冷却后成型。将其切成片、块，拌上辣椒末、西红柿酱、姜末、香葱、味精等作料即可食用。

4-13◆吉卫

4-11◆夜郎坪

花垣苗语　肆·饮食

113

4-14 ◆吉卫

[hwei⁵³hu⁴⁴ɕo⁴⁴] "红薯粉条"

　　用红薯淀粉制成的干粉条。传统的制作方法是，先将红薯粉碎，在大木桶中加水充分搅拌，然后过滤掉红薯渣，待水中的淀粉沉淀后，提取淀粉，加水揉成稀软的粉团，在大灶的大锅中烧开水，将稀软的粉团放在专用的多孔漏斗中，用手捶击粉团，从漏斗的细孔中漏出线状粉条，掉落进灶上大锅沸水中成型，捞出后晒干，即成红薯粉条。现在多用机器生产红薯粉条。

4-16 ◆吉卫

[ta³¹xo⁵³ʂu³⁵] "豆腐"

　　当地最常见的豆制品。将黄豆洗净浸泡后，用石磨磨成豆浆，滤出豆渣，将豆浆煮熟，冷却，放入适量熟石膏粉点卤，即成豆腐脑。把豆腐脑舀进垫有包布的豆腐框，包好，压上木板和石头，滤去过多的水分，就成了固体的豆腐。

[hwei⁵³pə⁴⁴zə⁴⁴] "包谷粉条"

　　将玉米去皮壳，磨成细粉，加水、酵母液等混合调匀后制成的干粉条，形似米粉。一般用机器压制而成。

[ta³¹ho⁵³qʰa⁴⁴] "豆腐干"

　　较干的豆腐块。传统的做法是，将水分较少的老豆腐切成片或块，用酱油浸泡染色，放在火塘上方的炕架上熏至大半干即成。

4-15 ◆吉卫

4-17 ◆吉卫

4-19◆茶洞

[tɕɯ⁴⁴ntso⁵³nõ²²] "糯米酒"

  用糯米酿造的酒。较浑浊，酒精含量较低，酒味微甜，酒性平和。

4-20◆夜郎坪

[tɕɯ⁴⁴pə⁴⁴zə⁴⁴] "包谷酒"

  用玉米蒸馏酿造的烧酒。是没有勾兑的纯粮食酒，大多由农村家庭或村寨中的酿酒作坊酿造，酒精度数多在50度以上，酒性烈。一般都是散装，价廉物美，深受当地群众的欢迎。

[pɹɯ⁴⁴tʰu⁴⁴ta⁴⁴ho⁵³] "豆腐坊"

  豆腐坊是专门制作和出售豆腐的作坊。一般需具备较大的空间，有大石磨、大灶、大水缸、大木桶、豆腐框等。

4-18◆德夯

花垣苗语　肆·饮食

115

[tɕɯ⁴⁴nɯ⁴²] "醪糟"

一种将糯米煮熟后，拌以酒曲发酵制成，酒水和米糟一同食用的食物。醪糟酒精含量低，口味香甜醇美。

4-21◆夜郎坪

[qo³¹nõ³⁵ʐɛ⁴⁴] "烟叶"

花垣苗族地区气候环境适合种植烟草，烟草是重要的经济作物。烟草长成后，将叶子采摘下来，堆放一到两天，待叶片蔫软后，再用草索编扎，以前是将其挂在晒烟架上或屋檐下晾干，现在是挂在专门的烤烟房里烤干。晒或烤至金黄色，即成。

4-23◆吉卫

[sɿ⁴⁴ʐɛ⁴⁴] "烟丝"

传统制作烟丝，先将烟叶除去柄骨，一片片叠齐，放入专门的木榨内逐渐加压压榨，待榨出烟油后再用铁刨刨成细丝，用烟斗或用纸片包卷着吸。现在很少自己榨烟刨丝，多从集市上购买机制烟丝。

[ntsɑ²²] "茶叶"

按花垣苗族传统不论寒暑多喝山泉生水，较少喝开水，也较少喝茶，极少种植茶树、采摘茶叶。现在为发展经济，有很多村寨开辟茶园，种植茶树，喝茶之风也逐渐兴起。

4-24◆吉卫

4-22◆十八洞

三 菜肴

4-25◆吉卫

[ta³⁵ho⁵³tsʰa³⁵] "菜豆腐"

当地十分常见的特色菜肴。做法是将黄豆磨成粉，加水煮开后，放进切细的青菜搅拌，放入酸汤，再煮至汤水变清，放入油盐和辣椒、花椒等即可食用。"菜豆腐"还是办丧事时不可缺少的一道菜，花垣苗族熟语 [nõ⁴²ta³⁵ho⁵³tsʰa³⁵] "吃菜豆腐"同时还是"有丧事"的委婉说法。

[u³⁵pɹa³¹] "酸汤"

直译为"酸菜水"，是家家必备的调味品。做法是将生玉米磨成粉，放入米汤煮沸，搅拌成浆，连同洗净的青菜叶倒进酸汤罐中密封，放在火塘边保温，两三天后即发酵成酸汤。酸汤味道酸爽，烹鱼和羊肉时加入可去腥膻。酸汤既可做调味品，也可当饮料。

4-26◆夜郎坪

4-29 ◆夜郎坪

4-28 ◆排料

[ɳa⁴²ɕo³⁵] "酸肉"

　　一种腌制成的带酸味的肉,是极具民族特色的菜肴。做法是将新鲜的猪肉或其他动物的肉切成小块,用盐、花椒粉腌数小时,再加入玉米粉和其他调料,与肉拌匀,放进坛里密封腌制半个月。吃时加入干红辣椒、青蒜等旺火炒熟,味辣而酸。现在腌制酸肉已极为罕见。

[mɹɯ²²ɕo³⁵] "酸鱼"

　　一种腌制成的带酸味的鱼,是极具民族特色的菜肴。做法是将新鲜的鲤鱼、草鱼、鲫鱼等洗净,去掉内脏,拌上食盐、辣椒粉、小米和糯米面,放进坛里密封腌制半个月。食用时加入干红辣椒、青蒜等旺火煎熟,味辣而酸。现在腌制酸鱼已经很少见。

[qɑ⁴⁴ntu⁴⁴qʰa⁴⁴] "豆角干"

　　将鲜嫩的豇豆摘下洗净,整根或切成寸许小段,焯水后晒干即成。

4-32 ◆夜郎坪

中国语言文化典藏

118

4-27◆花垣镇赶秋路

4-30◆吉卫

[mɹɯ²²tsɑ⁴²ɕɛ³⁵]"油炸鱼"

  当地著名的特色菜肴。将新鲜的鲤鱼、草鱼、鲫鱼等剖开，去掉内脏，保留鳞片，切块后放入油中用文火煎香炸透，再放入辣椒、酱油、姜等调料煎炒后食用，或炒后放入清水煮开食用。

[ʐei³¹ɕo³⁵qʰa⁴⁴]"酸菜干"

  当地习惯将多种新鲜蔬菜晒成干菜，以备蔬菜生产的淡季食用。将季节性蔬菜晒干，放进腌菜坛中略加腌制而成。食用时加入油盐和干辣椒等作料，再加入适量的水翻炒即可。

[kwã⁵³qʰa⁴⁴]"茄子干"

  将新鲜茄子切成片，晒干。食用时用清水泡软，或炒或炖。

4-33◆夜郎坪

[to³⁵mpe⁴⁴qʰa⁴⁴]"南瓜干"

  将老南瓜除去外皮和内瓤后，切片晒干而成的干菜。食用时用水泡软，加入油、盐等作料炒食或炖汤。将南瓜晒成干菜，在其他地方很少见。

4-31◆板栗

4-39 ◆吉卫

[qɑ⁴⁴ntu⁴⁴ɕo³⁵] "酸豇豆"

  一种腌制的酸豆角，是常见的风味小吃。做法是在锅里放水，加入花椒和盐，煮开放凉，倒进腌菜坛。将新鲜的豇豆洗净晒至半干，或保留整条或切成小段，加上红辣椒，放进腌菜坛，扣上坛盖，用水密封坛口，腌制十余天即可食用，生熟均可，味道酸辣爽口。

4-34 ◆茶洞

[mɹɑ³¹qʰa⁴⁴] "笋干"

  当地盛产多种竹子。在春天竹子发笋时拔取竹笋，剥去笋壳，用开水焯过后，切成条段或撕成片条晒干即成。食用时用清水久泡，或加入食用碱泡发，洗净后炒、炖皆可。

[ɕi⁴⁴tɑ²²qʰa⁴⁴] "干辣椒"

  当地人喜食 [ɕi⁴⁴tɑ²²] "辣椒"，干辣椒是烹炒菜肴必不可少的作料。将新鲜的、辣味浓的红辣椒洗净，用线穿起来，挂在火塘的炕架上烘干，或摊开晒干，即成。食用时将干辣椒剪切成段，也可捣碎做成辣椒面或辣椒油，炒菜时用作调料。

4-35 ◆十八洞

4-38◆茶洞

4-37◆吉卫

[tso⁴⁴lɑ³¹tsʅ⁵³] "糟辣椒"

  一种腌制的酸辣椒，是常见的家常菜肴。做法是将新鲜的红辣椒去柄洗净，控干水分，将辣椒和少量的生姜、大蒜剁碎，放入适量的食盐、白酒、菜油、花椒、大料，搅拌均匀，放入腌菜坛中，用水密封坛口，腌制一个月左右即成。可做菜肴单吃，也可用作烹调的作料。

[pɹɑ³¹ɕi⁴⁴tɑ²²] "包谷酸"

  一种用玉米粉跟辣椒做成的酸菜。将新鲜的玉米磨成粉，兑适量的水搅成糊状，将新鲜的红椒剁碎，或用石磨磨碎，然后把二者放一起搅拌均匀，拌好后装入坛子里密封腌制，让其发酵成包谷酸。食用时用茶油或菜油炒熟，也可用来拌炒肉、腊肠、鸡蛋、青菜等。

[mɹɯ²²qʰa⁴⁴] "鱼干"

  将鲜鱼去掉内脏，洗净、晒干即成。食用时用清水浸泡后，加其他配料烹炒或红烧。

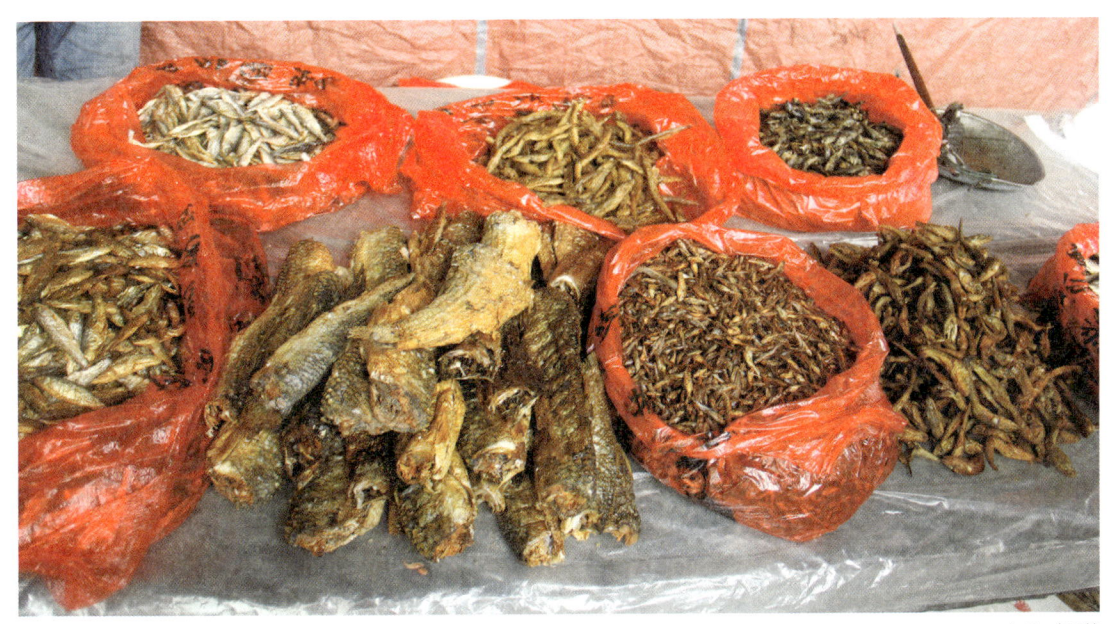

4-36◆吉卫镇

121

4-40◆文笔峰

4-43◆大夯来

[l̥ʰa²²pə³¹ɕo³⁵] "腌萝卜"

　　一种腌制的萝卜，是常见的风味小吃。做法是新鲜萝卜切成条或块，晒至半干，揉上盐，配上辣椒、花椒、生姜、大蒜等作料拌匀，放入腌菜坛，扣上坛盖，用水密封坛口，十余天后即可食用，味道酸辣脆爽。

[kã²²pi⁴⁴] "木姜子"

　　野生木姜子树的果实。在秋季采摘新鲜的木姜子，腌渍后用作凉菜或零食，味道辛辣。

[ȵtɕʰi⁴⁴nõ³¹] "鸭血粑"

　　用糯米和鸭血做成的粑粑，是湘西苗族传统的特色名菜。做法是将适量糯米洗净，温水浸泡一到两小时，沥干水分。然后宰鸭，将鸭血淋在糯米上。拌匀鸭血和糯米，上笼蒸熟，压成块，放到五成热的油锅中炸透，捞出放凉后切片，即成。食用时拌红辣椒、大蒜煎炒，或跟煮好的鸭肉块一起焖几分钟。

[kwɛ³¹ȵtɕã⁴⁴] "灌肠"

　　用糯米跟新鲜猪血灌进猪大肠做成的特色菜肴。做法是将浸泡好的糯米跟新鲜猪血混合，加食盐等作料后灌进清洗干净的猪小肠内，然后蒸熟。食用时切片，炒、炸、煎、煮均宜。

4-44◆吉卫镇

4-45◆排料

4-41 ◆排料

[mɹɯ²²kã³⁵] "腊鱼"

  一种腌制干鱼。将较大的鲜鱼剖开，洗净后放盐腌制几天，挂在火塘上方的炕架上，熏干水分而成。吃时洗净，剁成块，油炸、煎炒、红烧均可。腊鱼一般在腊月制作才较容易保留。

[lɑ⁴²ʐɯ³⁵] "腊肉"

  当地最常见的家常肉食。在冬天腊月宰杀年猪后，把新鲜的猪肉切成3至5斤重的长条。将食盐在锅中炒热，加适量的花椒粉，均匀涂抹在每条肉上，然后一起放到木桶或陶缸里腌制。十天半个月后把肉取出，一块块吊挂在火塘上面的炕架上，让烟火熏干水分即成。可贮存，供长年食用。食用时洗净切成片块，加入配菜翻炒或煮汤皆可，有特有的烟熏香味。除猪肉外，牛、羊等动物的肉都可依此方法做成腊肉。

4-42 ◆金龙

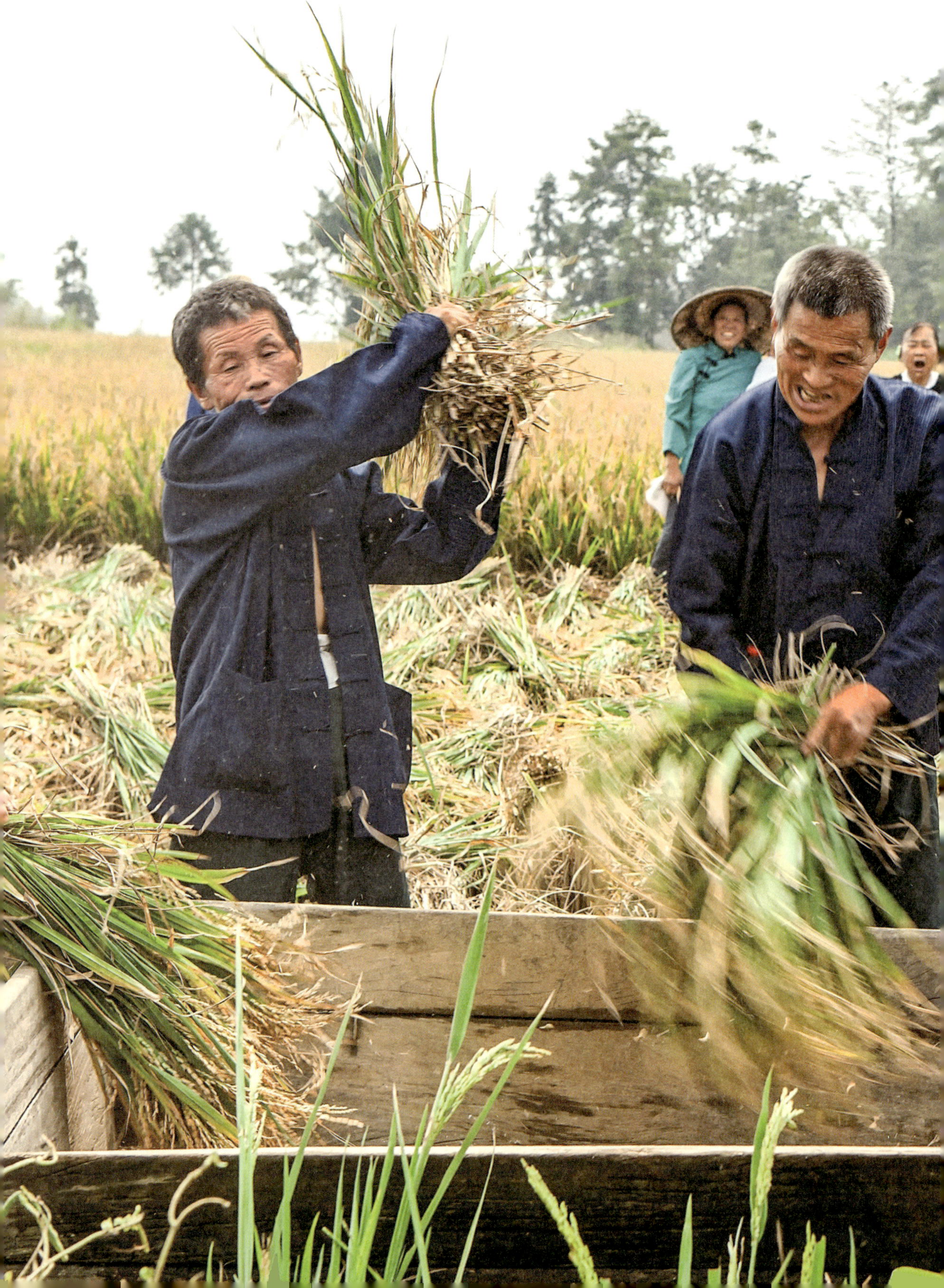

伍·农工百艺

花垣是农业县，传统以耕种水田和旱地为主。水田一般种植水稻，旱地主要种植玉米、红薯、油菜、黄豆、芝麻、油茶、蔬菜、烟叶、苎麻、药材、果树等。种植农作物是主要的农业生产活动。辅助性的农业生产活动还有养殖业，主要养殖猪、牛、羊、鸡、鸭、鱼、蚕、蜜蜂等。农工基本上围绕种植和养殖两类活动进行。

传统的农作物种植有复杂的工序和技术，更是繁重的体力劳动。随着机械化程度的提高，传统的耕作方式已大大简化和改变，繁重的劳作像犁田、耙田、插秧、割稻、打谷等，逐渐被小型的农业机械取代，犁、耙、耖等传统农具的使用在逐渐减少。甚至以前村寨中十分常见的耕牛，现在在一些村都已难觅踪影。

花垣苗族传统生活基本上都能自给自足。除了吃的东西大多来自自己种植、养殖外，日常生活和生产的用具也大多是自己手工制作，因而造就了众多的传统手工艺匠人，例如团泥制砖制瓦的砖瓦匠，造房屋家具的木匠，编扎各类竹器的篾匠，打制铁器的铁匠，打凿石器的石匠，锻造银器的银匠，弹制棉絮的弹匠，染布的染匠，制衣的裁缝，修鞋的鞋匠，补锅的补锅匠等。这些丰富多彩的民族民间工艺，有的需专业的艺人，如打制铁器、锻造银器、弹制棉絮；有的一般村民在农闲时或日常间隙就可以自己做，如编扎竹器、编花带、打草鞋、扎扫把、绞棕绳等。

　　随着传统的隐退、现代的到来，传统的农耕种植技术和各种传统的手工艺大多后继无人。许多传统的农耕种植技术和各种传统的民间手工艺正在流失。

5-1 ◆ 文笔

一 农事

[la³¹] "田"

　　有水源可以浇灌的农田。主要用来种植水稻及其他水生作物。在秋季水稻收割后，也可种植冬季旱生作物。

[ʂu⁴⁴la³¹] "犁田"

　　传统的牛耕方式。在一茬水稻收割后，水田即已板结，需用牛拉犁，翻松田土，以种植新一季的作物。如今逐渐改用小型耕机耕田，牛耕正在减少，耕牛也不太常见。

5-4 ◆ 夜郎坪

5-2 ◆ 尖岩

[la³¹pã⁵³] "梯田"

地形高低呈梯级形态的田。花垣苗族地区山多田少，为获得水田，大多在有水源的山坡，或挖土做塍，或砌石为埂，开垦山地，依地势高低形成梯形之田，引水灌溉，种植水稻等粮食作物。图 5-2 是花垣县尖岩山经历代经营形成的大片梯田，已成为今天湘西一景。

[lu⁵³] "地"

没有水源可以灌溉的旱地，大多是坡地。靠天然降水种植旱生作物，主要用来种植玉米、高粱、红薯、马铃薯、芝麻、黄豆、小麦、油菜、蔬菜以及烟叶、果树、桑树等。花垣苗语"地"和"土"同义，都读 [lu⁵³]。

5-3 ◆ 蚩尤

5-5◆夜郎坪

[tɕã³¹zã³⁵]"插秧"

将秧田里培育好的秧苗拔出来,用稻草扎成秧把,抛到水田中,按一定的行距、列距人工将秧苗移栽在水田中。

5-6◆大夯来

[te³¹ŋã³¹zã³⁵]"秧船"

插秧时在水田里拖运秧苗的长方形木斗。底部两头略微翘起像船,易于在水田中滑行。将秧苗拔起后,可放在秧船里,边插秧边拖着秧船随行,随手择取秧苗栽插。这种传统的农具现在已很少使用。

5-10◆大夯来

[tʰõ⁵³zɑ²²]"粪桶"

用来装、挑人畜粪尿的桶。传统的粪桶都是木桶,有用竹条做成的较高的挑梁。现在多用塑料桶。

5-7 ◆大夯来

[te³¹pã³⁵]"耘禾"

给生长中的禾苗除去杂草。传统的方式是用 [tʰã⁴⁴pa⁴²la³¹]"耘耙"薅去稻田杂草。图5-7是用手拔除、用脚踩除稻田杂草。

[pa³¹lu⁵³]"耙地"

传统的牛耕方式。土地用犁耕过后,再用有铁齿的耙,把翻起的大土块弄碎,把高低不平的地方弄平整,以便于播种。

[pɹo³⁵ɕi⁴⁴]"撒灰"

给作物施草木灰肥。当地农村家庭都以柴草为燃料,柴草燃烧后产生的草木灰是很好的有机肥料。施草木灰肥时,或抓取放在植物的根部,让根须吸收养分;或撒在阔叶植物的叶面上,让叶面吸收养分,亦可防虫。

5-8 ◆窝兮

5-9 ◆芷耳

5-11 ◆夜郎坪

[ɴqe⁵³hwei³⁵] "挑粪"

用粪桶装上人畜粪肥，挑往庄稼地点浇或泼洒，以增加肥力。

5-13 ◆夜郎坪

[te³¹ne³⁵qɑ⁴⁴nɯ⁴²] "稻草人"

用稻草或其他的草做成的假人，插在田间地头，以驱赶鸟类。

[o⁵³hwei³⁵] "浇粪肥"

用粪瓢给田地、作物浇人畜粪肥，增进肥力，促进作物生长。在化肥产生之前，人畜粪肥是种植农作物最主要的传统肥料。在化肥产生之后，人畜粪肥仍是农村重要的肥料。

5-12 ◆蚩尤

5-15◆杉木

[pə⁴²nɯ³⁵]"打稻谷"

    稻谷割下后，需在稻田中现场脱粒。传统的方式是人工将稻把在打谷桶的桶板上使劲摔打，将谷粒打落下来。现在也使用打谷机来打谷。

[ŋõ²²nɯ⁴²]"割稻谷"

    收割成熟的稻谷。传统上都是人工用镰刀收割，现在也用小型机械收割。

5-14◆双排

[ŋu²²ʐɯ⁴²tsʰa³⁵]"割油菜"

收割成熟的油菜。传统都是人工用镰刀收割,现在也用小型机械收割。

5-16◆科技园

[pə⁴²ʐɯ³¹tsʰa³⁵]"打油菜籽"

将成熟的油菜割下,晒干,铺在晒簟或大的油布上,用连枷反复拍打,把油菜籽粒从荚中拍出来。

5-17◆团结

5-19◆夜郎坪

[ɴqwɑ⁵³pə⁴⁴zə̩⁴⁴] "掰包谷"

玉米成熟后，把玉米棒从秸秆上掰取下来。

[pʰə³⁵hu⁴⁴ɕo⁴⁴] "挖红薯"

红薯成熟后，割去红薯藤，剩下红薯蔸，然后顺着薯蔸，用锄头把地里的红薯挖出来。

5-18◆夜郎坪

花垣苗语　　伍·农工百艺

135

[tɕi⁴⁴ntsʰe⁵³pə⁴⁴zə⁴⁴] "搓包谷"

一种手工将玉米脱粒的方法。用尖头的物品如改锥之类，将晒干了的玉米棒捅掉一行或几行籽粒，然后搓光一个棒子，再将棒子骨拿在手上，拾起一根没搓的棒子，用棒子骨互相挤着搓，就可以将棒子上的籽粒搓下来。

5-20◆文笔峰

[ʌo³⁵tɕo²²] "舂碓"

用 [qo³⁵tɕo²²] "碓臼" 舂东西。碓臼是日常生活中十分重要的舂具，由 [qʰu⁴⁴tɕo²²] "碓窝"、[qwẽ⁴²] "碓槌"、[tɕʰɛ⁴⁴ɤ̥²²] "踏板" 等组成。将踏板安在有活动轴心的支架上，碓槌固定在踏板对着碓窝的一端，人在踏板的另一端用脚连续踩踏板，使碓槌反复起落，舂砸碓窝中的东西。舂碓时用一根叫 [pɑ⁴⁴qə⁴⁴tɕo²²] "碓钩" 的长棍子搅拌翻动被舂之物。一般用来舂数量不多的谷子、杂粮、辣椒、红薯等。

5-25◆德夯

5-21◆文笔峰

[tɕʰe⁴⁴pə⁴⁴zə⁴⁴] "车包谷"

用风车鼓风，吹去玉米中的玉米须、叶片、灰尘等杂质。

5-24◆芷耳

[ɕo⁵³tei⁴⁴] "筛黄豆"

用竹筛筛去黄豆中的碎粒、灰土以及其他杂质。

[pə⁴²tei⁴⁴] "打黄豆"

将成熟的黄豆连秸秆割下、晒干后，铺在平整硬实的场地上，用连枷反复拍打，或用木棒敲打，把豆子从豆荚中打出来。

5-23◆板栗寨

5-22◆板栗寨

花垣苗语 伍·农工百艺

137

5-26 ◆大夯来

[qʰə⁵³ʑei³⁵mpɑ⁵³] "剁猪草"

　　用菜刀将猪草剁碎，用来喂猪。花垣苗语做饲料的"草"和"蔬菜"不分，都叫 [ʑei³⁵]。

[ɴqe⁵³tə²²] "挑柴"

　　将山上砍下的细长柴条打成捆，用扦担挑回来。

5-27 ◆金龙

[pu²²tə²²] "背柴"

　　将较粗的硬柴砍成一段段的，或破成柴劈，装在背篓里背回来。

5-28 ◆扛岱

[ca⁴⁴ta⁴⁴] "马架"

　　一种用来扛树或其他条状重物的"A"字形木架。马架上部夹住扛负之物，横杠架在肩上，两手把住马架的下部。可把马架撑在地上歇息，放下和扛起都较方便、省力。

5-29 ◆卧盆那

5-36 ◆板栗

二 农具

[mo⁵³tɕʰɛ²²] "扦担"

　　一种比扁担长且两头尖的挑具。用木棍或竹棍做成，用来挑茅柴、稻草、蒿草等体积大的东西。

[kʰo⁴⁴hɑ³⁵] "薅锄"

5-30 ◆夜郎坪

　　用来薅草的锄头。锄面薄而轻，锄口较宽，便于刨去地面的杂草。

[kʰo⁴⁴pʰə³⁵] "挖锄"

　　一种锄面窄长而厚实的锄头。主要用来挖板结的田地和硬实的生土、树蔸，斩断植物的根茎，常用于挖田、垦荒等。

5-32 ◆夜郎坪

5-31 ◆夜郎坪

[kʰo⁴⁴pɹɑ⁴²] "耙锄"

  一种有铁齿的锄头，也叫"钉耙"。一般有四到六根并列的齿，用来给已经出苗的作物松土，可以减少或避免误伤作物的根茎。也可用以耙取牛圈、羊圈、猪圈里的粪草。

5-34 ◆夜郎坪

[pjɛ⁵³ntɛ³⁵] "扁担"

  挑、抬东西的工具。用硬木或半边毛竹削成，长 1.5 米左右。两端刻有凹陷的码子，或缠上绳子做码子，以防止筐、篮等挑具滑落。

[qo³¹kʰo⁴⁴ɯ³⁵te⁴⁴ɕɛ⁴⁴] "角锄"

  一种像山羊角的锄头。有两根长而尖锐的铁齿，用来挖红薯、马铃薯等块茎类作物，可避免或减少误伤块茎。也用来翻挖板结、坚硬的土，入土较易，较省力。

[ʂɿ²²tsɿ³⁵ȵtu³¹] "十字镐"

  镐头和镐把呈"丁"字形的掘土工具。镐头一头扁、一头尖，用来挖掘坚硬的土或矿石，还可以斩断树根。

5-33 ◆夜郎坪

5-35 ◆大夯来

花垣苗语 伍·农工百艺

141

5-37◆夜郎坪

[qo³¹wei³⁵] "簸箕"

一种圆盘形的浅平箕。用竹篾编成,用来簸扬粮食以除去麸糠等杂物,也用来晾晒东西。

5-39◆隘门

[ʎi³⁵so⁴⁴] "提筲箕"

一种扁圆形小竹箕,有三根竹提梁。用来洗菜、淘米、滤米,也可盛装物品或提东西。

5-43◆大夯来

[ntɕʰa⁴⁴tɕʰo⁴⁴] "箩筐"

用竹篾编扎的筐式盛器。有连接四周和底部的两根棕绳,主要用来盛粮食和挑粮食。

[po⁵³ʐa³¹] "挑箕"

用竹篾编成的挑具。敞口,有三根竹挑梁,用来挑土、沙石、厩肥等。

5-40◆大夯来

5-38◆夜郎坪

5-42◆蚩尤

[po⁵³jɛ³⁵]"撮箕"

一种用竹篾编扎成的敞口箕。没有提梁、挑梁。用来撮取粮食、洗菜、淘米、盛放物品。

[qo³⁵tɕʰo⁴⁴ʐei³⁵]"草筐"

一种用粗竹篾编的长方体筐子。上有盖，一侧有挽环，可背在背上。在打猪草、打牛草时用来装草，也用来装蔬菜，还可以背鸡、鸭、小猪等。

[qo³¹pɛ³⁵]"挑篓"

用来挑东西的大竹篓。用粗竹篾编成，圆桶状，上端有两个穿扁担的耳，篓体有粗孔。主要用来挑烟草、棉花、木炭等体积大而重量轻的东西。

5-41◆大夯来

5-44 ◆夜郎坪

[hɑ⁴⁴mɑ⁴⁴lõ⁴⁴] "蛤蟆笼"

　　一种圆形竹笼。篾片粗，孔眼大，上有小口，口上有盖，形状像蛤蟆。用来装鸡、鸭或小猪。

5-48 ◆夜郎坪

[tsa³¹to⁴⁴] "铡刀"

　　用来切草料和植物根茎、藤蔓的刀具。安装在有对应缺口的条凳上，刀头装在可活动的栓杆上，刀把可以上下提压进行切、铡。

5-45 ◆文笔峰

[qo³⁵tɕi⁴⁴qe³⁵] "竹篓"

　　用竹篾编成的盛器。敞口，无梁，用来装较粗大的东西。

5-46 ◆夜郎坪

[qo³¹nẽ³⁵] "柴刀"

　　用来砍柴或小树的刀。由刀面和木把构成，有较短的弯口，刀面较厚实。

5-47 ◆夜郎坪

[qo³¹mpɔ⁴⁴] "镰刀"

　　用来收割庄稼和割草的刀。由刀面和木把构成，有较长的弯口，刀面较薄。

[ho⁴⁴nẽ⁴²]"磨刀"

将刀具压在 [ʐɯ³⁵ʐa³¹] "磨刀石"上前后摩擦，将刀刃磨锋利。

5-49◆磨老

[pa⁴²kã⁴⁴]"齿耙"

一种装有竹齿或铁齿的木耙子，主要用来耙取牛圈、羊圈和猪圈里的粪草、厩肥。

5-50◆磨老

[tɕi⁴⁴ŋci⁵³]"笊耙"

一种竹质耙子，即笊篱。爪头向下弯曲，用来聚拢或耙开稻草、黄豆、油菜、小麦、高粱等作物的秸秆，以及地上的杂草、落叶。有的笊耙用钢丝或铁丝做耙头，套在木柄或竹柄上，比竹笊耙耐用。

5-51◆文笔峰

5-52◆夜郎坪

[tʰo⁴⁴mpa³¹]"耥耙"

一种没有齿的平口耙子。耙头用木板做成，安在两三米长的竹柄或木柄上。在晾晒粮食时，把粮食摊开、聚拢、翻动。

5-56◆扣岱

[qo³¹pa³⁵ntu⁵³]"耙"

碎土和平整田地的农具，是传统农耕必备的重要农具之一。由扶架、耙体构成。耙体上有横杠、耙齿和拉杆。图5-56是用竹子做耙体横杠的耙，十分古老、罕见。后来的耙都用木或铁做横杠。

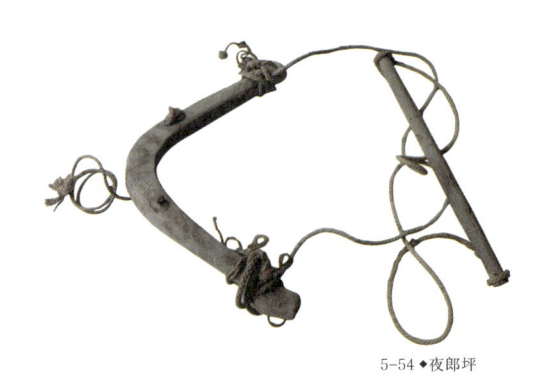

5-54◆夜郎坪

[pu⁴⁴tɔ³¹ʐu²²]"牛轭"

一种与犁配套使用的弓形农具。翻耕田地时，将牛轭架在牛的脖子上，通过粗绳连接在犁弯上，驱牛向前拉动犁铧翻起泥土。

5-53 ◆大夯来

[tʰã⁴⁴pɑ⁴²lɑ³¹] "耘耙"

一种为禾苗除草的传统农具。耙体为长方形小木板，在小木板朝下一边安有几个铁齿或者竹齿，在禾苗的行列中推拉草泥，用齿抓起杂草，使其断根枯死。

5-55 ◆夜郎坪

[qo³¹ʎiɤ³⁵ᵒᵖ] "犁"

翻土农具，是传统农耕必备的重要农具之一。由木料做的 [pɑ⁴⁴ŋkʰu⁴⁴ʎei³⁵] "犁柱"、[qo³⁵ŋkʰu⁴⁴ʎei³⁵] "犁弯"，和铁做的 [pɛ⁴⁴tə⁵³ʎei³⁵ᵒᵖ] "犁铧"等组成。

[te³⁵tɕʰɔ⁴⁴pu²²u³⁵lɑ³¹] "水车"

一种靠河中流水的带动取水灌溉的车轮状器具。利用河中水力的冲击转动轮子，将轮子上装满水的竹筒带到高处，倾倒在连接水田的笕槽内，使水流入田中。历史上利用天然水力的水车应用很早且很普遍，并非苗族独有。

5-57 ◆茶洞

花垣苗语　伍·农工百艺

5-58◆夜郎坪

[huɯ²²tʰõ⁵³] "打谷桶"

　　传统的稻谷脱粒农具。方形，敞口，使用时平放在稻田里，把稻谷割下后在桶内的边板上使劲摔打，将谷粒摔落在桶里。桶的四角有耳，用以拖着打谷桶在稻田中滑行。

[tɑ⁵³ku²²tɕi⁴⁴] "打谷机"

　　一种现代农村广泛使用的简易机械，用于稻谷脱粒。用脚反复踩动打谷机上可升降的活动踏板，通过齿轮带动方形桶内的滚筒不停地向前旋转。将割下的谷把放在滚筒上，让滚筒上交错的铁齿将谷粒挂落在方形桶内。这种人力驱动的打谷机操作简单，价格适中，十分省力，效率高，深受农民欢迎。

5-59◆文笔峰

5-62◆隘门

[wei³¹to³⁵] "米筛"

用来筛米的竹筛。孔眼较 [ɕo⁵³tʰe⁵³] "谷筛"小，筛动时可漏下碎米、糠末等。

5-60◆文笔峰

[ʎɛ⁴²ŋcɑ³⁵] "连枷"

传统的手工脱粒农具。由柄和敲板组成。柄前端安轴，敲板用藤条、竹条或木条编成，套在轴上。使用时上下挥动竹柄，使敲板绕轴向前旋转后落地，连续拍打谷物、麦穗、油菜、豆子、芝麻等，使籽粒脱落。

[ɕo⁵³mpe²²] "粉筛"

用来筛面粉的筛子。用竹篾做框、粗纱布做底，孔眼细小，可以滤出粉中的粗粒。

[ɕo⁵³tʰe⁵³] "谷筛"

用来筛谷子的竹筛子，孔眼比谷粒稍大。

5-61◆夜郎坪

5-63◆隘门

5-64♦大夯来

[qo³⁵tɕʰe⁴⁴]"风车"

一种用来鼓风以吹去粮食中的瘪粒、叶屑、灰土等杂质的传统工具。风车的上部有敞口的入料仓，左边是出风的大方口，下面有出料的小方口，在出料口放置接粮食的箩筐。右边的圆形大鼓中藏一叶轮，外有摇柄。当粮食从料仓底部的小口落下时，用手顺时针转动右边的摇把，带动叶轮旋转，在粮食下落时吹出杂物，干净的粮食就从出料口落入箩筐中。

5-66♦夜郎坪

5-65♦文笔峰

[qo³⁵cõ⁴⁴]"锸"

一种平口的铲土、翻土的铲子，形状和功能类似铁锹。使用时可以单脚踏在下方锸头的一侧，往下使劲让锸入土。图5-66这种在木板的下部套上铁铲头的锸，十分古朴，现在已不使用，也十分罕见。

[tɯ⁴⁴tɕɛ³⁵]"晒簟"

用来晾晒粮食或其他东西的长方形大竹席。用薄竹篾编成，长一丈多，宽近一丈，在宽的两端用剖开的竹子夹住固定。使用时铺开，不用时卷起来，用竹夹中间的棕绳捆住。

三 手工艺

5-68 ◆彭湖

[n̠a⁴²tɕã³⁵]"石匠"

以加工石料为职业的匠人。花垣当地多山石,石料用处很广,石匠的作用也比其他地方更为重要。大到开山取石,架石桥,砌石墙,开凿碾磨、石臼、石门窗,小到雕琢石器图案花纹,都离不开石匠。

[hõ⁴⁴tso³⁵]"砌大灶"

大灶是砌在厨房中的大型土灶。砌大灶需请专门的匠人,砌成的大灶才不堵烟、易燃烧、省柴火。传统的大灶大多用土砖砌成,用泥巴掺石灰黏合、抹面。现在大灶多用小红砖或小青砖砌成,用水泥黏合、抹面,有的还在灶面贴上瓷砖,增强美感,也便于清洁。

5-67 ◆彭湖

花垣苗语 伍·农工百艺

151

[wa³¹tʰõ⁵³] "瓦桶"

窑瓦匠手工制作瓦坯的桶形模具。制坯时将两个把手对接、合拢，放在一个能转动的圆台上，瓦桶外套上一层打湿的细布，然后将瓦泥坯贴在瓦桶外围，一手旋转圆台上的瓦桶，一手用抹子抹泥坯，将泥坯涂抹均匀后，把瓦桶放在平地上，将两个把手松开，脱坯，再将瓦坯切割成瓦片，晒干，就可以入窑烧制了。

5-71◆芷耳

[ne⁴²tɕã³¹wa³¹] "窑瓦匠"

在窑场中烧制砖瓦的工匠。其工作是制作砖瓦土坯、装窑、烧窑、卸窑等。

5-70◆彭湖

[qo³¹tɯ³¹zɯ³⁵] "石锤"

　　用坚硬的花岗岩类石头做成的大锤。在开山、修路、掘矿时用来锤击钢钎，凿开坚土或岩石，开凿炮眼，或锤碎石头。图 5-69 这种早先使用过的石锤，十分古朴，非常罕见，现在已被大铁锤取代。

5-69◆夜郎坪

[ta²²ɕa⁴⁴me²²] "墨斗"

　　木匠用来弹墨线的工具。墨斗的轮子上缠着墨线，木斗里装有浸染了墨汁的棉花，拉紧墨线，可以在木材上弹出直线。墨斗还配有 [pi²²lʰo⁴⁴] "墨斗笔"，用竹片做成，竹片的一端削薄，剖成细丝，在墨斗里蘸上墨，可以沿曲尺在木料上画直线，或做其他记号，不用时插在墨斗的轮子上。

5-72◆吉卫镇

[pʰa³⁵ntɕo⁵³] "劈篾"

　　用篾刀将竹子劈成竹条后，再将竹条剖去竹黄，一层层劈成所需要的薄篾或篾条、篾丝。

5-73◆夜郎坪

花垣苗语　伍·农工百艺

5-75◆夜郎坪

[he³⁵tɕʰo⁴⁴mɹẽ⁴²] "编捕鱼笼"

用竹篾手工编扎捕鱼用的捕鱼笼。

[kwɑ⁵³ɳtɕo⁵³] "刮篾"

初次劈出的竹篾较为粗糙,制作精细竹器时,需用篾刀刮平整、刮薄。篾匠用篾刀将竹篾压在大腿的皮垫上,抽出竹篾,刮去毛刺,竹篾就很平整、光滑。

5-74◆夜郎坪

5-76 ◆金龙

[hɛ³⁵tɕi⁴⁴] "编竹篓"

用竹篾手工编扎竹篓子。

[qo³¹zã³⁵pa⁴⁴qo³⁵pɹa⁴⁴] "蟋蟀篓"

用来装蟋蟀的小竹篓，也可用来装蚂蚱等其他小昆虫。

[te³¹zã³¹qa³⁵] "小鸡笼"

用竹篾编扎成的用来装鸡的笼子，上有盖子和提梁。

5-78 ◆文笔峰

5-77 ◆夜郎坪

5-79 ◆扣份

[tɕo⁴⁴pei⁴²] "雕花"

　　一种旧时的木雕手工艺。在木家具以及房屋隔扇、门窗上面用雕刀雕琢图案。手艺高超的传统木匠大多都能雕花，既是匠人，又是艺术家。现代的木匠大都不会雕花了，雕花这种传统的民间手工艺面临失传之虞。

[kɯ⁵³pɹei⁴⁴] "理发"

　　以前村寨很少有专门的理发店，头发大都是自剪自理。后来一些理发手艺较好的民间人士专门从事理发服务，开设理发店。但有的理发店十分传统、简易，随便搭一个棚子就当理发店。理发的工具主要为手动的理发推子、理发剪、可以折叠的旧式剃刀以及 [qo³⁵tʰã³⁵pi³¹] "荡刀布"。理发匠人除了理发外，还提供刮脸、掏耳朵等服务项目。现在城镇、集市上，简易的理发店随处可见。

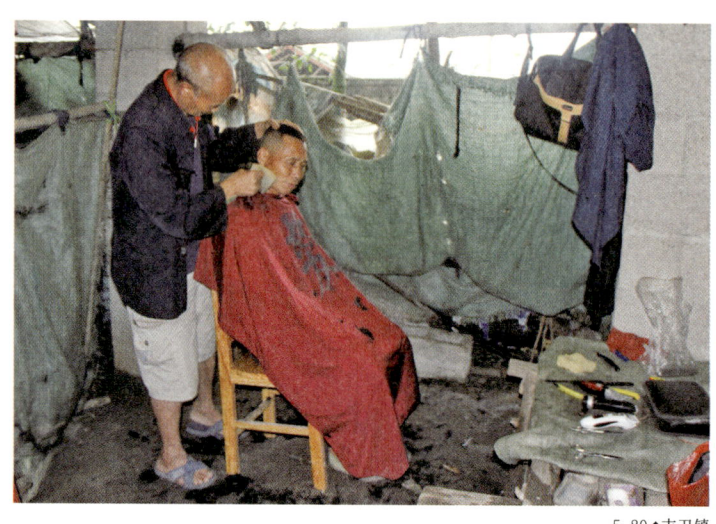

5-80 ◆吉卫镇

5-81◆吉卫镇

[ɕã⁴⁴pi³¹]"荡刀"

旧式理发用的折叠式剃刀，需要经常在一块粗布上荡刀才能保持刀刃锋利。用来荡刀的布叫荡刀布，是用帆布或者粗土布做成的长条形带子。将剃刀锋刃在荡刀布上正反来回地荡，可磨利刀刃。

[ntsɑ⁵³hõ³⁵]"裁缝"

以裁剪、缝制衣服为职业的民间匠人，多为女性。制衣过程包括量体、裁剪、缝纫、熨烫等，以前都是手工完成。现在缝纫的工序多用缝纫机完成。现在人们穿的衣服大都从商店购买，但在村寨和城镇街市，仍可见裁缝和裁缝铺。

5-82◆双排

5-84 ◆吉卫镇

[zẽ³⁵tɯ⁵³] "熨斗"

旧式熨衣服的铁斗。揭开盖子，在[tɯ⁵³] "斗"里面放置炭火，用斗底熨烫衣服。现在已被新式电熨斗和蒸汽熨斗取代。

5-85 ◆吉卫镇

[ha²²tɕɑ̃³⁵] "鞋匠"

以修补鞋子为职业的民间匠人。常用的工具除了一台补鞋机外，还有剪刀、修刀、钳子、锤子、锥子、鞋钉、鞋线，以及胶水和废弃的轮胎皮等零星工具和材料，在街市上摆摊，修补各类鞋子，兼修雨伞、皮包、衣服拉链等。

5-83 ◆吉卫镇

[ho⁵³zẽ³⁵tɯ⁵³] "烙铁"

旧时用铸铁制作的熨衣服的铁斗。在没有盖的"斗"内放置炭火，手握木把，用斗底熨烫衣服。烙铁制作简单，工艺粗糙，容易漏出炭火烧坏衣服，后被熨斗取代。

[hɛ³⁵ɕo⁵³ntõ³⁵] "打草鞋"

用稻草、龙须草等编制鞋子。打草鞋须在草鞋架上进行。旧时农民大多都会利用农闲时打草鞋，以备农忙外出劳动时穿。现在基本上没有人穿草鞋了，打草鞋成为一种濒临失传的民间手艺。

5-86 ◆牛角

5-87◆夜郎坪

[tɕi⁴⁴pa²²l̥ʰa⁵³so³⁵] "绞棕绳"

  传统的棕绳制作手艺。先将棕片撕成一束束棕丝，首尾相接，揉捻成长长的棕线，卷成线球样的坨子。从坨子上扯出一个线头，固定在墙上或树上，将坨子套在绞车上，手持绞车不停摇动，棕线内一根根细小棕丝相互缠绕成棕条。最后将两根棕条绞合在一起，即成棕绳。

[pə⁴²pə³⁵] "弹棉花"

  一种加工棉花的民间手工艺。棉花去籽后，用 [cɯ⁴²cõ³⁵] "弹槌"频频挂动 [qo³⁵cõ⁴⁴] "弹弓"上的牛筋弦，通过牛筋弦的颤动将棉花弹松，用来做棉被或者棉衣。以弹棉花为职业的匠人叫 [ntɛ²²tɕa³⁵] "弹匠"。现在多用机器弹棉花，棉被和棉衣等也多从商场购置，传统的弹棉花工艺以及弹匠、弹弓、弹槌等，已逐渐淡出人们的视线。

5-88◆吉卫镇

花垣苗语　伍·农工百艺

5-92 ◆金龙

[qo³⁵nã²²] "织布梭"

手工织布用的木梭子，枣核形，有凹槽。将纬线绕在小竹筒上，放进凹槽，再用小木棍固定，将线头从梭子两端的小洞中穿出。织布时梭子带着纬线从交错的经线中来回穿梭，每穿梭一次，织布机的织板就织一下，将纬线织在经线上。

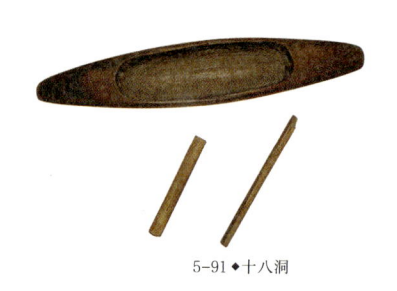

[ʎɛ⁴²mpɛ³⁵] "花带织板"

编织花带时用来织纬线的板子。多用牛肋骨或铜制成，用来将花带上的纬线织在经线上。

5-91 ◆十八洞

[nɯ³¹tɕʰɔ⁴⁴] "纺纱"

用 [qo³⁵tɕʰɔ⁴⁴] "纺车" 从棉条中纺出棉纱的传统手工艺。纺车有木车座，竹车轮，车轮中装一横柄。纺线者先将棉条一端捻出棉线，绕在纺锤上，然后右手握住横柄旋转车轮，带动纺锤旋转，左手从棉条中抽出棉纱，每抽出1米左右的纱，就倒旋车轮将棉纱绕在纺锤上。善纺者出纱粗细均匀、绵延不断。旧时家庭大都有纺车，纺纱是女子必会的手工艺。现在手工纺纱已基本消失。

5-90 ◆牛角

5-93◆夜郎坪

[tsõ⁴²mpɛ³⁵]"花带架"

　　编织花带用的"X"形木架。用来绷紧花带的经线，在上面编织纬线，织成花带。

[lo⁴⁴pə³⁵]"磨棉絮"

　　制作棉絮的最后一道工序。在棉胎已经牵好网状纱线后，再用特制的[qo³¹tõ³¹lo³¹pə³⁵]"磨盘"在棉胎上面用力压紧旋转扭动，或者匠人站在磨盘上旋转扭动磨盘，压实棉胎。磨盘是用大树横切成的整块圆形厚板，底面平整光滑，是弹匠必不可少的工具。

5-89◆吉卫镇

花垣苗语　伍·农工百艺

5-94◆德茹

[ɕi³⁵ntɔ⁴⁴] "放经线"

把棉纱拉成织布用的经线。放经线是传统织布工艺中十分重要的一项工序。先把纱线从纺车转到竹筒上,把线筒固定在筒架上,从每个线筒上抽出线头拉至布匹需要的长度做经线,固定在铁耙上,另一端固定在织布机上,再把经线梳理整齐,卷在织布机上以待织布。

5-95◆德茹

[ntei³¹ɕõ³⁵] "苗布"

用织布机手工织成的土棉布。经染色后用来制作衣服、被面、枕巾、头帕等。与苗布相对的是 [ntei³¹tɑ²²] "汉布"。

5-97◆十八洞

[hɛ³⁵ntɔ⁴⁴]"织布"

　　用传统的木织布机将棉纱织成土布。将棉纱牵成纱幅，排好经线。织布时脚踩踏板，使纱幅经线间隔上下交错，每交错一次，一手抛梭带着纬线横穿经线，一手拉织板将纬线织在经线上。如此反复，手脚并用，熟练者可日织一两丈土布。

5-96◆德夯

[qo³¹tɛ³⁵ŋã⁴⁴ntei³⁵]"染坊"

　　民间染布的作坊。主要有染缸、烧水熔蜡的锅灶和漂洗布料的水池、水盆等。

5-98◆板栗寨

163

5-99◆板栗寨

5-100◆板栗寨

[lɑ³¹zɛ⁵³] "蜡染"

　　古老的印染手工艺之一。基本程序是：先在织好的白色坯布上描绘图案；再用蜡刀蘸上蜡液涂在图案上；然后将坯布投入装有蓝靛染料的染缸中反复浸染，染成深蓝色。染好之后捞出坯布，放入锅中用清水煮沸。坯布上涂的蜡遇沸水即化，蓝布上就现出未沾染料的白色图案。旧时的衣服、被面以及枕巾、头帕等大都用蜡染布做成。

[cɛ⁵³lɑ³¹] "上蜡"

　　传统蜡染工序之一。将绘图后的坯布平铺在桌面上，将蜂蜡加热熔化后，用专门的铜蜡刀蘸上蜡液，给坯布上的图案涂上蜡。

[kwɑ⁵³lɑ³¹] "脱蜡"

　　传统蜡染工序之一。蜂蜡遇高温就会熔化，将浸染好的蜡布放在锅里用清水煮，让沸水煮去蜡质，显现出白底色的图案。

5-102◆板栗寨

5-101 ◆板栗寨

5-105 ◆吉卫镇

[ŋã⁴⁴ntei³⁵] "染布"

传统蜡染工序之一。在染缸里用蓝靛和水配置好染料，反复搅拌，再将涂好蜡的坯布放在染缸里浸泡数次。每次浸染后取出晾干，再次浸染，使坯布颜色渐次由浅蓝变为深蓝。

[pei⁴²ntə²²] "剪纸"

用剪刀或刻刀在纸上剪刻图案的手工艺术。题材有历史和神话传说，以及龙凤、狮子、喜鹊、蝴蝶、鱼、石榴、牡丹、莲花等，反映了人们对远古图腾和自然的崇拜，表现出对吉祥、平安、幸福的向往和追求。[pei⁴²ntə²²] 直译是"花纸"，在传统上是妇女绣花时的依样刺绣的花样，是与绣花紧密相关的民间艺术。

[mpɑ⁴⁴pei⁴²] "绣花"

在 [cɑ³⁵tsɿ⁵³mpɑ⁴⁴pei⁴²] "绣架"上绷紧绣布，然后用各种彩线穿针刺绣。所绣图案丰富，样式繁多，常见的有龙凤、蝴蝶等。湘西苗绣已列入国家级非物质文化遗产代表性项目名录。

5-103 ◆板栗

5-104 ◆立新

5-106◆茶洞

5-109◆吉卫镇

[tsɑ³⁵pə⁴⁴zə⁴⁴] "炸包谷"

　　即爆玉米花。用特制的高压转炉加热，将玉米和大米等做成膨化食品。

[qo³⁵tʰã⁴⁴] "风箱"

　　打铁和制银时用来鼓风的设备。由木箱、推拉把手和活动木板组成。

[tʰu⁴⁴ŋõ⁴²] "制银"

　　手工打制银器和修理银器。制银是一种十分重要的民间传统工艺，以制银为职业的匠人叫 [tɕã³¹ntã⁵³] "打匠"。由于苗族女性十分流行佩戴各种银饰品，至今村寨和街市上仍有不少手工打匠及店铺、摊子。

5-107◆双龙

[tsʰo⁴⁴tɔ³⁵]"扎扫把"

　　将植物的枝条编扎成扫把。村寨中家庭用的扫把大多就地取材，用芭茅穗、高粱穗、竹枝、棕树叶、棕毛等编扎而成。图5-110是用芭茅穗扎扫把。

5-110◆夜郎坪

[ntã⁵³l̥ʰo⁵³]"打铁"

　　民间手工打制铁器，主要打制日常生产农具和生活用具。打铁时用风箱鼓风，用火炉烧铁，用大小锤在铁砧上锤击锻造，用铁剪修理。打铁是繁重的体力活，需要师傅和徒弟配合进行。以打铁为职业的匠人跟以制银为职业的匠人一样，都叫打匠。

5-108◆麻栗场

花垣苗语　伍·农工百艺

167

5-111◆大

四 商业

[te³⁵ɕo⁴⁴tɕɛ⁵³] "小卖部"

    出售日用商品的小店铺。稍具规模的村寨，大都有小而简易的家庭式小卖部，主要出售村民日常生活中必需的油盐酱醋、糖果点心、烟酒饮料等。

[qo³⁵ntɕʰe⁵³] "杆秤"

    用来称较重物件的大秤。由五尺许的木秤杆和秤钩、秤锤组成。称重物时要用扁担穿过提梁，两人抬着称。

[mpɛ³¹tʰei³⁵] "盘秤"

    一种有小锑盘的小秤，用来称较轻较小的物品。由秤盘、秤钩、秤锤和一两尺长的木秤杆组成。

5-113◆花垣镇赶秋路   5-114◆花垣镇建设路

168

5-112◆茶洞

[kwei³⁵nte²²]"柜台"

　　商店用以隔开售货员与顾客，摆放商品，进行交易的长柜。图5-112这种笨拙而古朴的木架玻璃柜台，曾经在20世纪十分常见。现在多被漂亮的塑钢金属玻璃柜台取代，或实行开放式购物，不设柜台。

[qo³¹ȵtɕʰi³⁵tɕɯ⁵³]"酒提子"

　　从酒缸中提取酒和量酒的容器。下部是圆形的斗，斗上有提手，可以伸进缸里把酒提起来。斗的容量大小不等，有半斤、一斤、两斤、五斤等，卖酒时只需用斗量酒，不需用秤称。以前酒提子大多用竹子做成，现在大多用金属或塑料做成。

5-115◆吉卫镇

[qo³¹ȵtɕʰi³¹ɕɛ³⁵] "油提子"

　　从油缸中取油和量油的容器。其形状跟酒提子相同。以前大多是用竹子做成，现在大多用金属或塑料做成。

5-116◆排碧

[qo³⁵tɕe⁵³mpʰa³⁵ntso⁵³] "升子"

　　旧时用来称量粮食的木量具。方形，敞口，有的中间有隔板。一升的容量是十合。

5-117◆夜郎坪

5-118◆十八洞

5-119◆金龙

[qo³⁵ɕã⁴⁴] "斗"

　　旧时用来称量粮食的木量具。圆桶形或方形。一斗的容量是十升。

五 其他行业

5-120 ◆ 芷耳

[ne⁴²tɕã⁵³ɳa⁴²]"猎人"

　　直译是"赶肉人"。当地大多山高林密，野生动物众多，以前猎人也多。技艺高超的猎人熟悉野生动物习性，擅长爬山越岭，精于猎技枪法。现在实行封山育林和保护野生动物，民间禁用猎枪，捕猎之风逐渐减少，猎人已很少见。

5-121 ◆ 大夯来

[pʰo⁵³nõ³¹]"猎枪"

　　一种打猎用的火枪，俗称 [tɕʰõ³⁵] "铳"。图5-121是早期构造简单的一种猎枪，已十分少见。现在为保护野生动物和社会安全，禁止民间私自持有猎枪，猎枪已几近消失。

5-125 ◆夜郎坪

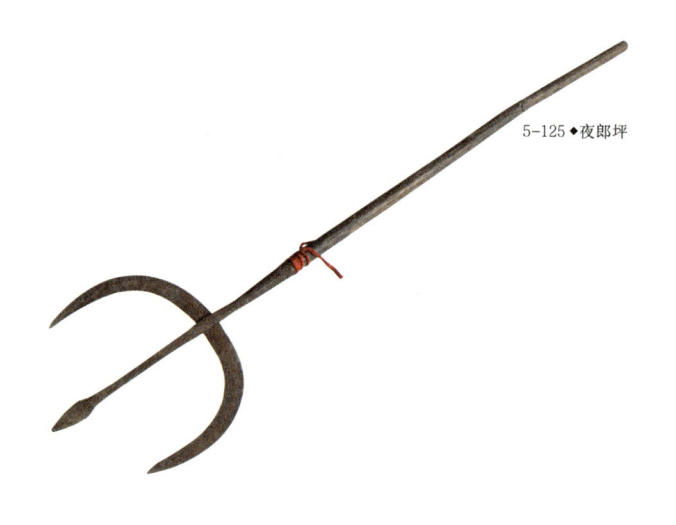

[qo³⁵tʰa⁴⁴] "铁叉"

一种刺杀猎物的工具，主要用于近距离猎杀较大的动物。

5-122 ◆茶洞

[kɑ²²tsɿ⁵³] "夹子"

一种捕野兽的铁夹，用来捕捉较大的动物。在野兽常走的路上挖坑，将夹子的铁齿撑开，装上踏板，放在坑中，用草叶覆盖，用钢丝把夹子连接在附近的树上。野兽踩上踏板就会触动夹子的机关，铁齿瞬间合紧夹住野兽的脚，野兽就无法挣脱。

5-123 ◆夜郎坪

[ce³¹ȵe³⁵to⁵³ŋka³⁵pʰo⁵³] "火药罐"

装火药的容器。猎枪发射子弹所需的火药，是由硫黄、硝与木炭混合而成的黑色粉剂，容易受潮失效，需装在竹筒、牛角筒等容器中防潮，也便于携带。图5-123是用牛角做成的火药罐，罐口用斜口的小竹管做塞子塞住，使用时用竹塞子从火药罐中撮取火药，十分方便。

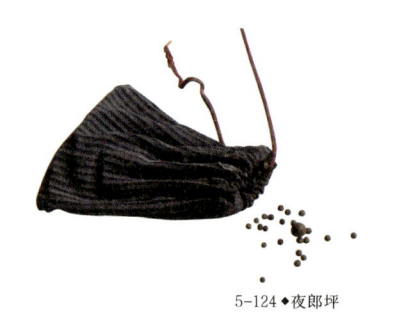

[ʂa⁴⁴tsɿ⁵³] "铁砂子"

猎枪使用的子弹。大小不一，像粗的沙砾。在猎枪中装入一定数量的铁砂子，射击时发射为霰弹，能覆盖较大区域，有效击中野兽。

5-124 ◆夜郎坪

5-126 ◆扣岱

[ne⁴²tɕã⁵³tsʰei⁴⁴] "割漆工"

民间采集漆树浆的艺人。花垣雅酉镇一带有 [tɕã⁵³tsʰei⁴⁴] "割漆"的传统。割漆的工具主要有 [qo³⁵ntei⁴⁴tɕã⁵³tsʰei⁴⁴] "割漆刀"、漆筒、背篓和防护手套等。用割漆刀从漆树的树干上割适当深度和长度的"V"字形口子，让漆树分泌的乳白色的漆浆流进漆筒中。有"世上有三苦：烧炭、割漆、磨豆腐"之说，又有"百里千刀一斤漆"之说。在深山老林中割漆，十分艰辛、危险。现在随着各种人造涂料和油漆的普及，以及漆树资源的减少，割漆技艺逐渐消失，割漆工也极其罕见。

[qo³⁵ntei⁴⁴tɕã⁵³tsʰei⁴⁴] "割漆刀"

一种用来割漆的半月形铁刀，是采割生漆必不可少的工具。使用时需戴手套，以免皮肤接触生漆后过敏，长漆疮。

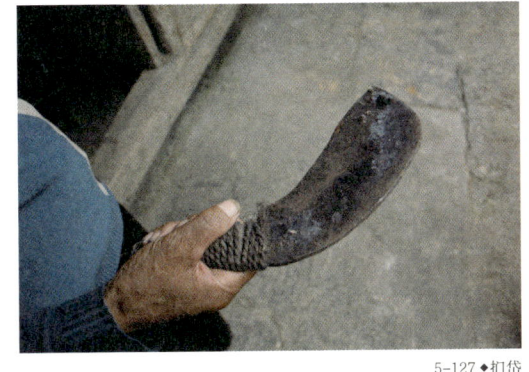

5-127 ◆扣岱

5-129◆金龙

[tɕã⁵³jõ⁴²] "放羊"

把羊放到野外觅食。现在湘西畜牧业已成为农村经济发展的重要产业,农村有些家庭改传统的养猪为养山羊。放羊时也可以在头羊的脖子上系一个金属铃铛,羊吃草时铃铛会不断发出响声,牧人听到铃声就可找到羊。

[tɕã⁵³ʐu²²] "放牛"

将牛赶到野外觅食。放牛时要有人照看着,以防牛走失或吃庄稼。有时在牛脖子上系上一个金属铃铛以便寻找。

5-128◆金龙

5-130◆窝勺

[te³⁵wã³¹]"拉网"

  大的 [wã³¹] "渔网"用植物纤维丝线或合成纤维丝线织成，长数丈，宽数尺，上端系漂浮物使网浮在水面，下端系小金属条吊着网脚沉入水中。渔民在河、塘、湖泊中拉开长长的网，让游鱼触网。鱼一旦钻进网眼，就卡在其中摆脱不掉。

[ha³¹ta³¹ci³¹u³⁵]"捞桃花虫"

  [ta³¹ci³¹u³⁵] "桃花虫"是花垣县大龙洞一带溪流中特有的一种小水虫，形似蜈蚣。当地人有吃桃花虫的传统习俗。春天桃花盛开的季节，是桃花虫最肥美的时候，大家争相去清澈的山间溪流中捞桃花虫，将其晒干或焙干，食用时放入干辣椒，用油炒香炒酥后食用，是当地著名的特色菜肴。

5-132◆吉卫镇

5-131◆矮寨

5-134◆双排

[ko²²mɹɯ²²]"罩鱼"

用 [qo³⁵ko²²mɹɯ²²]"鱼罩"捕鱼。鱼罩是用竹篾编成的圆形罩子，上小下大，无底无盖。在稻田或河、塘的浅水中捕鱼时，手提鱼罩，见鱼就迅速罩住，手伸进罩中，就可以捉到被罩住的鱼。

[ŋã²²mɹɯ²²]"钓鱼"

用钓具捕鱼。当地池塘、河流、湖泊、水库众多，野生鱼类众多，适合野钓。当地很多人喜爱钓鱼，钓友们成立了钓鱼协会，经常组织钓鱼邀请赛，以钓会友。

5-136◆茶洞

5-133◆窝勺

[tɕã⁵³n̠ʈu⁴⁴]"扳罾"

  [n̠ʈu⁴⁴]"罾"是一种用两根细长的竹竿交叉做架子的方形渔网。网长宽一丈左右,用绳子系在支架四角,再用一根直的竹竿撑住支架。支架上有绳子握在渔人手中。放松手中绳子将罾放入水中,待鱼虾聚于罾中时,拉起绳子,将罾提起,收获鱼虾。《楚辞·九歌·湘夫人》:"鸟何萃兮萍中,罾何为兮木上?"可见南方用罾捕鱼历史久远。

[nɯ²²mɹɯ²²la³¹]"捉田鱼"

  当地有在稻田中养鱼的传统习俗。养的一般都是鲤鱼,所以鲤鱼又叫 [mɹɯ²²la³¹]"田鱼"。在春季插完秧苗的水稻田里投放鱼苗,到秋天水稻收割后,就可徒手或用鱼罩捕捉"田鱼"。

5-135◆双排

177

5-141◆茶洞

[lɯ⁴²tsɯ³⁵] "鱼鹰"

即鸬鹚,是一种野生食鱼鸟,善于潜水。过去在花垣茶洞清水江等江河边生活的渔民,有用鱼鹰捕鱼的传统,现在用鱼鹰捕鱼十分罕见了。

[qo³⁵tɯ⁵³] "箕篓"

一种捞鱼虾的竹箕。敞口,尾部是装有倒刺的小篓,形状似撮箕。将其置于河、港、田间的流水缺口中,鱼虾随水流从敞口进入就被竹刺卡住出不来了。提起箕篓,解开尾部的小口,就可以捉到鱼虾。

[tɕʰo⁴⁴mɹei⁴²pɛ³⁵] "捕鱼笼"

一种放置在河、港、田间缺口处捕鱼的竹笼子。用竹条或篾条编成,口大、尾小,尾部装有倒刺,鱼进去后就出不来。

5-138◆夜郎坪

5-139◆夜郎坪

5-137 ◆夜郎坪

5-140 ◆夜郎坪

[qo³⁵ɴqa⁴⁴wã⁴²ɕɛ³⁵] "黄鳝夹"

　　用来捕捉黄鳝的竹夹子。形似剪刀，前端有凹凸相合的细齿。双手持黄鳝夹的双柄，见黄鳝即用前端夹住。

[qo³¹tə³⁵] "鱼篓"

　　用竹篾编成的装鱼的篓子。肚大口小，捕鱼时系在腰上或挎在肩上，捕到鱼就放进鱼篓中。

[qo³⁵tʰu⁴⁴ho⁵³tɕɯ⁴⁴] "酒甑"

　　蒸酒的甑子。传统用杉木做成圆形的甑桶，现代酒甑的甑桶也用金属做成。酒甑同时也是饭甑，常用来蒸糯米做糍粑、蒸饭菜宴客。

[sõ³⁵] "酒曲"

　　苗语又叫 [ŋka³⁵sõ³⁵] "酒药"，[ŋka³⁵] 的意思是"药"，酒曲可促使煮熟的粮食发酵成酒。

5-142 ◆夜郎坪

5-143 ◆茶洞

花垣苗语　伍·农工百艺

179

5-144 ◆扣岔

[pɹɯ⁴⁴hoː⁵³tɕɯ⁴⁴] "酒坊" | [hoː⁵³tɕɯ⁴⁴] "酿酒"

　　当地城乡都习惯饮用土法酿制的包谷酒或米酒，因此村寨大多有一个或多个家庭式的酒坊。酿酒的基本步骤是：先将玉米粒或大米用热水浸泡，捞出后用酒甑蒸熟，出甑摊凉后加入适量酒曲使其发酵，待有香气溢出时，加水倒进大灶的铁锅中；铁锅上放置酒甑，酒甑上再放一口大铁锅，锅内盛满冷水。灶内旺火烧锅，锅内水沸，酒气上腾，遇冷铁锅即凝成水珠，从甑旁的孔槽中流出来。

[qo³⁵tʰõ⁵³tɕɯ⁴⁴] "酒桶"

　　旧时用来装酒的木桶。上面有固定的盖子，盖子上有一个圆形的小口，供装酒和取酒。有的桶上有两耳，在耳上系上绳子，可以用扁担挑着上街卖酒。

5-145 ◆大夯来

5-146◆文笔峰

5-147◆文笔峰

[qo³¹pã³⁵te⁴⁴] "蜂桶"

用来养蜜蜂的桶。当地多山，野花众多，花源充足，民间传统流行养蜜蜂。蜂桶大多是圆木桶，以前也有用竹篾编成圆桶形，外面用泥巴、牛粪混合后涂抹制成的蜂桶，现在十分少见。蜂桶的下端边缘开数个小孔供蜜蜂进出。现在也有用木板做成方形的蜂箱。

[tɕi³⁵] "蜂蜡"

用蜜蜂的蜂巢制成的黄色晶体。将提取蜂蜜后的蜂巢放入锅中加热熔化，除去上层泡沫杂质，趁热过滤，放冷，即凝结成蜂蜡。蜂蜡多用于蜡染，还可用来代替蜡烛祭祀神灵。

5-148◆板栗寨

5-149◆吉卫镇

[ʐo³¹sʅ³¹ɕõ³⁵]"苗医" | [te³⁵hu⁵³kwe³⁵]"拔火罐"

  花垣苗医有"苗山一绝"之称。主要是采取推拿、刮痧、拔火罐等物理手段治疗,或用本地草药熬汤治病。拔火罐是花垣苗医的重要疗法。以前花垣民间多用牛角、羊角做的角罐和竹子做的竹罐,现在多用玻璃罐和抽气真空罐。

[ŋka³¹ɕõ³⁵]"苗药"

  指苗族本地药物,主要是草药。当地山区草药资源丰富,种类多,品质好,一般都是现采现用。花垣苗药有"苗山一绝"之称,跟苗医一同列入国家级非物质文化遗产代表性项目名录。

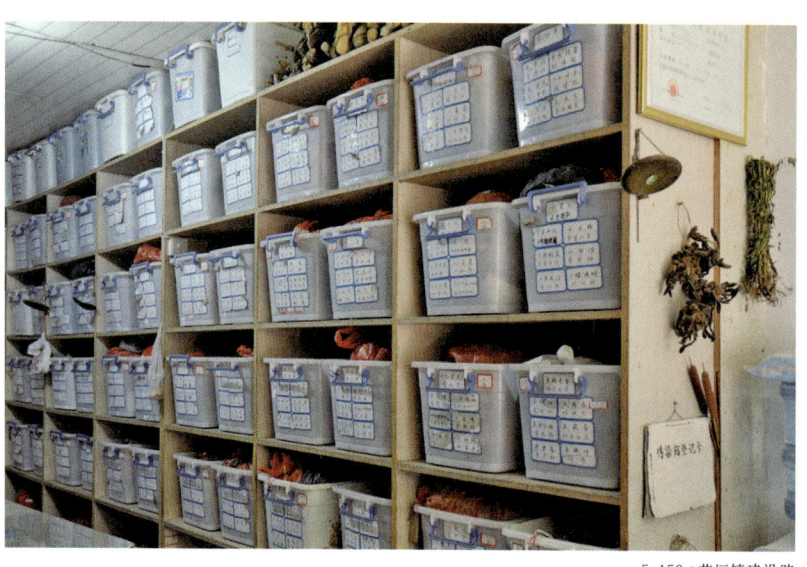

5-150◆花垣镇建设路

5-151◆花垣镇建设路

5-152◆花垣镇建设路

[ta²²ɕo⁴⁴tso⁴²ŋka³⁵] "捣药臼"

春捣草药的臼。由臼、杵、盖组成，是药房、药铺的必备工具。抓药时将质地坚硬的药物放在臼里捣碎。有木、石、铜、铁等不同材质的捣药臼。

[ɕã⁴⁴tsɿ⁴⁴to⁵³ŋka³⁵] "药箱"

医生出诊时手提的箱子，里面装常用的药物、器械。图5-152是传统的木药箱，上面的箱盖沿两边的木槽滑动开合，上有提手，现在十分罕见。

[tʰɛ⁵³tsɿ⁵³ŋka³⁵] "药铺"

出售药物的小店铺。图5-153是当地出售草药的店铺，顾客按医生的处方配药。店铺里有一排盛放草药的多格抽屉式木柜，抓取药品十分方便。

5-153◆吉卫镇

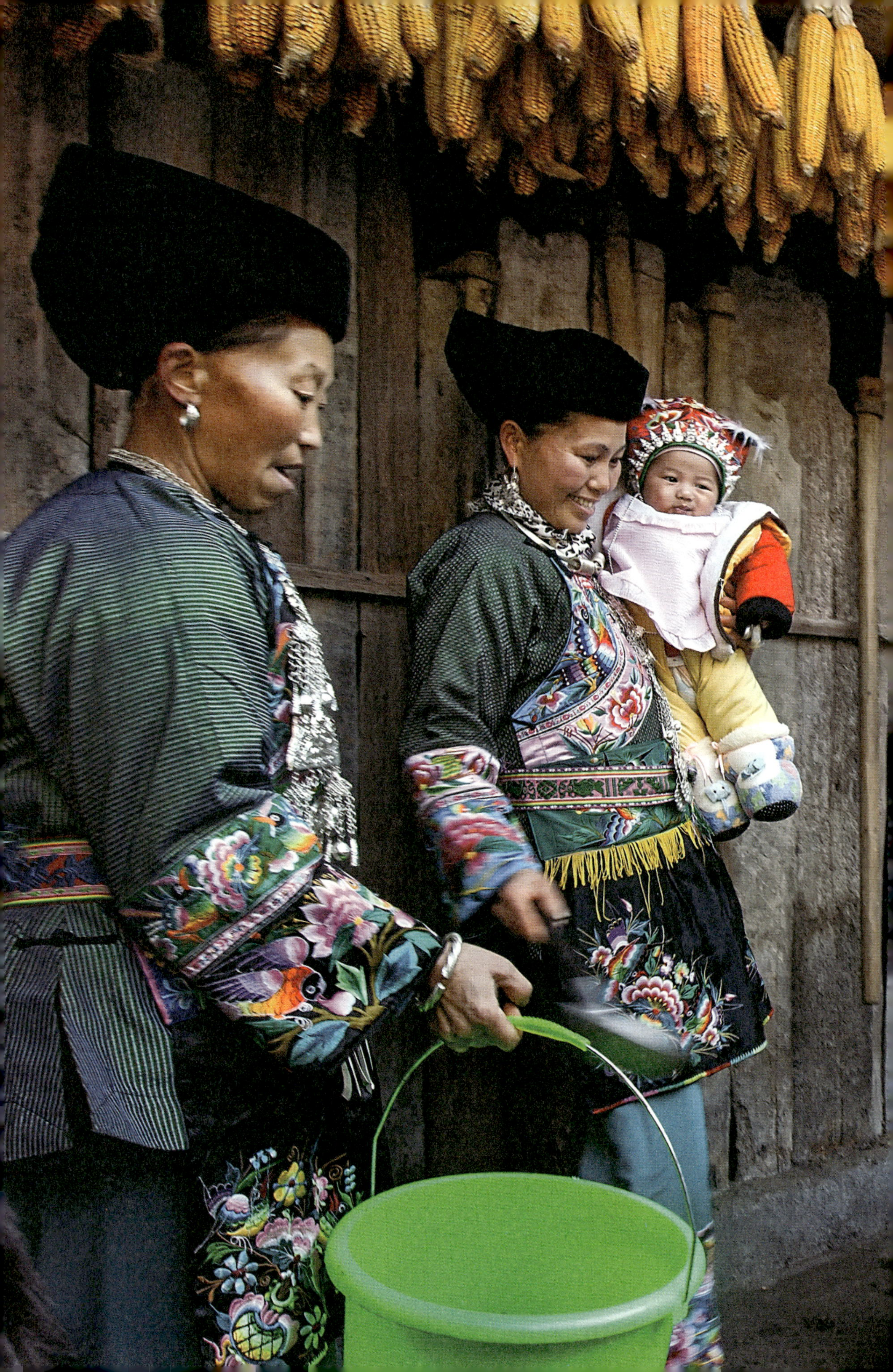

陆·日常活动

花垣苗族一直过着"日出而作，日入而息，凿井而饮，耕田而食"的传统生活，平静、单调、简朴。大人们早出晚归，在外劳作，有时中饭也带到劳动地点吃。辛苦劳作后回到家中，一家人围着火塘煮晚饭，抽烟喝酒，聊天唱歌，以纾解一天的疲乏劳累，享受家庭生活的乐趣。现在绝大多数家庭可以看电视，用手机上网，生活中又增添了一份亮色。

当地至今保留传统的 [ce^{53}ntɕã^{22}] "赶场"民俗。"赶场"即"赶集"，隔五天举行一次，各地错开时间进行。赶集是人们进行社交活动的重要日子，花垣吉卫镇的集市是全县最大的集市，在赶集之日，男女三五成群，背着满载自家货物的背篓前往集市交易。集市上车水马龙、人头攒动，摊点密布，除了货物交易外，平时难得一见的行当也都会在这天露面。未婚的青年男女，则在边角处 [ce^{53}tɛ^{31}tɛ^{35}ntɕã^{22}] "赶边边场"，寻觅自己的意中人。赶集，是物资的交换活动，同时也凝聚着浓浓的民风、乡情。

在农闲时节村寨成人的娱乐活动不多。少年儿童娱乐的方式则十分丰富，他们拔河、斗鸡、摔跤、跳马、跳绳、跳皮筋、摸瞎子、丢手绢、荡秋千，娱乐活动中的欢声笑语给苗寨增添了不少生气。

苗族崇拜祖宗，信奉多种神灵。村寨多有 [pa^{53}te^{35}] "巴代"、仙姑等法师、巫师。"巴代"是当地盛大的奉祖祭祀、民族节庆以及日常的家庭还愿、婚丧嫁娶仪式中的主持人，备受尊崇，享有较高的社会地位。在岁时节日、婚丧嫁娶、造屋安梁，或遭逢灾难疾病时，人们大都要祭拜祖先、祷告神灵，祈求平安吉祥、祛灾除难。椎牛、接龙、上刀梯、还傩愿等活动，都源于对祖先神灵的信奉。村寨很多人家都挂有纸符或桃符，各种辟邪的刀、剪、剑、镜也很多见。

时至今日，农村中的青少年外出求学，中青年外出打工，村寨中大多是老年人和留守儿童，日常生活又多了一份寂寞。

一起居

[pa⁴⁴ȵtã³¹tso³¹pɛ³¹ne³⁵qʰa⁵³] "长桌宴"

在户外排成一长排的宴席。村寨在婚嫁、节庆等聚众宴会时，屋内容纳不了众多的宾客，需在屋外设宴。有时将餐桌拼接成一长条，或者卸下各家门板，架在条凳上当餐桌，摆在狭长的场地或村寨的道路上，众宾客两边对坐。

[tɕo⁵³pa⁴⁴ntsɑ²²] "茶壶"

用来装茶水和斟茶用的壶。以前多用陶壶，条件好的也用铜壶，后来流行用锡壶、瓷壶。

6-4 ◆ 十八洞

6-2◆张刀

[hu⁴⁴tɕɯ⁴⁴]"喝酒"

　　接待亲友、婚丧嫁娶、逢年过节，必喝酒助兴。有不同的名目，如拦路酒、进门酒、嫁别酒、迎客酒、送客酒、贺儿酒、丧葬酒，等等。

[ɴqʰe⁴⁴qo³¹te³⁵tɕõ⁵³]"排座次"

　　在过年过节或宴请客人时，家人或主、客围坐八仙桌吃饭，按辈分入座。八仙桌的每边最多可坐三人。朝门的一方为上座，背门的一方为下座。上座主人或尊长居中，左右次之。下坐也是尊长居中，左右次之。两侧则以左方、近上方为尊，右方、近下方为次。

6-1◆金龙

6-3◆夜郎坪

花垣苗语　陆·日常活动

6-6◆夜郎坪

[pi⁴⁴kɛ⁴⁴ʑɛ⁴⁴]"烟杆"

　　吸旱烟用的长杆烟斗。村寨里的男子多用烟杆吸烟。用一根或长或短的竹竿，打通竹节，在两端套上金属的烟斗和烟嘴。上好的烟杆，用黄铜做烟斗和烟嘴，杆身平直光滑，并涂上油漆或桐油。

[hu⁴⁴ʑɛ⁴⁴qʰa⁴⁴]"抽旱烟"

　　[ʑɛ⁴⁴qʰa⁴⁴]"旱烟"相对于[ʂei⁵³ʑɛ⁴⁴]"水烟"而言。把自产的烟叶切成烟丝或揉碎，用纸一卷就可以抽，讲究一点的则用烟杆抽。在机制卷烟出现后，农村的老人仍习惯抽这种传统旱烟。

[hu⁴⁴ʂei⁵³ʑɛ⁴⁴]"抽水烟"

　　用[ʂei⁵³ʑɛ⁴⁴tɯ⁵³]"水烟斗"抽烟。图6-9这种水烟斗是用竹篼手工做成的，精致、特别。现在人们多抽旱烟，极少抽水烟。

6-8◆扣岱

6-9◆吉首

190

[pʰa⁴⁴ɕã⁴⁴]"茶盘" | [qo³⁵ʈe⁵³ntsɑ²²]"茶碗"

茶盘是以前用来端茶水敬客的长方形浅木盘,也可用来为酒席端菜。茶碗是以前用来喝茶的陶碗。现在多用陶瓷、玻璃、金属等材质的杯子喝茶,传统专用的茶碗已很少见。

6-5◆十八洞

[kʰɯ⁴⁴po²²ʑɛ⁴⁴]"烟袋"

用来装烟丝、烟叶的小袋子。可以随身携带,袋口可以收束。多用布做成,好的烟袋用皮革做成,可以防潮。

6-7◆夜郎坪

[tsʰɔ⁴⁴mpɛ³¹pi³⁵]"扎辫子"

将较长的头发编扎成麻花状的辫子,扎到末尾时用皮筋束紧。

[tɕi⁵³tɕã⁴⁴pi³⁵]"盘头发"

把头发编成辫子后,盘绕在头上,用发簪别住。

6-10◆十八洞

6-11◆十八洞

6-12 ◆排碧

[ce⁵³ȵtɕã²²] "赶场"

即赶集。在规定的时间集中到集市进行农产品和生活用品的交易。花垣各地集市均按农历每隔五天开市，邻近地方的集市开市时间错开，以便人们赶不同的集市。

[ce⁵³tɛ³¹tɛ³⁵ȵtɕã²²] "赶边边场"

未婚青年男女常常趁赶集或其他大型集会，在人群中寻觅意中人，叫"赶边边场"，是青年男女传递爱情的一种传统方式。青年男女在集市、集会的边角处，以歌传情，互相试探，如果情投意合，就互赠信物，许定终身。

6-13 ◆双排

二 娱乐

6-14 ◆ 十八洞

[pə⁵³sɛ⁴⁴ɲci²²] "打三棋"

一种广为流行的对弈娱乐活动。可随时随地画一棋盘，两人博弈，各执12枚棋子，轮流在棋盘上落子，使己方三子成一直线，并设法阻止对方三子成一直线。三子成一直线时，可将对方一子打掉，直至一方只剩下两子，无法三子成线时获胜。

[pə⁵³mpa²²] "打牌"

常见的娱乐活动，或打纸牌，或打麻将牌，以消磨时光。

6-15 ◆ 芷耳

花垣苗语 陆·日常活动

6-16 ◆芒耳

[zɑ⁴⁴qu⁵³qu²²] "摸瞎子"

　　儿童常玩的一种集体游戏。玩法是一人蒙住或紧闭双眼当[qu⁵³qu²²]"瞎子",旁人把他转得辨不清方向。"瞎子"捉其他人,被捉住的人就当"瞎子"再去捉其他的人。

[tɕã⁵³ɕã⁴⁴me³¹] "丢手绢"

　　儿童常玩的一种集体游戏。选一人丢手绢,其余的人围成一个圆圈蹲下。丢手绢的人在圈外走,悄悄将手绢丢在一人身后。被丢了手绢的人要迅速发现自己身后的手绢,抓起手绢去追丢手绢的人,丢手绢的人沿着圆圈奔跑,跑到空位时蹲下。如果丢手绢的人被抓住,则要表演节目;如没被抓住,拿手绢的人继续将手绢悄悄丢在其他人身后。

6-19 ◆芷耳

[mpa²²ho²²] "拔河"

　　一种比力气大小的体育和娱乐活动。在地上画两条平行的直线为界河，由人数相等的两队在界线两侧各执绳索的一半，闻令后用力往自己一方拉，将对方拉过界河为胜。

[ta³¹qwei⁴⁴cu⁴⁴te³¹qa³⁵] "老鹰捉小鸡"

　　儿童常玩的一种集体游戏。一人扮演 [ta³¹qwei⁴⁴] "老鹰"，一人扮演 [ne⁴⁴qa³⁵] "母鸡"，其余人扮演 [te³¹qa³⁵] "小鸡"。"小鸡"依次在"母鸡"后牵着衣服排成一队，"老鹰"在"母鸡"对面捉"母鸡"身后的"小鸡"。

6-17 ◆芷耳

花垣苗语　陆·日常活动

195

6-22◆十八洞

6-24◆芷耳

[nɯ²²ȵtɕu³⁵]"翻花绳"

  儿童常玩的一种游戏。用一根绳子结成绳套，一人用手指编成一种花样，另一人用手指接过来，翻成另一种花样，相互交替，直到一方不能再翻编下去为止。

[fa²²ɲcɛ³¹]"划拳"

  即汉族儿童玩的"石头剪刀布"。

[tɕi⁴⁴ȵtɕu²²qa³⁵]"斗鸡"

  一种单脚互撞的角力游戏，是儿童常玩的一种双人或多人游戏。一脚站立，用膝盖去撞击对方，站立不稳、双脚落地为输。

6-20◆芷耳

[tɕi⁴⁴no⁴²]"摔跤"

一种比体力的体育和娱乐活动。两人各自站稳，抱住对方，摔倒对方为胜。

6-21 ◆芷耳

[ntɛ³⁵tsʅ⁵³]"弹玻璃球"

儿童常玩的用手指弹击玻璃球的游戏，双人或多人同时玩。在地上画线为界，每人一颗玻璃球，按等距离放在不同的地方，然后轮流用手指弹出自己的球去撞击对方的球，以将对方的球打出界为胜。另一种玩法是在地上挖三或五个等距离的小圆洞，谁先将自己的球弹进这些洞，就能随便弹击对方的球，击中了就把对方的球"吃掉"。

6-23 ◆芷耳

6-26◆板栗

[tɕʰo³⁵mpi³¹tɕĩ⁴⁴] "跳皮筋"

  儿童常玩的一种游戏。将皮筋打结，用脚抻成长方形，三五人按规定动作轮流踏跳，完成者为胜。皮筋的高度从脚踝处开始到膝盖、腰、胸、肩头，难度依次加大，可边跳边唱歌谣。

[tɕʰo³⁵ʂẽ³¹] "跳绳"

  一人或数人在一根环摆的绳中做各种跳跃运动而不被绊住的游戏。有单脚跳、双脚跳、交叉跳、转身跳等多种花样。

6-25◆文笔峰

6-28 ◆板栗

[tɕi⁴⁴ntɛ³⁵me²²] "跳马"

儿童常玩的一种游戏。若干儿童双手撑地做 [me²²] "马"，排成一排，其他儿童双手撑 "马" 背依次跳过，跳不过者做 "马"。

[tɕʰo³⁵wã³¹] "跳房子"

儿童常玩的一种游戏。在地上画六到十个格子，由近及远写上数字。从第一格开始跳第一轮，再从第二格开始跳第二轮，以此类推，直至跳完所有格子。

6-27 ◆板栗

6-32 ◆板栗

[te³¹ŋã³⁵ntə⁴⁴] "纸船"

　　用纸折成的小船。纸船可放在流水中让其漂行，比赛看谁的纸船漂得快、漂得远。

[hwɛ⁴⁴cẽ⁴⁴tsʅ⁵³] "翻筋斗"

　　徒手在地上做前后翻或侧翻动作。

[tu⁴⁴tɕʰɯ⁴⁴]"荡秋千"

　　在家中用一块木板，两端系上长绳，吊在屋梁上，就做成简单的秋千，可坐一到两人，再大一点的秋千就要做成专门的秋千架，可供四人、八人、十二人同时玩。

[to⁵³tɕa⁴²ka³⁵ntu⁵³]"走高跷"

　　用两根一样长的木棒做高跷棒，在下端安上稳固的踩脚板，就是一副简易的高跷。两手抓住高跷棒，双脚踩在高跷板上，双手提起高跷棒行走。

6-29 ◆夜郎坪

6-30 ◆板栗

6-31 ◆彭湖

6-33 ◆板栗

[fei⁴⁴ci⁴⁴ntə⁴⁴] "纸飞机"

用纸折成的飞机。纸飞机可单手掷向空中，比赛看谁的飞得高、飞得远。

[pʰɹɔ³⁵l̥ʰa⁵³pɑ³⁵] "吹夹马号"

[l̥ʰa⁵³pɑ³⁵] "夹马号"是一种金属长号，是当地常见的特色管乐器，形似喇叭，号管长至丈余，常用于盛大的节日和集会。双手持号朝天吹奏，声音厚重雄浑，颇壮声势。

6-34 ◆十八洞

[pʰɿ³¹nõ³⁵l̥õ⁴⁴] "吹竹叶"

将新鲜、柔软、厚薄均匀的竹叶放在双唇中，双手捏住竹叶的两端，吹气发出声音。竹叶也能吹出清丽响亮、节奏明快的曲调。

6-36 ◆扪岱

[pʰɿ³¹nõ³⁵ntu⁵³] "吹木叶"

摘取老青树的叶子，双手捏住树叶的两端，夹在上下嘴唇中，吹气发出声音。[nõ³⁵ntu⁵³]"木叶"能吹出较长的曲调，音色清丽响亮，节奏明快。青年男女常以吹木叶传递爱情，或在劳作之余作为娱乐活动。善于吹木叶者甚至可为戏剧演出伴奏。

6-35 ◆莲花山

6-37 ◆卧大召

6-38 ◆花垣镇县苗剧团

[pʰɹɔ³⁵sɯ⁵³nã³¹] "吹唢呐"

唢呐是当地流行的管乐器。在重大节日、婚丧嫁娶、祭祀活动等场合都要吹唢呐。有单人吹、两人同吹、主客对吹等多种吹奏类型。

[pʰɹɔ³¹ɴqɛ³¹l̥ɔ⁴⁴] "吹竹唢呐"

[ɴqɛ³¹l̥ɔ⁴⁴] "竹唢呐"是花垣苗族的特色乐器。用当地野山竹制作管体、哨嘴、哨片，全管七孔，竖向吹奏。花垣苗族竹唢呐已列入湖南省级非物质文化遗产代表性项目名录。

[qo³⁵ŋã²²ɕõ³⁵] "苗鼓"

苗鼓是最常见的乐器，村村寨寨都有，祭祀和节日、集会都要击鼓跳舞。苗族历史上无论遭遇什么灾难，遗弃什么东西，有四样东西，即谷种、苗鼓、武器和银饰，拼死都不能丢弃，苗鼓的重要性可见一斑。

6-41 ◆卧大召

6-39◆花垣镇县苗剧团

6-40◆花垣镇县博物馆

[pʰɹo³¹qə³⁵l̥ʰo⁴⁴] "吹竹埙"

[qo³⁵l̥ʰo⁴⁴] "竹埙" 直译是 "竹螺蛳",是用毛竹管或毛竹根制成的特色吹奏乐器,外形像螺蛳,吹法类似于吹传统的陶埙。

[qo³⁵ɲã²²ntu⁵³] "木鼓"

用圆形或方形厚木板镂空做成的敲击乐器。苗族《祭鼓词》有"敲石传不远,击木响嘭嘭"之说。"击木"是苗族最早的信息传递方式之一。将圆木或长木一面刳空,就是最初的木鼓;后来在木鼓上蒙皮,即为木皮鼓。敲击木鼓跳舞,就形成民族特色的木鼓舞,主要用于祭祀活动。现在流行改进了的现代皮鼓,木鼓和木鼓舞已很少见,仅偶尔出现于特定的表演场合。

[ɲã⁴⁴ce³¹n̥e³⁵] "牛角琴"

用牛角做琴筒的一种胡琴。琴筒用牛角的尖端制作,将牛角掏空,在大的一端用蛇皮绷紧。琴音柔美绵长,悠扬动听。

6-42◆花垣镇县苗剧团

6-43◆十八洞

[tu²²ŋã²²]"跳鼓舞"

边击鼓边跳舞的表演，是花垣苗族最常见的舞蹈艺术。苗族鼓舞的种类多达数十种，常见的有花鼓舞、猴儿鼓舞、单人鼓舞、双人鼓舞、团圆鼓舞等。表演时一人立鼓旁，持鼓槌敲击鼓腰打节拍，表演者双手持鼓槌交替击鼓，两脚轮换跳跃，变换出不同的花样。湘西苗族鼓舞已列入国家级非物质文化遗产代表性项目名录。

[pə⁴²ŋã²²mɹe³⁵]"猴儿鼓舞"

一种模仿[tɑ³⁵mɹe³⁵]"猴儿"动作和表情的特色舞蹈。传说古代有猴子偷食庙中供果，无意中碰响了庙中的更鼓，后来就打鼓打上瘾了。一位苗族青年看见猴子打鼓，觉得有趣，于是模仿猴子打鼓的动作，就形成了猴儿鼓舞。猴儿鼓舞双拍击鼓，单拍跳舞，像猴子一样不停地跳跃，模仿猴子的神态、动作，颇有妙趣。

6-44◆猫儿

6-45 ◆十八洞

[ntu³¹lo³¹wu⁵³] "都乐舞"

一种表现苗族历史上迁徙内容的舞蹈,是花垣苗族特有的一种大型集体舞。表演者可达数十人,排成两列,或双手叉腰,或后者一手搭在前者肩上,脚步两进一退,同时向两旁做拨草寻路的动作。以锣鼓为节奏,配以悲怆的音乐,表现历史上先民跋山涉水、艰苦迁徙的内容。

[tɕõ³¹zõ³⁵] "接龙舞"

一种源自 [zą⁴²zõ³⁵] "接龙"祭祀仪式的大型舞蹈。1954年花垣县麻栗场镇的苗族艺人石成鉴、石成业等,根据苗族传统的接龙仪式改编成接龙舞,曾在1956年参加全国少数民族民间音乐舞蹈会演,获得一等奖,接龙舞由此在花垣县广泛流行。接龙舞是集苗族舞蹈、风俗、服饰为一体的民族集体舞,已列入湖南省级非物质文化遗产代表性项目名录。

6-46 ◆卧大召

6-47◆卧大召

[wu⁴⁴ʎi³¹ɲcʰi⁴⁴]"司刀绺巾舞"

　　花垣苗族特有的大型祭祀性舞蹈,由"巴代"充当舞者,以手拿[sʅ⁴⁴to⁴⁴]"司刀"和[pɹa³¹ʎei³¹ɲcʰi⁴⁴]"绺巾"舞蹈而得名。舞者身穿红袍,头戴花冠,左手握绺巾,右手握司刀,在锣鼓、长号的伴奏中舞蹈。多用于还傩愿、接龙、椎牛等祭祀活动,现已发展演变成一种群体性的娱乐舞蹈,被列入湖南省级非物质文化遗产代表性项目名录。

[wu⁴⁴lu³¹hɛ³⁵]"傩面舞"

　　戴着[tɕa⁴⁴mpo³⁵qwei³⁵]"傩神面具"表演巫傩法事过程的舞蹈。舞者手持司刀、绺巾等法器,动作粗犷、干练,表现出巫傩的神秘和威严。花垣苗语"神"和"鬼"不分,都叫[qwei³⁵]。

6-48◆板栗寨

三 信奉

6-49 ◆花垣镇钟佛山

[mpõ³¹saɑ²²] "菩萨"

    泛指寺庙里的所有神像。

[sõ³⁵tsɿ⁵³n̥ã³¹n̥ã³¹] "送子娘娘"

    民间信仰中掌管生育的神祇。婚后不育的女子，去寺庙向送子娘娘求子，烧香请愿。如果怀孕生子，就用布匹、清油、纸钱、香烛等去寺庙向送子娘娘还愿酬谢。

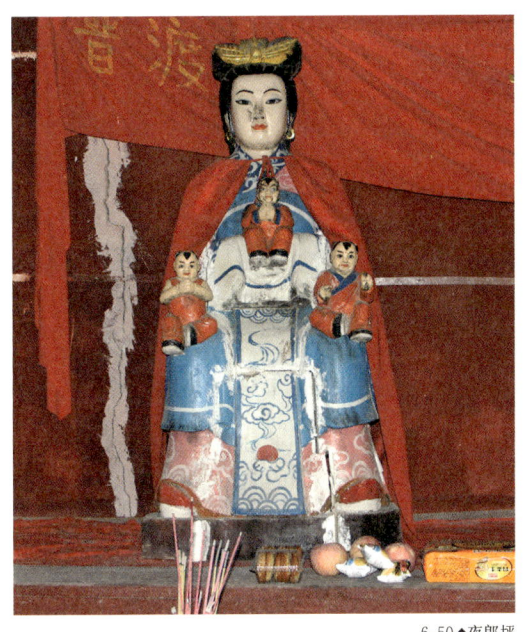

6-50 ◆夜郎坪

花垣苗语 陆·日常活动

6-52 ◆夜郎坪

6-54 ◆茶洞

[pɑ⁴⁴nu⁴²ne⁴⁴nu⁴²] "傩公傩母"

花垣苗族所崇拜的人类始祖。相传他们本为兄妹，在远古的洪荒时代，天下遭遇大洪水，人类灭绝，仅兄妹二人活下来，他们结为夫妻，繁衍出新的人类。冬季农闲时，人们常在家中堂屋设坛祭祀傩公傩母，赤面红衣的 [pɑ⁴⁴nu⁴²] "傩公" 和黄脸花衣的 [ne⁴⁴nu⁴²] "傩母"，分立祭坛左右，主家以猪羊双牲、糯米糍粑及香烛酒馔献祭。

[tʰɯ⁴⁴tɕi³⁵mjo³⁵] "土地庙"

民间十分崇敬 [tɕu²²tei³⁵] "土地神"，视其为保佑一方土地平安吉祥的神。人们每到一处开基立业，首先就要用砖石在屋边或路口、大路旁垒砌一个土地庙，在庙里放置土地公公和土地婆婆的塑像，在年节或遭遇灾殃时祭祀。至今许多村寨，甚至城镇，都有土地庙。

[pʰɯ³¹qwei³⁵] "蚩尤"

花垣苗族奉蚩尤为始祖。传说在远古时代的涿鹿之战中，蚩尤败走南方，最后落脚于今花垣县麻栗场镇的文笔峰村，从而繁衍出苗族后代。花垣苗族迄今对蚩尤怀有深厚的祖先崇拜情结，在重大节庆或活动中都要祭祀蚩尤，一些家庭的堂屋正面都放置蚩尤雕像或张贴蚩尤画像。花垣县还成立了"花垣蚩尤文化研究会"，定期召开学术研讨会，并将县城花垣镇的一个纯苗族行政村命名为"蚩尤村"。2010 年 12 月中国民俗学会授予花垣县"全国蚩尤文化研究基地"称号并授牌。

6-51 ◆卧大召

6-56◆夜郎坪

[ɕã³¹pʰɯ³¹ɕã³¹nã³⁵]"祖神位"

设在火塘间里侧中柱上的一块小木板，是列祖列宗的神灵在家居住的地方。在节日以及造屋、求财、嫁娶、远行时，要在祖神位祭祀祖宗神灵，乞求祖宗降福子孙，保佑全家安宁。

6-53◆夜郎坪

[lõ³¹wã³¹mjo³⁵]"龙王庙"

祭祀龙王的庙。民间信仰认为，龙王不仅管风雨，还管人间的一切祸福，包括婚姻、子嗣以及疾病、灾难等。因此如果遇上风雨不顺、婚姻不幸、婚后不育、身患疾病或其他灾难，常常到龙王庙祭祀龙王。

[ca⁴⁴sɛ⁴⁴]"家先"

即神龛。装在堂屋正对大门的墙上，由香案和牌位组成。香案上放置香炉、油灯、烛台和神灵牌位等。正中张贴写着"天地国（君）亲师位"大字的红纸，有的旁边还张贴对联或其他吉祥词语。初一、十五或逢年过节时上香，敬奉诸位神灵。

[qo³¹ntu⁵³tʰɯ⁵³tɕi³⁵]"树神龛"

当地多高山、古树，民间信仰认为高大苍老的古树都有神灵，视古树为树神或山神，常在古树下设置神龛，祭祀树神。也有的村寨将土地庙建在山上的古树下，土地神和树神或山神就合而为一了。

6-55◆夜郎坪

6-57◆夜郎坪

6-58 ◆双排

[ci⁴⁴ntu⁵³qɔ⁵³ntu⁵³ʐɔ³¹] "祭树神"

在古树下祭祀树神。在重大节日，或遇家运不济，或要砍伐山中树木时，就祭拜树神，以求得庇护、帮助和谅解。

[ci⁴⁴qwei³⁵u³⁵] "祭水神"

在水边祭祀河神、龙神以及盘瓠神等 [qwei³⁵u³⁵] "水神"。当地河流众多，居民多居住在山岭河谷间。为行船平安，或祈求风调雨顺，旧时常择吉日设供品，焚香烧纸祭"水神"。

6-59 ◆扣岱

[ci⁴⁴tɕu²²tei³⁵] "祭土地神"

在重大节日、喜庆之日，以及遭遇灾难祸患时，都要祭祀土地神。祭者设酒、肉、糍粑、冥纸、香烛等祭品，念咒、[mpə⁴⁴kʰa⁵³] "打筊"、敬酒、焚烧纸钱，向土地神祈福。

6-60 ◆金龙

[ka²²tei³⁵ɲco²²] "架地桥"

家庭如无子嗣，民间认为子嗣在天上，需请"巴代"架设 [tei³⁵ɲco²²] "地桥"，迎接子嗣降临。主人选吉日斋戒沐浴，在一长条石板上凿四条直槽。备五条果树的树枝，和一只装有五谷、朱砂的碗，将石板压在树枝和碗上，埋在堂屋大门内门槛正中。"巴代"烧纸焚香祷告，祈求赐子嗣。

[mpə⁴⁴kʰa⁵³] "打筊"

一种抛掷占具 [qo³⁵kʰa⁵³] "筊"以占卜吉凶的方式。"筊"用竹木或牛角做成，长约三寸，一边平面一边半圆面，一头大一头小，两片配合使用。"打筊"时将两片"筊"抛到地上以占凶吉。两片"筊"平面都朝下叫 [qo³⁵pu³⁵] "阴爻"，平面都朝上叫 [ka²²pei³⁵] "阳爻"，平面一上一下叫 [ka²²pu³⁵ka²²pei³⁵] "顺爻"。卜得"顺爻"为吉，可进行下一环节。否则就要继续打筊，直到出现顺爻。

6-61 ◆扪岱

6-62 ◆夜郎坪

6-64 ◆夜郎坪

6-65 ◆扣岱

[to⁴⁴hu⁴⁴] "门符"

贴在门上的纸符。用黄纸裁成长条，下端剪成鱼尾形，道师用墨或朱砂在上面画符并念咒语，贴在家中的门楣上或者窗户外面，以辟邪。

[nto³¹hu³¹mpɑ²²] "桃符"

用桃木或樱桃木做成的符。把木料劈成约一寸宽、六寸长的片块，下端削成尖头，道师用墨或朱砂在上面画符并念咒语，尖头朝下钉在主家外墙下的地脚枋上，以辟邪。

[pɑ⁵³te³⁵] "巴代"

祭祀活动中的巫师、祭司。分 [pɑ⁴⁴te³⁵ɕo³⁵] "苗族巴代"和 [pɑ⁴⁴te³⁵tɑ²²] "汉族巴代"两种。"苗族巴代"用苗语念唱经词，所用法器主要有铃铛、竹柝、短剑；"汉族巴代"用汉语念唱经词，所用法器主要有牛角号、司刀、绺巾。长期以来，"巴代"是当地盛大的奉祖祭祀、民族节庆以及日常家庭还愿、婚丧嫁娶仪式中的主持人，备受尊重。

6-63 ◆卧大召

6-67 ◆扣俗

6-68 ◆文笔峰

[ntei⁴⁴qwei³⁵] "刀剑神"

用桃木制成的刀剑，是道师的一种法器，在传统习俗中被认为有镇宅、辟邪等作用。民间认为将其挂在大门上方，可保家宅平安。

[ȵtɕi³¹qwei³⁵] "剪刀神"

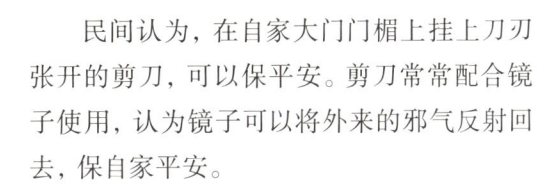

民间认为，在自家大门门楣上挂上刀刃张开的剪刀，可以保平安。剪刀常常配合镜子使用，认为镜子可以将外来的邪气反射回去，保自家平安。

[ʎã⁴²ɕi³⁵] "竹柝"

苗族"巴代"举行祭祀活动时的重要法器。在一段两端有节的大竹筒中间，开一长口，口上留下竹子的青皮做簧片，在两头或中间垫上竹码子绷紧簧片，用一根箸竹棍敲击簧片，发出清亮的声音。民间认为，竹柝发出的声音可上达天庭，下达地府。竹柝还可以作为一种伴奏乐器用来打节拍。

[pɹei⁴⁴qwei³⁵ȵe³⁵] "水牛头神"

水牛是花垣苗族的图腾，是受崇拜的吉祥动物。水牛头角常用作家庭辟邪和镇宅的宝物，悬挂在大门顶上或者屋内，同时也是重要的装饰物。

6-69 ◆夜郎坪

6-66 ◆十八洞

6-70 ◆夜郎坪

6-71 ◆花垣镇县博物馆

[ʌẽ³¹mpɑ⁴⁴] "令牌"

  道教斋醮科仪中道师常用的法器，多以木材或金属制成，长方形，四面雕有符咒和文字。道师用令牌发令，据说能呼风唤雨、召神遣将，或护送亡魂、驱邪镇魔。

[lu³¹mpɛ²²] "罗盘"

  风水师用来勘探风水的工具。主要由中央的一根磁针和一系列同心圆组成。

[z̠a⁴²z̠õ³⁵] "接龙"

  一种迎接龙神的祭祀活动。龙是吉祥的象征，在入住新屋之前，或遇诸事不顺，就要请"巴代"举行盛大的接龙祭祀，以消灾除祸。接龙当日，主家装饰堂屋，设神座，陈列祭品。"巴代"焚香烧纸、敲竹枥、念咒语敬祭龙神。然后由女主人充当龙女，率众亲跟随"巴代"去水边请龙神。"巴代"念咒语，取龙水交龙女提回家，请龙入屋。"巴代"将龙神安置于堂屋正中的地穴中，放炮鸣鼓，主家宴请，歌舞通宵。

6-73 ◆雅桥

6-75 ◆夜郎坪

[sɿ⁴⁴toʰ⁴⁴] "司刀"

"汉族巴代"的重要法器之一，常跟绺巾配合使用。司刀用金属制成，刀柄末端套一大铁环，大环中再穿上若干小铁环。使用时右手握刀柄上下左右晃动，使环片相互碰撞，发出声音。

6-72 ◆板栗寨

[tɕa⁴⁴mpo³⁵qwei³⁵] "傩神面具"

"巴代"在举行傩祭、傩仪、傩舞时使用的面具。各种傩神的面具多至数十种，多用杨柳木或香樟木雕刻制作并敷彩上漆，做成凶悍、狰狞的神怪鬼魅形象。一般要经过选材、取样、画形、挖瓢、雕刻、打磨、上漆、开光等制作工序。

[qo³⁵ʐɯ³⁵ntʰe⁵³zõ⁴²] "龙宝"

接龙入屋后，在上对屋脊的堂屋正中挖一尺见方的地穴，由"巴代"将接回的龙神安置在地穴中。用一只碗盛满龙水，放银粉、香米、朱砂于其中，用另一只碗覆盖在上面，置于地穴中掩土埋藏，再用 [pɛ⁴⁴ʐɯ³⁵zõ⁴²] "盖龙板"封牢，这个地方就叫龙宝。民间信仰认为，龙宝是家中龙神的栖身之处，是家庭中的禁地，不能践踏、敲打，否则龙神将受惊离去，主人遭殃。主家逢年过节时，要在龙宝的四周和中间五处烧香，敬奉龙神。

6-74 ◆大夯来

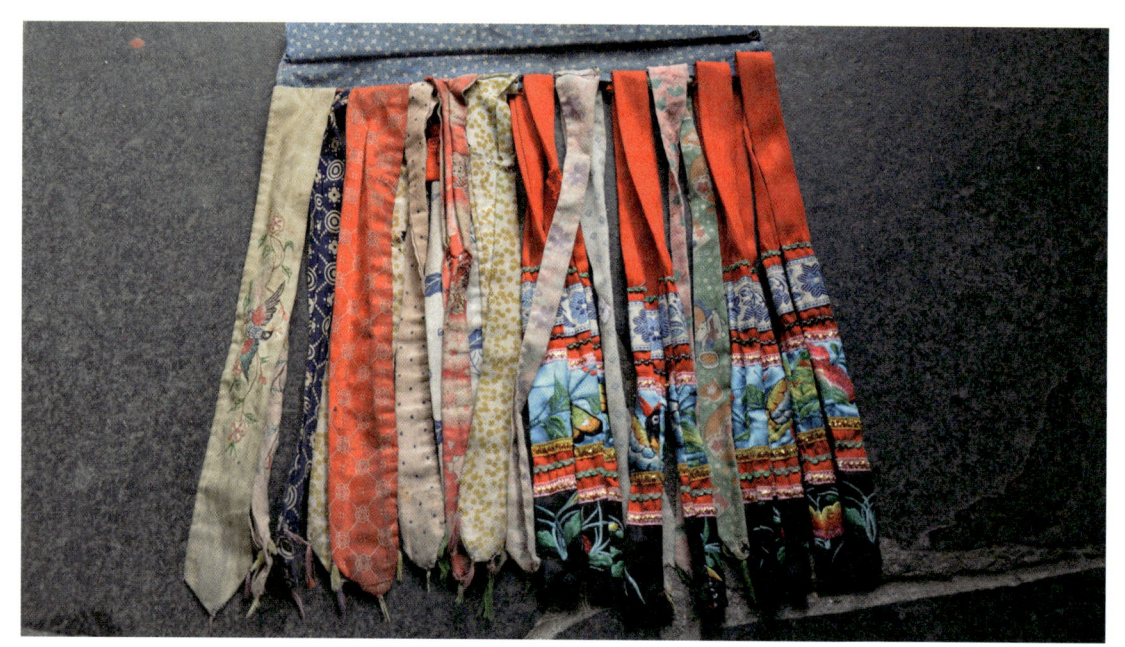

6-76 ◆夜郎坪

[pɹa³¹ʎei³¹ɲcʰi⁴⁴] "绺巾"

"汉族巴代"的重要法器之一，由十二到二十四条各色绣花布条连缀而成，用一根长木棒穿上做柄。使用时配合司刀的节奏，左手握柄上下左右舞动。

[ɕa³¹zõ³⁵pɹɯ⁴⁴] "愿标"

向神许愿祈求保佑的标志。民间认为，如家遇不顺，就请"巴代"用桃树枝、黄纸符做成"愿标"，挂在堂屋正墙或大门上方。

[kwɑ³⁵hõ²²] "挂红"

如果家中出过祸事，常在屋梁上悬挂道师画过符、念过咒的红色布条，认为有避邪禳灾的作用。

6-80 ◆大夯来

6-77 ◆吉卫镇

6-78◆金龙

6-81◆板栗

[kɯ²²cɛ³⁵] **"杉树枝"**

相传苗族祖先曾被人追杀，藏在刺杉丛中得以躲过劫难。后人遂认为带刺的杉树枝有逢凶化吉、遇难成祥的作用，故常将其挂在门窗上。

[pʰɹo³¹cɛ³¹ne³⁵] **"吹牛角号"**

[cɛ³¹ne³⁵] "牛角号"是"汉族巴代"常用的法器，在许多法事中都会用到。民间信仰崇拜雷神，平时做法事都要吹牛角号，请雷神暗中相助，祛除邪气。

[tɛ⁴²tɕi⁵³pa²²] **"草标"**

用一束黄茅草、芭茅草或稻草等扎成的标记，主要起传递信息、预警告示的作用。民间认为，插了草标的地方表示已有人并下了咒语，谁动了插有草标的东西，或进入插有草标的地方，将会受到神灵的惩罚。

6-79◆扣岱

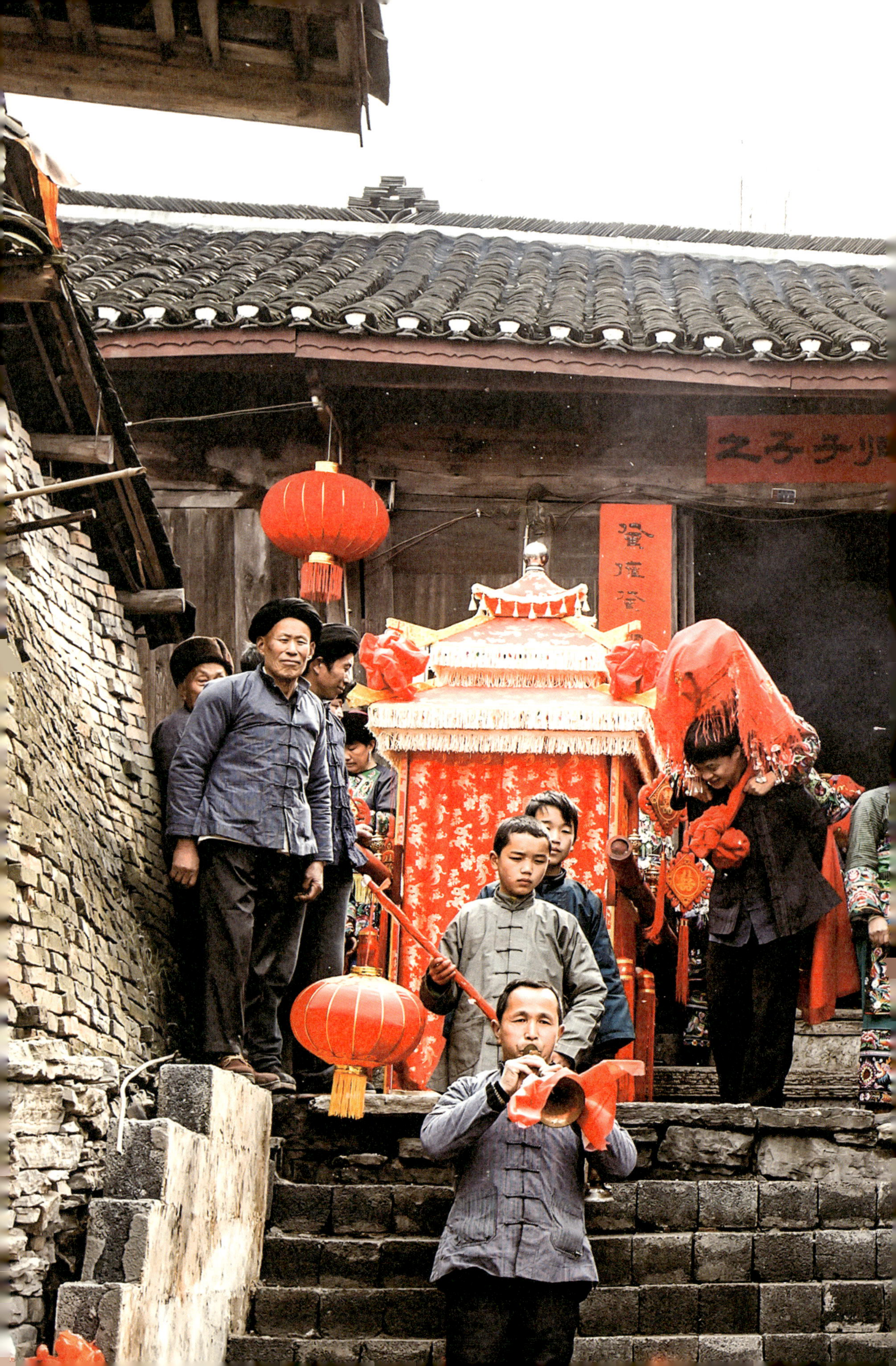
之子于

柒・婚育丧葬

苗族实行一夫一妻婚姻制度，同宗同姓不通婚。男女自由恋爱，自主择偶。但自古以来婚姻受舅权制约，姑家的女儿得嫁回舅家。现在虽然不流行姑舅表亲婚姻，但姑家的女儿要外嫁，必须征得舅舅的同意，外人要娶某家的女儿，须付给女儿的舅舅一笔钱财。

苗族曾经有过"小娶""大娶"的婚姻习俗。青年男女订婚后，男方先举行简单的仪式把女方迎娶到家共同生活，一到三年后再行"大娶"，举行隆重正式的婚礼。"小娶"的婚姻习俗（包括更鞋、净手脸、拜高堂、拜祖宗等）至今仍有留存，但十分罕见，现在大多都只举行一次"大娶"婚礼。"大娶"婚礼讲究排场，程序复杂而极具特色。婚礼当天新娘修眉开脸，头戴银冠，身穿盛妆，哭别父母，由兄弟背出家门上花轿，前往新郎家。新娘家族中每家出人送新娘，有时送嫁的队伍多至数十人，绵延里许。送亲的队伍身穿苗族服装，用背篓背着或用箩筐挑着五颜六色的、崭新的嫁妆蜿蜒行走，呈现出一道亮丽的风景。

当地传统有三大"红宴",即新居落成、男女成婚、婴儿满月三大喜事的宴请。结婚是人生大事,场面最为盛大,活动内容最为丰富。在生育方面,婴儿满月则是最大的喜事。满月当天,要举行盛大隆重的满月宴请,女方父母及亲戚朋友都要前往送鸡、鸡蛋、白米以表庆贺,俗称"送鸡米"。但对满周岁则不太看重。当地传统不太流行过生日,哪怕是高寿老人的生日也很少祝寿请客。不过现在受汉族文化的影响,城镇的小孩满周岁或老人六十、八十整数大寿日也会置酒请客庆祝一番。

当地人们对逝者的丧葬活动十分重视,举办丧事称为 [mpɛ^{42}ne^{35}qɔ^{53}] "想亡人",须设置灵堂并进行专门的装饰,在灵堂停棺数日,子女亲人日夜守灵。在出殡的前夜,要请十几二十人的道师班子 [pɔ^{42}zə^{44}kwɛ^{22}] "打绕棺"。为逝者举行祭奠活动的天数依据家中财力和时辰凶吉,有三天两夜至七天六夜不等。逝者灵柩下葬时,在墓地还得请风水先生举行一番下葬仪式,然后堆土、立碑。

一 婚事

7-1 ◆ 吉卫

[ntã⁴²ne³⁵qʰa⁵³] "婚礼"

  结婚是人生大事，婚礼十分隆重、热烈。结婚当日，新娘修眉、开脸、整装，哭拜父母，由兄弟背出家门，上轿，由 [ne⁴⁴tɕʰu³⁵] "头娘" 及亲属女友陪伴送亲。到男方家门前，新娘跨火进屋。宾客前来贺喜，男方设宴款待。晚上双方请来的歌师在 [o³⁵tə²²ntã⁴⁴wu⁴⁴] "喜堂" 唱堂歌，主客同乐，通宵达旦。

7-2 ◆ 铅厂

[ɲcɯ⁴²tɕʰu³⁵] "求婚"

  花垣苗族历史上流行男女自由恋爱和择偶，父母择吉日为子女举办结婚仪式。图 7-2 男方单膝跪地献花的求婚方式，是受现代外来文化影响产生的。

7-3 ◆铅厂

[ʐei³¹tɕʰu³¹ʐei³⁵lɛ²²] "认亲"

在男女双方确定婚姻关系后，或者在新婚后，双方家长及重要的亲属首次正式见面，互认姻亲。

[sõ⁵³ȵa⁴²sõ⁵³tɕɯ⁴⁴] "送聘礼"

直译是"送酒送肉"。在迎亲之日，男方置办聘礼，派人用专门的方形木"抬盒"，两人一组抬到女方家。聘礼主要是肉和酒，"抬盒"和聘礼都要系上红布条以示喜庆。

7-4 ◆茶洞

225

7-5◆芷耳

[tɕi⁴⁴pi³⁵tʰu⁴⁴mpʰa⁴⁴tɕʰu³⁵] "备嫁"

出嫁前，新娘身穿婚服，备好嫁妆，一对童男童女手提象征红火、兴旺、光明的红色马灯或红灯笼，准备送新娘出门。

[cɑ³⁵tɑ⁴⁴] "嫁妆"

现代新娘的嫁妆，主要有被子、枕头、帐檐、鞋子等，大多为红色，绣有吉祥图案。

[qo³¹ŋõ³¹qo³⁵pɹu²²] "首饰"

新娘出嫁要佩戴各种银首饰，尤其是项链和胸饰。

7-6◆合兴

7-8◆十八洞

7-7◆芷耳

[pu²²ca³⁵ta⁴⁴]"背嫁妆"

新娘出嫁时，新娘家族中每家出人随花轿送亲，少则数人，多则数十人，用背篓背着嫁妆送到男方家。

[te³⁵pi³⁵mɛ³⁵]"开脸"

直译是"拔面毛"。以前新娘出嫁前，要请子女双全、夫妻和谐、父母健在的"全福"妇女为其开脸。在新娘脸上涂上少许石灰粉，接着用绞线挽成一个"8"字形的活套，夹住并绞掉脸上的汗毛。开脸后新娘脸上光滑、白净，标志着少女时代的结束。

7-9◆芷耳

7-10◆双龙镇

7-11◆雅桥

[ntu⁵³ɕã⁵³me³¹]"盘头帕"

新娘出嫁前，亲人要为她梳好头发，盘好头帕，整理容妆。

[kʰu⁴⁴cɑ³⁵]"哭嫁"

按照传统，新娘出嫁的头天晚上，在喝过离娘酒后，有哭嫁的程序。新娘跟奶奶、外婆、母亲、嫂子、姐妹一起哭嫁，唱哭嫁歌，表达亲人离别的悲伤之情，通宵不睡。现在哭嫁大多省略了。

[ɕi⁴⁴pɑ⁵³]"喜把"

新娘和嫁妆出大门前，需点燃两个火把，称之为"喜把"。出大门后，在娘家大门口留下一个喜把，另一个喜把随新娘一路前行，预兆一路红火、婚姻美满。

7-13◆铅厂

[ɤa³¹ɕo⁵³] "更鞋"

  传统风俗，新娘出嫁在迈出娘家大门时，要留下在娘家穿的鞋子，换上新鞋到夫家，寓意把过去的记忆留在娘家，把未来的希望带往夫家。

7-12◆窝勺

[tɕe⁴²tɕʰu³⁵] "迎亲"

  结婚之日，男方抬着花轿、带着彩礼前往女方家中迎娶新娘。声势浩大，队伍宛若长龙，为苗乡带来一抹亮色。

7-16 ◆雅桥

[lɛ⁴²tɕʰu³⁵] "拦亲"

迎亲的 [po⁴⁴tɕʰu³⁵] "官亲"等贵宾进入新娘所在的村寨，或新娘家大门之前，女方的姐妹要穿盛装，拉着红布堵在村口或者大门口，给男方贵宾唱歌、敬酒，拦住迎亲队伍。男方贵宾要对歌、喝酒后才被放行。

[qo³¹tɕõ³⁵] "舅爷"

花垣苗语 [qo³¹tɕõ³⁵] 既是"舅爷"的意思，又是"根苑"的意思。传统认为已身血脉源自舅家，因此自古尊舅爷，舅权极大。在民俗活动中，舅爷常作为双方最贵重的宾客而被对方家 [ʂei⁵³tɕʰu³⁵] "打摸米"，即脸上被抹上锅烟灰。

[ʂei⁵³tɕʰu³⁵] "打摸米"

迎娶时往舅爷、"官亲"等贵宾脸上涂抹锅烟灰，是迎亲必有的娱乐活动。贵宾的脸被抹得越黑、越丑、越怪，说明越受欢迎。"打摸米"还用于其他活动中迎接贵宾，表示对贵宾的热烈欢迎。

7-17 ◆十八洞

7-18 ◆芷耳

7-15 ◆合兴

[po⁴⁴tɕʰu³⁵] "官亲"

迎亲时,新郎不去新娘家,而请自己的一位兄弟代表男方前往女方家迎亲,这位男方代表叫"官亲"。

[mpʰa⁴⁴tɕʰu³¹ɕɛ³⁵pɹõ²²tu⁴²] "新娘出门"

出嫁时,新娘撑起红伞,由同胞兄弟背着或牵着走出家门。

7-19 ◆雅桥

[ne⁴⁴tɕʰu³⁵]"头娘"

新娘出嫁时，代表女方送亲的长辈妇女。"头娘"须是女方家族中子女双全，丈夫健在，而且未改嫁过的伯母、叔母等。"头娘"与新娘一路同行，到男方家后将新娘的红伞交给男方的家人，象征将新娘交给了新郎家。

7-20◆铅厂

[ɴqe⁵³hwa⁴⁴co³⁵]"抬花轿"

新娘出家门后，坐上大红花轿，由人抬到新郎家。传统上结婚是用简单的凉轿、篷轿迎娶新娘，后受汉族文化影响而用花轿。抬花轿需选择未婚青年男子两人，花轿除了贴上大红"喜"字外，有时还贴上一张道师用朱砂在黄纸上画的符。随着时代的进步，花轿大多被小轿车取代了。

7-22◆金龙

7-21◆芒耳

7-23 ◆五斗

[lo⁵³hwa⁴⁴co³⁵] "下花轿"

新娘到了夫家大门前，要打着红伞，由同胞兄弟背着或牵着从花轿上下来。

7-24 ◆金龙

7-28◆吉卫镇

[tɕi⁵³ŋkʰa²²ne⁴²n̻õ³¹ne³⁵qɔ⁵³] "拜高堂"

　　新娘和新郎一起跪拜新郎的父母。

[tɕi⁵³ŋkʰa²²ɕã³¹pʰɯ³¹ɕã³¹n̻ã³⁵] "拜祖宗"

　　新娘和新郎一起祭拜新郎家的祖先。

7-29◆吉卫镇

7-25 ◆金龙

[tɕi⁴⁴tɑ⁴²ho⁵³pɑ⁵³] "跨火"

新娘到夫家时，要跨过火把或者火盆进门，象征祛除外面的晦气，表示新婚喜庆红火，预兆将来家庭兴旺。

7-26 ◆吉卫镇

[ntsa⁴⁴tə⁵³ntsa⁴⁴tɯ²²] "净手脸"

结婚当日，新人及新郎的父母都要用草药煮过的水洗手洗脸洗脚，象征祛除秽气和一切煞神。

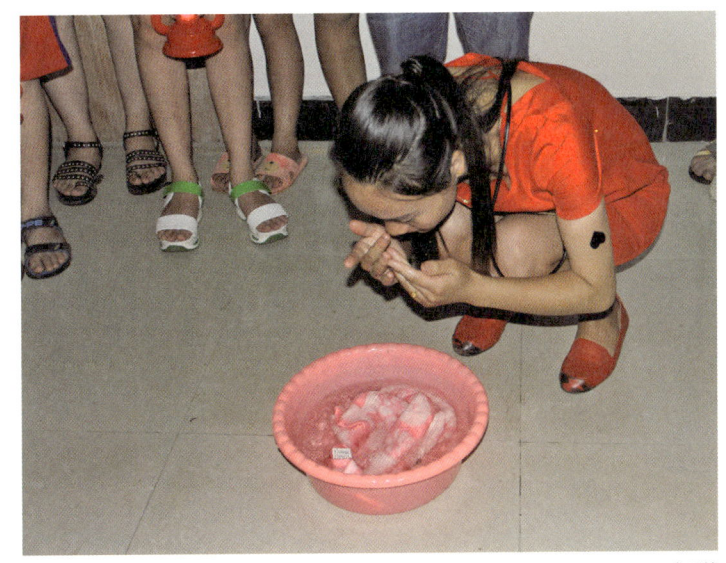

7-27 ◆吉卫镇

7-30 ◆十八洞

[tɕi⁴⁴tʰi³¹ntã³⁵] "抢喜"

遇结婚、生子、新房上梁等喜事时，主家从楼上往下，或在平地往上抛撒糍粑、糖果点心、钱币等，引众人争抢，增添喜庆欢乐的气氛。

[ɯ³¹le³¹ma³⁵zã⁵³tɕĩ³⁵tɕɯ⁴⁴] "敬喜酒"

婚宴上，新郎和新娘需一同向酒席上的客人逐桌敬酒，表示感谢和敬意。

7-31 ◆雅桥

7-32 ◆雅桥

[o³⁵tə²²ntã⁴⁴wu⁴⁴] "喜堂"

结婚当日，新郎家为接待宾客、唱堂歌而专门布置的堂屋。

[pa⁴²tu³⁵tei³⁵ʑɛ³¹] "门联" | [tei³⁵ʑɛ³¹qʰu⁴⁴pɹu⁴⁴] "窗联"

受汉族文化影响，结婚也要张贴庆贺新婚的红纸对联。不同的是，对联不光贴在门上，也贴在窗户上。贴在门上的叫"门联"，贴在窗户上的叫"窗联"。

7-33 ◆芷耳

7-39 ◆铅厂

二 生育

[nõ⁴²n̩u³¹sɯ⁴⁴]"祝寿"

　　传统上对一般的生日不甚看重，很少有人过生日。现在受汉族文化影响，也逐渐时兴过生日了。尤其是老人六十、八十等整数寿辰时，晚辈或亲戚朋友会前来祝寿，共享生日蛋糕。

[ɴqu⁴⁴u³⁵tɕ³⁵]"洗儿"

　　婴儿满月当天必须给婴儿洗澡。大多由婴儿的奶奶或姥姥洗，一般要洗三次，早、中、晚各洗一次。

[nɯ³¹qa³⁵tɕ³¹ŋa³⁵]"喜蛋"

　　婴儿满月时，主家要煮鸡蛋，并将其涂上红色，称为"喜蛋"，用以赠送亲朋，招待宴请的客人。

7-36 ◆夜郎坪

7-38 ◆文笔峰

中国语言文化典藏

238

7-37 ◆文笔峰

7-35 ◆夜郎坪

[hu⁴⁴ɕi⁴⁴tɕɯ⁴⁴]"喝喜酒"

传统有三大"红宴",即新居落成、男女成婚、婴儿满月三大喜事的宴请,可见对婴儿满月的重视。满月当日亲戚朋友都来喝喜酒,赠送贺礼,主家设宴盛情招待客人。

[kã³¹qa³⁵kã³¹ntso⁵³]"送鸡米"

婴儿满月是重要的喜庆日子,人们十分看重。满月当天,女方父母及亲戚朋友送礼以表庆贺,俗称"送鸡米"。礼物除传统的鸡、鸡蛋、白米外,现在还送婴儿用的摇篮、童车、衣服、鞋帽、背带、披风、玩具等各色礼物。

[ɴqʰe⁴⁴te³¹ŋa³⁵]"看月子"

产妇生产后的第三天,女方父母和双方亲戚朋友,均来主家贺喜并探望产妇,赠送鸡、鸡蛋、红糖、婴儿衣服、鞋帽、玩具等礼物。主家摆酒宴客,请婴儿的外公或舅爷给婴儿取名字。

7-34 ◆十八洞

花垣苗语　柒·婚育丧葬

239

三 丧葬

7-40 ◆花垣镇兴农□

[ɑ⁴⁴ntã²²ne⁴²qʰa⁵³tɑ³¹] "丧礼"

办理丧事的所有仪式。人们十分重视丧事，丧礼十分隆重。

[tɕa⁴⁴mpo³⁵qɔ⁵³] "寿帽"

7-42 ◆花垣镇建设路

逝者入殓时戴的纯黑色帽子。

[ço⁵³tɑ³¹] "寿鞋"

7-44 ◆吉卫镇

逝者入殓时穿的纯黑色鞋子。

中国语言文化典藏

240

7-43◆吉卫镇

[ə⁴⁴qɔ⁵³] "寿衣"

逝者入殓时穿的纯黑色衣服。

7-45◆吉卫镇

[pi³⁵ȵtɕɯ⁵³qa³⁵] "公鸡枕"

人去世后，先将逝者遗体放在门板上，头枕着里面填充了米或谷子的公鸡形枕头，意在逝者在回归祖宗故地的途中，由公鸡提醒他早起，抓紧时间赶路。

[qo³⁵pɛ⁴⁴] "棺材"

优质棺材用耐腐性较强且不易开裂的杉木为材料，外面涂黑漆。有的还在前后和两侧雕绘金色的吉祥图案或文字。[pɛ⁴⁴]是"板"的意思，特指"寿板"，是棺材的委婉语。

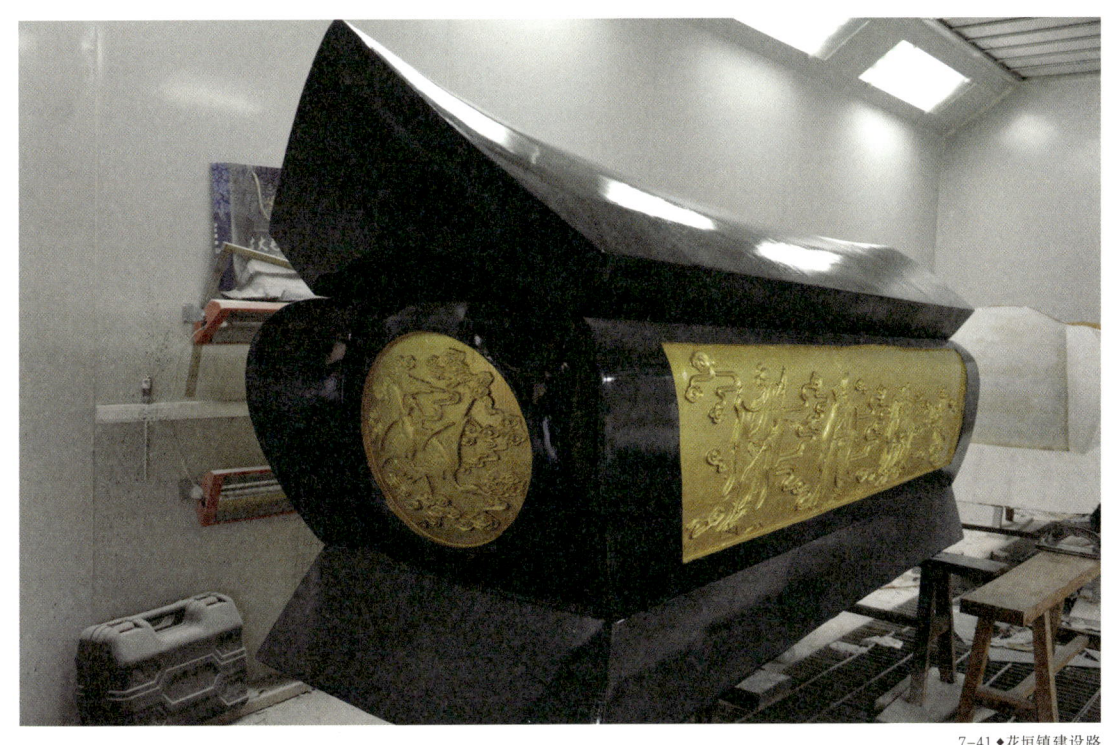

7-41◆花垣镇建设路

7-46◆花垣镇兴农园

[mpɛ⁴²ne³⁵qɔ⁵³] "办丧事" | [ɕo³⁵ntã²²] "孝堂"

[mpɛ⁴²ne³⁵qɔ⁵³] 直译是"想亡人",即缅怀逝者、为逝者举办丧事。要书写"当大事"三个汉字贴在孝堂门楣正中,或贴在需请车辆行人回避的路口。孝堂即灵堂,是孝家放置灵柩、设置灵位以供吊唁和举行丧礼的厅堂。

[ʎɯ³¹ta³¹] "守灵"

逝者的子孙后代彻夜守候在灵堂内的灵柩和灵位旁,直到灵柩下葬。守灵是亲人一起悼念逝者、最后陪伴已故亲人的方式。

7-49◆花垣镇兴农园

7-47◆花垣镇兴农园

[to⁵³me⁴²ne³⁵ta³¹nã⁴⁴qo³⁵pɛ⁴⁴] "灵柩"

[to⁵³me⁴²ne³⁵ta³¹nã⁴⁴qo³⁵pɛ⁴⁴] 直译是"装有逝者遗体的寿板"。灵柩的外面，通常装饰各种颜色的剪纸和各种纸扎，或用红色的布套整体覆盖，放在灵堂的两把条凳上。

[mpa⁴⁴wei³⁵] "牌位"

即灵牌，写有逝者姓名、称谓，为供奉、祭奠逝者而暂设的牌子，是逝者的象征。牌位放置在灵堂中棺材正面的案桌上。在牌位的前面，要供奉 [kã³¹ne⁴²ta³¹nã⁴⁴qo³¹ʐei³¹qo³⁵ɕʰe⁵³] "祭品"。[kã³¹ne⁴²ta³¹nã⁴⁴qo³¹ʐei³¹qo³⁵ɕʰe⁵³] 直译是"送给亡人的饭菜"，包括米饭、蔬菜、酒肉、果品等。在丧礼中，前来吊唁的亲朋需面对牌位跪拜，打躬作揖，表达哀悼之情。

7-48◆吉卫镇

7-51 ◆吉卫镇

7-52 ◆吉卫镇

[n̥ʰẽ⁴⁴ə⁴⁴qwə³⁵] "戴孝"

直译是"穿白衣",即孝子在丧事期间穿戴白色的孝服、孝帕。在举行丧礼时,有的将孝服穿在身上;有的头戴孝帕,并垂至背后;有的身穿孝服,并将孝帕从头到脚披裹全身。在丧事结束后的服丧期间,仍需头戴孝帕,但不穿孝服。

[te³⁵mɹ̃ã³¹] "孝子"

逝者的直系和旁系后代子孙。在丧礼中,孝子戴孝帕、穿孝服,祭拜守灵。其中逝者的大儿子为主孝子,手持灵幡,主行各种祭拜活动。

[wã³¹lõ³¹sɛ⁵³] "黄罗伞"

现代兴起的用来吊唁逝者的罗盖纸伞。多为黄色或白色,其功能类似于花圈,但比花圈更显隆重。

7-50 ◆花垣镇兴农园

7-54♦大夯来

[ti⁴⁴tɕʰõ³⁵]"地铳"

  一种装填火药，放在地上，点燃后发出巨响的铁器。多在办丧事时使用，每次连发三响，以告知周边众人此地有丧事，现在已不用，被爆竹取代。

[pɹɯ⁴⁴ntɕ⁴⁴tsɑ⁴²]"纸扎屋"

  用竹篾编扎架子、里外糊满各色彩纸和剪纸的小屋，在丧礼结束后烧掉。

7-53♦花垣镇建设路

7-57 ◆吉卫镇

7-56 ◆铅厂

[tɕi³¹qa³⁵]"定鸡"

"巴代"的一种"法术"。在出殡时,"巴代"口念咒语,把一只活的大公鸡定在灵柩上,让其一路护灵,一直到下葬的地方,鸡都不会飞走或掉下来。

[ja⁴⁴to³⁵sʅ⁴⁴]"撵道师"

在丧礼举行法事的过程中,常常会穿插一些娱神的环节,撵道师即其中之一。由主孝子围绕灵柩追撵主行法事的道师。

[pə⁴²zə⁴⁴kwɛ²²]"打绕棺"

丧礼中道师超度亡魂整个祭奠过程的统称。"打绕棺"的种类有多种,有十王绕、血盆绕、药王绕等类型,依逝者具体情况选择一种。男性亡者通常打"十王绕",女性亡者通常打"血盆绕",因病而亡者则打"药王绕"。另外还有迎灯绕、弥陀绕、香山绕等,男女通用。"打绕棺"的程序大致有请水、开路、请佛、绕棺、安位、报恩、对案、寻狱、破狱、散花、送神、辞灵、发丧、下葬等。

7-55 ◆吉卫镇

7-58◆接溪

[ɴqe⁵³pɛ⁴⁴] "抬棺"

　　逝者出殡时，需挑选身强力壮的男性抬棺。有八人抬的，前后各四人，叫"抬独杠"；有十六人抬的，前后各八人，叫"抬双杠"。

[tɕɛ⁵³qo⁵³] "送葬"

　　把逝者的灵柩送到埋葬地点。按传统习俗，送葬的时间一般选在天刚蒙蒙亮的时候。在道师的率领下，众孝子和亲友在灵柩前后伴行，一路不断撒纸钱"买路"，不断放鞭炮"开路"。

7-59◆吉卫镇

7-60◆花垣镇兴农园

[ʎĩ⁵³ntã³¹qʰu⁴⁴ntsei⁵³] "敬棺神"

在灵柩下葬前，道师要在墓地焚烧纸钱和芝麻秸秆来敬棺神，为逝者和孝家祈求福佑。

[po³¹qʰu⁴⁴] "下葬"

将灵柩放进墓穴中。在下葬过程中，灵柩必须平稳落下，否则认为会让逝者不安。灵柩落地后抽出粗绳，搬走大扛，等待填土。

7-61◆吉卫镇

7-62◆花垣镇兴农园

[pɹɔ³⁵ji⁴⁴lu³¹ntso⁵³] **"撒衣禄米"**

灵柩下葬后，道师给跪在墓穴边的孝子撒混有硬币的生米，寓意逝者把衣食福禄留给后代。道师边往孝子的孝衣里撒衣禄米，边诵撒米词，如"昔日西天去取经，带得金砂米二升。手拿金米撒向东，子孙万代入朝中；手拿金米撒向北，子孙代代佐朝国；手拿金米撒中央，库满金银仓满粮""米撒上，富贵荣华家兴旺；米撒下，百子千孙多发达"。

[te³⁵mɹã³¹pʰɛ³⁵pɹei⁴⁴ntsei⁵³] **"孝子三锄"**

为棺木填土时，主孝子要"大哭三声，报答亲恩"。这时主孝子要双腿或单腿跪在棺材上，挖三锄头土盖在棺盖上，每挖一锄哭喊一声"爹"或"娘"，叫"孝子三锄"。三锄过后，众人才动手填土造坟。

7-63◆吉卫镇

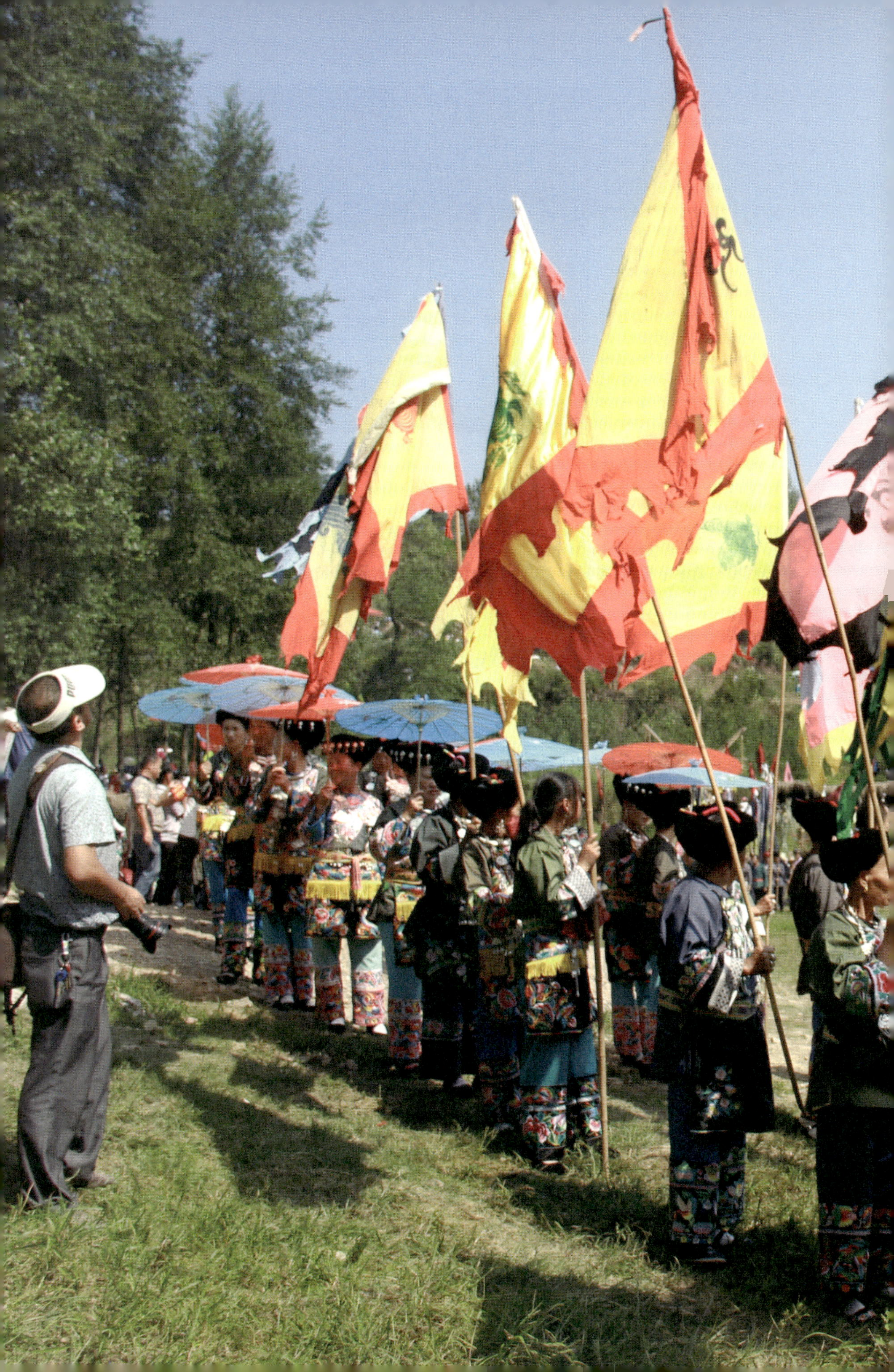

捌・节日

花垣苗族人民不仅以勤劳勇敢著称,而且形成了丰富多彩的节日文化。其节日有的跟汉族相同,如春节、元宵节、清明节、端午节,这些节日的习俗跟当地汉族的习俗基本相同,应是受汉族影响产生的。有的是本民族的节日,如苗年、三月三、四月八、樱桃节、赶秋节等,是历史上形成的自己的节日,富有民族特色。

苗年是各地苗族一年中最为重要也最盛大的节日,相当于汉族的春节。各地过苗年的日子不完全统一,花垣苗族传统上大致以每年冬至日为苗年,但因为与汉族的春节时间接近,现在跟春节合二为一了。过苗年时家家户户宰年猪、打糍粑、酿米酒、磨豆腐。家中清扫一新,贴春联,挂灯笼,男女老少穿戴一新,村村寨寨放鞭炮、跳鼓舞、唱苗歌、吃长桌宴、喝串寨酒、祭祖宗、敬年神、开财门、烤年火、拜新年,到处洋溢着喜庆、祥和的节日气氛。

除了过苗年之外,传统节日中最重要的就是农历立秋当天的赶秋节。如果说苗年体现的是世俗生活,赶秋就是以娱乐表演为主要内容的艺术盛宴,是庆祝丰收的合族

狂欢。赶秋节当日，开阔的秋场周围人山人海。秋场中，轮番表演，有八人秋千，椎牛，上刀梯，祭五谷神，跳司刀绺巾舞、接龙舞、都乐舞，还有舞龙、舞狮、演绝技、玩花灯、耍武术，各种传统技艺目不暇接，锣鼓唢呐，一片喧腾，花团锦簇，热闹非凡。

每年农历五月初五日是当地苗、汉人民共有的传统节日端午节。赛龙舟是端午节传统的竞技活动，多在湘西边城茶洞古镇的清水江上举行。赛龙舟过后的抢鸭子，是一项具有民族特色的娱乐活动。在端午节，人们还要吃粽子，喝雄黄酒，是苗、汉人民共同的习俗。

花垣苗族丰富的节日，可以调节生活、维系亲情、赓续传统、寄托希望，体现了人民积极、乐观的精神。受汉族影响，现在许多苗族村寨逐渐以春节代替苗年，但过苗年的种种形式和内容仍然保留着。近年来为振兴苗族文化、发展文化旅游，由花垣县政府组织开展苗年、端午节、樱桃节、赶秋节等节日活动。2016年花垣苗族赶秋被列入联合国教科文组织人类非物质文化遗产代表作名录。

一、春节（苗年）

8-1 ◆金龙

[tso⁴²mpe²²]"打糍粑"

春节（苗年）是一年中最大的节日，家家都要打糍粑准备过年。方法是把糯米蒸熟后，倒入粑臼，由两到三人用木粑槌捶打，直至把糯米饭击打成饭泥，看不见饭粒。把糯米舂成饭泥后，就开始 [tɕi⁴⁴ɕe³¹qwei³⁵]"搅糍粑"，即用粑槌在粑臼里朝同一方向转动，将饭泥全部缠在粑槌上，然后将饭泥团取出来放在干净的容器里，趁热 [mɹə⁴²mpe²²]"捏糍粑"，把打好的饭泥团揪成一坨一坨的，团成一个个圆团，排放在桌子或长凳上，用另外的桌子、长凳将小圆团压扁。经过这些工序，糍粑就做成了。刚做好的糍粑趁热吃口感最好，放凉后就硬了，需要加热再吃。

8-2 ◆金龙　　　8-3 ◆板栗寨

[pə⁴²mpa⁵³tɕɛ³⁵] "宰年猪"

8-4 ◆鸡坡岭

为过年而宰杀肥猪。以前生活贫困，少有人家能宰猪过年。现在生活水平提高了，很多人家都能宰年猪。宰年猪要在年前腊月择吉日进行。部分鲜肉供过年吃，大部分腌制成腊肉。宰完年猪后要请亲戚邻居一起吃饭，分享新鲜的年猪肉。

[kwa³⁵tei⁴⁴lõ²²] "挂灯笼"

过年之前，把大红灯笼挂在大门口，体现节日的喜庆、新年的红火。

8-5 ◆杉木

8-8 ◆金龙

8-6 ◆雅桥

[ci³¹tsu⁵³ɕɛ⁴⁴] "祭祖先"

大年三十前几天要祭祀祖先神灵。在家中祖先神位前,或在野外祖先亲人的墓地上,摆放酒、肉、糍粑、豆腐等过年时吃的主要食品,焚烧香烛纸钱,祷告祖先神灵,祈求保佑全家吉祥平安。

[ʂei⁵³tʰẽ⁴⁴ʌɤ²²] "写春联"

在大红纸幅上书写庆贺新春的对联。

[ɴqu⁴⁴tɕɛ³⁵] "拜年"

正月初,各家都要向长辈亲戚拜年。一般在正月元宵节之前拜年,过了元宵节年就过完了,再拜年就被视为不敬。新春路上,肩挑手提拜年礼物的人络绎不绝,欢声笑语,一路喜气。

[pa⁴⁴tʰẽ⁵³ʌɕɛ²²] "贴春联"

过年之前，各家把写好的春联贴在院门、大门和窗户上。

8-7 ◆ 十八洞

[ʌ̊ʰe⁵³tɕɛ³⁵] "团年饭"

除夕晚上，在外地的人都要赶回家团聚，一起吃团年饭，全家人和和乐乐，热热闹闹。有时全寨的村民一起团聚，共吃长桌宴，更是热闹非凡。

8-10 ◆ 铅厂

8-9 ◆ 铅厂

二 元宵节

8-13 ◆芷

[wu⁴⁴sʅ³¹tsʅ⁵³] "舞狮子"

元宵节常见的传统民俗活动之一。一般需四人配合进行，两人披戴用竹篾和布扎好的狮子舞动，另外两人戴着面具，分别扮演罗汉和猴子摇扇子、耍绣球。其他的人则敲锣打鼓助兴。舞狮子一般在平地进行，技艺高超的可在叠起丈余的桌子上面上下翻滚，腾挪跳跃。

[wu⁴⁴zõ⁴²] "舞龙"

元宵节常见的传统民俗活动之一。龙灯用竹篾扎成，包以绸布，再绘上龙鳞。龙身装有等距离的木柄用以持举。舞龙时一人持球形彩灯在龙头前领舞，其他人手持木柄跟随龙头，表演扭、挥、仰、跪、跳、摇等各种动作。

8-12 ◆窝勺

三 清明节

8-15 ◆夜郎坪

[o³⁵ntə⁴⁴ntsei⁴⁴mĩ⁴⁴] "清明祭"

  规模较大的上坟活动。全家或者一个大的家族，置办酒肉、果蔬和香烛、纸钱等祭品，祭祀共同的祖先。

[o³⁵ntə⁴⁴ntsei⁵³] "上坟"

  清明节是十分重要的节日，上坟则是清明节的主要活动。清明前后各家都要到逝去亲人的坟前上坟，燃烧香烛纸钱，插上各种彩色纸扎，表达对逝去亲人的怀念。

8-14 ◆夜郎坪

花垣苗语 · 捌 · 节日

8-16 ◆夜郎坪

8-17 ◆夜郎坪

[tɑ⁴⁴pɛ³¹qo³⁵ntsei⁵³] "修坟"

除去坟边的杂草，并疏通四周的坟沟，往坟上添加新土。

[tɕi⁴⁴tɕɯ³¹pʰei⁴⁴] "立碑"

在逝去的亲人坟墓前立墓碑，多选择在清明节进行。

[tɕã⁵³qwei⁴⁴ntə²²] "放纸鹰"

[qwei⁴⁴ntə²²] 即风筝。在天朗气清的清明时节，放纸鹰是儿童最喜爱的户外娱乐活动。

8-18 ◆花垣镇

四 端午节

8-20 ◆茶洞

[mpa³¹lõ³¹ŋtɛ²²] "赛龙舟"

赛龙舟是端午节传统的竞技活动。多在湘西边城茶洞古镇的清水江上举行，临江的吊脚楼便是观看龙舟比赛的最好位置。

[lõ³¹ŋtɛ²²] "龙舟"

像龙形的木船。船形狭长，有的还把船头、船尾分别做成翘起的龙头和龙尾形状，在船身上绘龙鳞纹，十分逼真。主要用于端午节的龙舟比赛。

8-19 ◆茶洞

[tɛ⁴⁴wu³¹tɕi⁴⁴tʰei³⁵no³¹ʂɔ⁴⁴] "抢鸭子"

　　端午节传统的特色娱乐活动。鸭子是苗族的吉祥物，在龙舟比赛结束后，将一群鸭子扔到水面上，船上和河边的人便跳入河中，争抢受惊乱窜的鸭子，谁抢到归谁，抢到鸭子预兆吉利。

[pi⁴⁴pɹɑ³⁵] "粽子"

　　用粽叶包裹糯米煮熟食用的食物，是端午节必不可少的传统食物。有时还把煮好的粽子挂在堂屋敬奉祖先神灵，也体现生活的丰足美满。

8-22 ◆卧大召

8-24 ◆花垣镇步行街

[çõ²²hwã²²] "雄黄"

  一种硫化物类矿物，呈浅橘红色，可作为药物。在端午节，人们常用研磨成粉末的雄黄泡在白酒中饮用，给小孩的脸上和额头上点雄黄酒，认为这样会百病不生、百毒不侵。还可以把雄黄撒在墙脚，避免蛇虫爬进屋内。

[sə⁴⁴pi⁴⁴pɹɑ³⁵] "包粽子"

  用宽大的新鲜箬叶包裹浸泡过的糯米，再用撕成细长条的棕树叶子绑扎捆紧，就成为粽子。在糯米中还可以根据个人的口味，加上蜜枣、腊肉丁等做成不同口味的粽子。

8-21 ◆茶洞

8-23 ◆板栗

花垣苗语　捌·节日

五 赶秋节

8-25◆十八洞

[ce⁵³tɕʰɯ⁴⁴]"赶秋"

立秋时欢庆丰收的重要传统节日。每年立秋当日，人们都要放下农活，身穿节日盛装，呼朋唤友兴高采烈地从四面八方涌向赶秋的场地——秋场，参加或观看各种文娱活动。现在花垣全县每年的赶秋节活动，都由政府部门统一组织举办，各地轮流做秋场，场面更大，内容也更加丰富。花垣苗族赶秋已随中国二十四节气一起列入联合国教科文组织人类非物质文化遗产代表作名录。

8-26◆十八洞

[ci⁴⁴qwei³¹nɯ³¹qwei³⁵nõ⁵³]"祭五谷神"

赶秋节活动之一。为求五谷丰登，赶秋时要请[pa⁵³te³⁵]"巴代"祭祀主管五谷的神灵。祭祀时摆上稻谷、麦子、大豆、玉米、薯类五种粮食和猪、牛、羊三牲，以及酒、水果等供品。"巴代"口念咒语，感谢并祈求五谷神，同时[mpə⁴⁴kʰa⁵³]"打筶"占卜吉凶，之后焚烧纸钱恭送五谷神。

8-29◆卧大召

8-28◆卧大召

[pɑ⁴⁴ʐei⁴⁴tɕʰɯ⁴⁴]"八人秋"

一种能坐八人的大型秋千。在稳固的木架上安装一个车轮形状、能旋转的构件，轮状构件上吊八个单人坐的座板，人坐在上面，由人推动轮子，时转时停。当秋千停止转动时，秋千顶上的人被罚唱歌。坐"八人秋"是每年赶秋节必不可少的娱乐活动。

[ɳtɕʰɯ⁵³ntei⁴⁴]"上刀梯"

传统"法事"和绝技，也是赶秋节必备的节目。在平地竖一根十多米高的木柱，四面拉绳固定。木柱两面嵌有刃口向上的砍刀36把，距离一尺设一刀。"巴代"或其他表演者在祭祀祷告后，徒手赤脚攀上刀梯，表演各种动作，上到顶端后腹卧柱顶钢叉，做大鹏展翅状并旋转数圈，身体发肤无损。

[nõ⁴²ɳe³⁵]"椎牛"

直译为"吃牛"，是花垣苗族祭祀活动中最盛大、最隆重的一项还愿仪式。以前如果家中有人重病，或者中年无子，民间认为是牛鬼作祟，需许椎牛大愿，病愈或得子后，需椎牛还愿。椎牛还愿现在已罕见，但在赶秋节当日，仍举行古老、传统的椎牛活动。挑选精壮公牛一头，在开阔的场地中央竖起一根椎牛柱，用麻绳穿牛鼻，系上篾圈，套在椎牛柱上。众后生手持梭镖站成一圈，用梭镖轮番椎刺牛的肩胛处。牛被椎倒毙命后，众人瓜分牛肉，互致吉祥。

六 其他节日

[cʰa⁴⁴tʰẽ⁴⁴ṣe³⁵] "开春社"

　　[tʰẽ⁴⁴ṣe³⁵] "春社"是立春后的第五个戊日，俗称社节，是祭祀社神（即土地神）的节日。当地常在这天举行古老的祭祀活动，叫开春社。单户人家开春社，是在自家堂屋挖一小洞，洞内放一杯茶和一些铜钱，列供品，焚烧香烛纸钱祭祷祈福，然后用土将茶杯、铜钱封在洞内（见图 8-30）。如果是村寨开春社，就在村寨的土地庙前面进行（见图 8-31）。

8-31 ◆潮水

8-30◆铅厂

8-32◆夜郎坪

[ʂe³⁵hwɛ³⁵]"社饭"

在社日或开春后，当地有吃社饭的习俗。社饭是用鲜嫩的野蒿菜与腊肉丁、野胡葱、花生加猪油翻炒，再跟糯米拌匀蒸熟食用。社饭本是祭祀社神的供品，现在已成为家常美食和传统药膳。

[tɕã⁵³pɹo⁵³ɕɛ³⁵tɕi⁵³nə²²u³⁵]"放河灯"

河灯是用防水纸或塑料做成荷花状，中间放置蜡烛并点燃的灯。在中元节晚上，人们常常点燃河灯，放在流动的水面上，任其漂流，表达对逝者的悼念、对生者的祝福。

8-33◆茶洞

花垣苗语 捌·节日

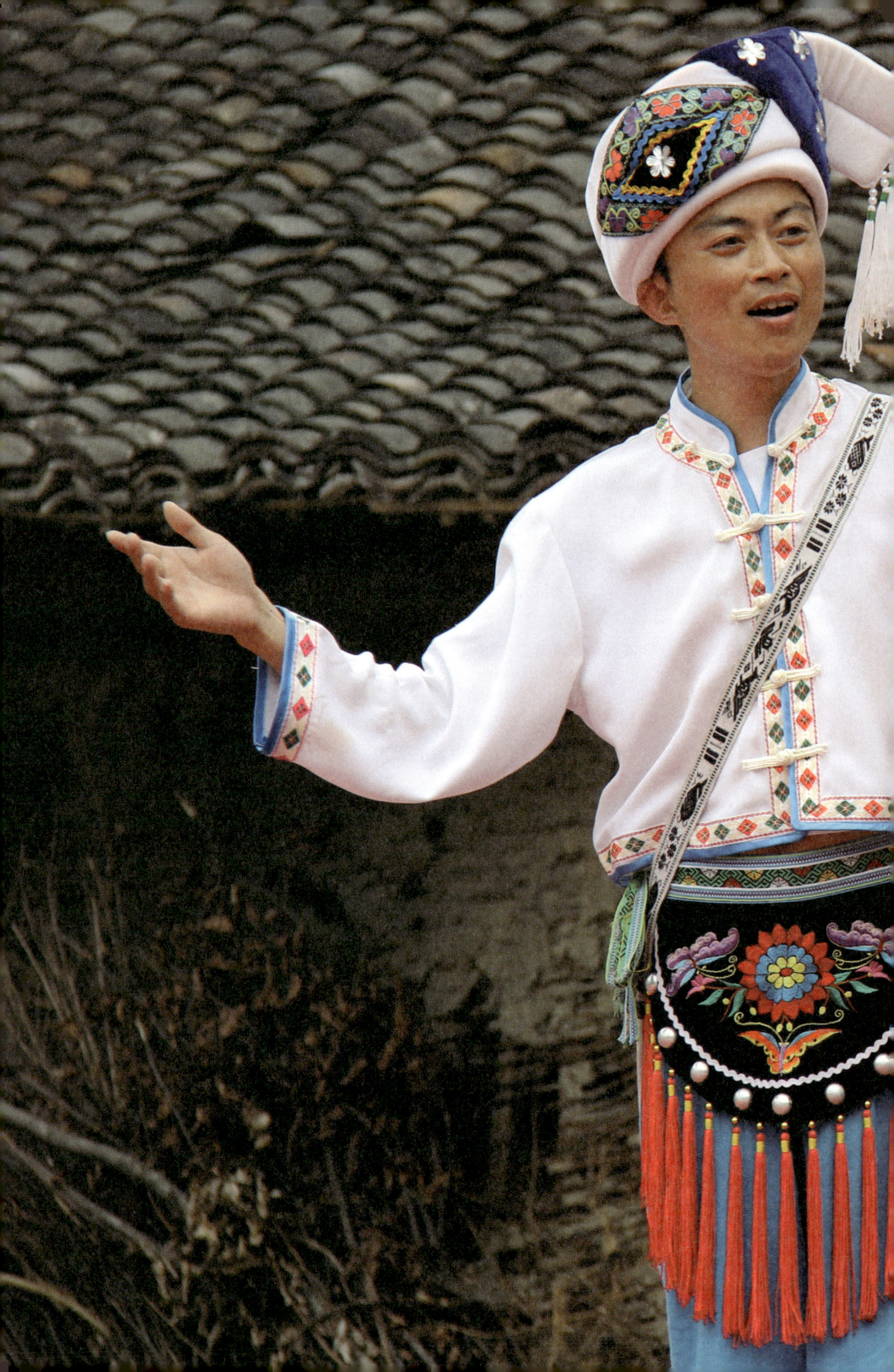

玖・说唱表演

苗族是一个历史悠久的民族，又是一个乐观开朗、机智风趣的民族。在长期的社会生活、生产劳动中，花垣苗族形成了丰富多彩、独具特色、凝聚着民族经验智慧的语言艺术形式。这些以花垣苗语为载体、以花垣苗族生活为内容的艺术形式，是花垣苗族语言文化的重要内容。为反映花垣苗族语言文化的独特魅力，本章把这些口耳相传、难以通过图片表现的语言艺术择要收录于此，以音像的形式予以展现。

本章包括口彩禁忌、俗语谚语、歌谣、戏剧、故事五个部分。

花垣苗族有极其丰富、生动的俗语谚语，本书按谚语、歇后语、谜语的顺序排列。这些俗语谚语口语性强、通俗易懂，反映了劳动人民生活实践经验，表达出深刻的道理、哲理，意味无穷，令人回味、深思，是人民经验智慧的集中反映。

苗族人民自古能歌善舞，民歌是十分普遍的艺术形式。苗语把能创作并演唱苗歌的人称为"歌师"，把不能创作、只能演唱苗歌的人称为"歌手"。民歌声腔有高腔、平腔等，内容有情歌、工夫歌、接亲送亲歌等。而"谣"则有顺口溜、童谣、摇篮曲等。

相对于历史悠久的民族歌舞而言,民族戏剧却是一种很年轻的表演艺术。花垣苗族戏剧叫 [ɕi³⁵ɕõ³⁵] "苗剧"(或"苗戏"),是湖南19个地方戏曲剧种中最年轻的戏剧剧种。苗剧诞生于花垣县麻栗场乡,后流传到湘西其他苗族地区,风行一时,但现在苗剧已失去过去的辉煌,有所衰退。花垣县有专业的苗剧团,承担创作和上演苗剧、传承民族戏剧的任务。在民间,有吉卫镇莲花山村村民麻昌文的业余苗剧团,组织民间一批热爱苗剧表演的村民,非常执着地创作苗剧,经常走村串寨演出苗剧,在湘西苗族地区颇有影响。花垣苗剧已列入湖南省级非物质文化遗产代表性项目名录。

花垣苗族流传许多民间故事。这些民间故事是根据特定的历史文化传统、自然环境、社会生活经历创造出来的。这些表现人民生活和思想的口头文学作品,内容丰富多彩并且有极其宝贵的文学价值。它们以幻想和虚构的情节,寓褒贬于其中,具有浓厚的情趣,为人们喜闻乐道,并且为社会、历史、民族、语言等学科的研究提供了珍贵的资料。

一口彩禁忌

1. pɹɯ⁴⁴ qɔ⁵³ "棺材"
   房屋 老

2. tʰa⁵³ a³¹tɕa⁴⁴ a³¹ma⁴⁴ mõ²² tɕu²² "（人）死了"
   找 阿爹 阿娘 去 了

3. qa⁵³ mpɯ²² pɹɯ⁴⁴ nõ⁴² ta⁵³ho⁵³ tsʰa³⁵ "他家有丧事"
   去 他 家 吃 豆腐 菜

4. tɕe⁵³ ntsʰa³⁵ "生病"
   不 舒服

5. me⁴² te³¹te³⁵ "怀孕"
   有 毛毛

6. me⁴² nɯ³⁵ me⁴² nõ⁵³ "怀孕"
   有 稻谷 有 小米

7. pə⁵³ "性交"
   睡觉

8. te³¹te³⁵ l̥a⁵³ "月经"
   小小 月

9. te³⁵ nõ³¹ "男阴"
   小 鸟（鸭）

10. qo³¹ʎɤ³¹ ne³⁵ "女阴"
    井 人

272

二 俗语谚语

1. kwɑ⁵³ tɕu²² pe³¹lu³⁵ ŋã⁴² pə³¹ nɯ³⁵, kwɑ⁵³ tɕu²² hɛ³¹lu³⁵ ʌu³¹ ntsa³¹ ʐɯ²².
   过 了 白露 时 打 谷子 过 了 寒露 摘 茶籽 油

   过了白露打谷子，过了寒露摘油茶籽。

2. ntsɑ⁵³ kʰo³⁵ ɕi⁴⁴, ne⁴² kʰo³⁵ ʌʰe⁵³.
   庄稼 靠 肥 人 靠 饭

   庄稼靠肥养，人靠饭养。

3. tɕe⁴² pi⁴⁴ ʌe³¹ ʌu⁴⁴, to³⁵ tɛ⁴⁴ ʌe³¹ ntɕu⁴⁴.
   结 果 要 摘 瓜秧 长 要 移栽

   果树长苞要摘苞，瓜秧发芽要移栽。

4. ʐei³¹ ʐe³⁵ nã³¹ ku⁴⁴, to⁵³ ɲu³¹ lɑ³⁵ tɕu²².
   菜 椿 如 斗笠 播 种 晚 了

   椿菜斗笠大，播种就晚了。

5. tɕʰi⁴⁴mĩ³¹ tɕu²² ce⁴⁴, ku³¹ʐi⁵³ tɕu²² mpe⁵³.
   清明 结束 冰 谷雨 结束 雪

   到了清明断了冰，到了谷雨断了雪。

6. mɹɯ²² tɕi⁴⁴ntɛ³⁵, nõ³¹ mpa⁵³ tɛ⁴⁴.
   鱼儿 跳 雨 间隙 到

   鱼儿跳，阵雨到。

7. pɑ⁵³tɑ²² tʰu⁴⁴ u³⁵, qʰa⁴⁴ tɑ³¹ tɑ³¹ntɕu³⁵.
   蜻蜓 点 水 旱 死 蝗虫

   蜻蜓点水，旱死蝗虫。

8. tɕʰi⁴⁴mĩ⁴⁴ pu³⁵ ta⁵³ ȵa³⁵ kwei³⁵ʐã³¹, ɬei⁴²ɕa³⁵ pu³⁵ ta⁵³ qu⁵³qu²² ȵa³⁵.
   清明　三　早　叫　阳雀　　立夏　三　早　布谷　叫

   清明早三天阳雀叫，立夏早三天布谷鸣。

9. qɑ⁴⁴ntsɔ⁴⁴ pɹa³¹n̥e³⁵ ntɕʰi⁵³ ɬev³¹ ta⁴² nõ³¹, m̥ã⁵³tɕo³¹ ntɕʰi⁵³ pɹa³¹n̥e³⁵ ɬe³¹ te⁵³ te²².
   清早　　天　　红　要　下　雨　晚上　　红　天　　要　断　晴

   清早天红要下雨，傍晚天红要断晴。

10. qe³⁵l̥a⁵³ pu²² sɔ³⁵ ɬev³¹ ta⁴² nõ³¹, ta³¹ʑɔ³¹ wa³¹ n̥ev³⁵ ɬev³¹ pa⁴⁴ te²².
    月亮　　披　蓑衣　要　下　雨　虹　　绕　太阳　要　出　晴

    雾绕月亮（月晕）要下雨，彩虹绕日（日晕）要转晴。

11. pi⁴⁴qɔ²² pɔ⁵³ hɔ³⁵ ɬev³¹ ta⁴² nõ³¹, qo³⁵tõ³¹ pɔ⁵³ hɔ³⁵ ɬev³¹ pa⁴⁴ te²².
    山头　　起　雾　要　下　雨　　洼地　　起　雾　要　出　晴

    山头起雾要下雨，山洼起雾要转晴。

12. ɑ⁴⁴ te²² tə²² tɕɑ⁴⁴ o³⁵, ɑ⁴⁴ le³⁵ te³⁵ tɕɑ⁴⁴ ʂa³⁵.
    一　根　柴　不好　烧　一　个　儿　不好　教

    一根柴不好烧，一个儿不好教。

13. pi⁴⁴tə²² tə⁴⁴, ne⁴² qʰa⁵³ lɔ²².
    柴火　　笑　人　客　来到

    柴火笑（柴火燃烧时发出呼呼的声音，像人的笑声），客人到。

14. te³¹te³⁵ tɕi⁴⁴ n̪ɛ²² nõ⁵³, ne⁴² qo⁵³ tɕi⁴⁴ n̪ɛ²² ɕi³⁵.
    伢儿　　不　知道　冷　人　老　不　知道　饿

    孩儿不知冷，老人不知饿。

15. ɬev⁵³ qwə³⁵ ti⁵³ ta⁴² me³⁵ le³⁵pə²².
    饭　白　总　搭　有　谷子

    白饭中总夹有谷子。（意为任何事情都不可能十全十美。）

274

16. ȵ̥ɔ³¹ sɔ³⁵ tɕe⁵³ ta³⁵ nõ³¹, ȵ̥ɔ³¹ zõ³⁵ tɕe⁵³ pu²² u³⁵.
    多 雷 不   下 雨   多   龙   不 带 水

   雷多不下雨，龙多不带水。（意为人多了反而做不成事。）

17. tɕã⁵³ n̥a⁴² kʰo³⁵ zu⁵³ qwɯ⁴⁴, tʰu⁴⁴ ne⁴² kʰo³⁵ zu⁵³ ɯ⁴⁴.
    赶   肉   靠   好   狗   做   人   靠   好 妻

   打猎靠好狗，做人靠贤妻。

18. pɹɯ⁴⁴ wa³¹ ntɕʰa⁵³ nõ³¹ tõ⁴⁴, pɹɯ⁴⁴ ntsʰɯ⁴⁴ ntɕʰa⁵³ nõ³¹ mpɑ⁵³.
    屋   瓦   怕   雨   久   屋   草   怕   雨   间隙

   瓦房怕久雨，茅屋怕阵雨。

19. pɹɯ⁴⁴ ʑe³¹ pɛ⁴⁴ ʑe³¹ kʰɔ⁴⁴, tə²² ʑe³¹ wa³¹ ʑe³¹ pɹɔ⁴⁴.
    家   越   搬   越   穷   火   越   拨   越   熄

   家越搬越穷，火越拨越熄。

20. ta⁵³ nõ³¹ ɕa³¹ zõ³¹ pɹɯ⁴⁴, tə³¹ sɔ³⁵ ntu⁵³ we²² tu⁴⁴.
    下   雨   通   沟   屋   炸 雷   戴   锅   斗

   下雨才通屋沟，响雷才戴斗笠。

21. ɑ⁴⁴ ŋu²² cĩ³⁵ mjə⁴² ɕã⁴⁴ ɑ⁴⁴ wɛ²² ʑei³⁵.
    一   只   虫   败   坏   一   锅   菜

   一只虫子坏了一锅菜。

22. tə⁴⁴ qa³⁵ zu⁴² tɕi⁴⁴ to⁵³ ŋ̃ã²².
    皮   鸡   蒙   不   得   鼓

   鸡皮蒙不得鼓。（意为不是那块料。）

23. ta³⁵tɕɔ⁴⁴ ta⁴⁴ qhu⁴⁴ to³¹ ta³¹zõ³¹ pʰɔ³⁵.
    虎   落   岽   被   羊   顶

   虎落平地被羊欺。

24. pa⁴⁴ mo³⁵ qɔ⁵³ ta⁴⁴ tɕʰɛ⁴⁴ pɹɯ⁴⁴.
 公 猫 老 掉 檩子屋

 老公猫也会掉下屋檩子。（比喻老手也有失误的时候。）

25. pʰɹɔ³⁵ sɯ⁵³na⁴² kã³¹ ta³⁵ʐu²² tõ⁵³.
 吹 唢呐 给 黄牛 听

 对牛弹琴。

26. ne⁴² pə³⁵ nõ²², me²² pə⁴² ʂu⁴⁴.
 人 打 生 马 打 熟

 人越打越生疏，马越打越亲热。

27. ʐu⁵³ ŋõ⁴² tɕi⁴⁴ ȵtɕʰa⁵³ pi⁴⁴te²² o³⁵.
 好 银 不 怕 火 烧

 好银不怕火烧。

28. a⁴⁴ tei³⁵ mɔ⁴⁴ɕu⁴⁴ ŋu²² tɕi⁴⁴ to⁵³ a⁵³ tɕʰo⁴⁴ ʐei³⁵ ʐu²²,
 一 把 镰刀 割 不 得 一 挑 草 牛

 a⁴⁴ tei³⁵ qo³⁵kʰo⁴⁴ pʰə³⁵ tɕi⁴⁴ to⁵³ pɹõ²² a⁴⁴ le³⁵ qo³¹ɕə³⁵.
 一 把 挖锄 挖 不 得 出 一 口 水井

 一镰刀割不了一担牛草，一锄头挖不出一口水井。

29. ta⁴⁴qa³⁵ tã³¹ tɕi⁴⁴ tɛ⁴⁴ qo³⁵ta⁵³.
 鸡 肥 不 到 爪子

 鸡再肥也肥不到爪子。

30. ta³⁵tɕɔ⁴⁴ pi⁴⁴qə²² tei⁵³ me⁴² nõ⁴⁴ Nqwe³⁵ nã⁴⁴ qo³¹ŋã³⁵.
 老虎 山 也 有 忘记 瞌睡的 时候

 山上的老虎也有打盹的时候。

31. ne⁴² tɕi⁴⁴ kwei³⁵ a⁴⁴ kɯ⁴² pɛ⁴⁴, mɹɯ²² tɕi⁴⁴ kwei³⁵ a⁴⁴ le³⁵ we²².
人 无法 逃脱 一 副 棺材 鱼 无法 逃脱 一 口 菜锅

人免不了进棺材,鱼免不了下菜锅。

32. tã²² ne⁴² tɕe⁴⁴ kʰo⁴⁴, ȵɛ³¹ ne⁴² tɕe⁴⁴ ʎɔ⁵³.
招待 人 不会 穷 偷窃 人 不会 富

招待客人不会穷,偷窃别人不富。

33. qo³¹ ɕõ³⁵ nã⁴⁴ ʑʰe⁵³, qo³⁵ tã²² nã⁴⁴ ɴqa⁵³.
苗族 的 饭 汉族 的 钱

苗族人不吝惜饭,汉族人不吝惜钱。

34. a⁴⁴ m̥ʰã⁵³ kwa⁵³ tɕɛ³⁵ qa⁴⁴ ta²²ɕo⁴⁴— mpɛ⁴² tei⁵³ tɕe⁵³ ʎe³¹ mpɛ⁴².
一 晚 过 年 借擂钵 想 都 不要 想

除夕晚上借擂钵——想都不要想。

35. ta³⁵qwɯ⁴⁴ tei⁵³ qa³⁵ ne⁴² sa⁵³ ntso⁵³— qa⁵³ tɕi³⁵ tei⁵³ pei³⁵ ɕi²².
狗   总 咬人 讨米 往哪都 背时

狗咬叫花子——到哪里都背时。

36. ta³⁵tu⁴⁴ ȵɛ⁴⁴ ta³¹qa³⁵ — tʰu⁴⁴ zã³⁵tsʅ⁵³.
野猫 哭 鸡   做 样子

野猫子哭鸡——做样子。

37. ta³¹so³⁵ tsa⁴⁴ ntɕɯ²²— pei²² ta³¹ pei²² sei³⁵.
雷公 看见 盐 怕 死 怕 极 苗族认为雷公最怕盐。

雷公看见盐——怕得要死。

38. ta³⁵zu²² ʂa³¹ ta³⁵me²² nõ⁴² zei³⁵— to⁵³ mõ⁴² to⁵³ me³¹.
牛 教 马 吃草 得脸得脸

牛教马吃草——好出风头。

39. ce⁴² ə⁴⁴ tɕi⁵³nõ²² nɯ²² tɑ³¹te³⁵qwɯ⁴⁴— tɕi⁴⁴ qʰɛ³⁵ tʰu⁴⁴.
    隔　衣　棉絮　　捉　跳蚤　　　白费　力　做

　　隔着棉衣捉跳蚤——白费力气。

40. tɕi⁴⁴qɯ³¹ tɑ³¹mo³⁵ hu⁴⁴ u³⁵ pɹɑ³¹— tɕi⁴⁴qɯ³¹ ne⁴².
    哄骗　　　猫儿　　喝　水　酸菜　　糊弄　　　人

　　骗猫儿喝酸汤——糊弄人。

41. ho⁴⁴ɕã³⁵ tʰu⁴⁴ qo³⁵zɑ³¹— tɕe⁵³ me³⁵ zõ³⁵.
    和尚　　　捡到　梳子　　　没　有　用处

　　和尚捡到梳子——没有用。

42. tɑ³⁵nẽ²² kõ³¹ ce³¹ ɲe³⁵— tɕe⁵³ me³⁵ ne⁴⁴kɯ⁴⁴ pɹõ²².
    老鼠　　　钻　　角　水牛　　没　有　　路　　　出

　　老鼠钻牛角——没有出路。

43. te³¹ to³¹ nɛ³⁵ ʎny⁴⁴— ʐɯ²² ɲtɕe³⁵.
    小　瓜　难　摘　　　窝　蜂子

　　小瓜难摘——蜂窝。

　　te³⁵ me²² ne⁵³ ntsã⁵³— tɑ³⁵tɕə⁴⁴.
    小　马　难　骑　　　老虎

　　小马难骑——老虎。

　　ɕi⁴⁴mpɛ⁴² ne³¹ tɛ³⁵— tɑ³¹nẽ³⁵.
    花带　　　　难　系　　　蛇

　　花带难系——蛇。

44. ŋã³¹ u³⁵ te³⁵ mɹɯ²² ɑ⁵³ ɲtɕʰɑ⁴⁴ me³¹— tɑ³¹qə³⁵.
    里　水　小　鱼　　一　张　　　脸　　　田螺

　　水里小鱼一张脸——田螺。

pi⁴⁴qə²² te³⁵ ʐu²² a⁵³ ntɕʰa⁴⁴ ta⁵³—ŋkɯ³⁵.
山中　小牛　一只　　脚　蘑菇

　　山中小牛一只脚——蘑菇。

45. ɯ³¹ le³¹ te³⁵ mpe⁴⁴ n̠i³⁵ ŋã³¹ wɛ²²,
　　两个小粑　在　里　锅

a⁴⁴ le³¹ ɕɔ⁴⁴, a⁴⁴ le³¹ tsɛ²²—ŋ̊ʰe³⁵, l̥ʰa⁵³.
一　个　热，一　个　冷　　太阳　月亮

　　两个小粑在锅里，一个热，一个冷——太阳，月亮。

46. kɯ⁴⁴ nə²² qo³¹ne³⁵ ca²²,
　　面　前　人　　　傻子

ca⁵³ ŋtõ³⁵ tɕi⁵³ ŋkʰu⁴⁴ ɴqwa⁴⁴,
中　间　使　弯　背

kɯ⁴⁴ tɕi⁵³ tsʰã³⁵ ku⁴⁴ tsʰã³⁵ ta²²—ʂu⁴⁴ lu⁵³.
面　后　唱　古　唱　汉　犁地

　　前面一个傻子，中间一个驼背，后面一个唱歌的——犁地。三句分别指拉犁的牛、弯曲的犁辕、吆喝赶牛的人。

47. a⁴⁴ ŋu²² te³⁵ nõ³¹ tɯ⁴⁴ʎu²² u³⁵,
　　一只　小鸟　蒸气　水　"蒸气水"，形容鸟小如蒸气的水珠。

a⁴⁴ m̥ʰã⁵³ hu⁴⁴ tɕu²² a⁵³ ce⁴⁴ u³⁵—pʐo⁵³ cɛ³⁵.
一　夜　喝　完　一　湖　水　　灯　油

　　一只小鸟如水珠，一夜喝完一湖水——油灯。

48. ɯ³⁵ ŋu²² me²² qwə³⁵ lo⁵³ pã⁵³ ntsʰɯ⁴⁴,
　　两头　马　白　下　坡　草

pʐa³¹ le³¹ te³¹te³⁵ tɕiə⁴⁴ʎe⁵³ nu²²—ʐʰe⁵³ qa⁴⁴ mʐə³¹.
五　个　小孩　帮忙　捉　　擤　屎　鼻子

　　两头白马下草坡，五个小孩帮忙捉——擤鼻涕。

49. ɑ⁴⁴ le³¹ te³⁵ pɹɯ⁴⁴ qwə³⁵ mpei⁴⁴mpei³⁵,
　　一 间 小屋 白　　晶晶

　　tɕi⁴⁴ nɛ²² pɑ⁴²tu³¹ nɪi³⁵ kɑ²² tɕi³⁵— nɯ³¹ qɑ³⁵.
　　不 知 门儿　　在 哪 里 　蛋 鸡

　　　一间小屋白晶晶，不知门儿在哪里——鸡蛋。

50. ɑ⁴⁴ le³¹ qʰu⁴⁴ pɹɑ⁵³ qʰɑ⁴⁴ tɑ²²tɑ²²,
　　一 个 洞　崖　干 巴巴

　　pɹɑ³¹ le³¹ te³⁵ mpʰɑ⁴⁴ mõ²² tɕi⁴⁴tsɑ²²— to⁵³ ɕo⁵³.
　　五 个 儿女　去 玩耍　　穿 鞋

　　　一个山洞干巴巴，五个儿女去玩耍——穿鞋。

51. ɯ³¹ lei³¹ te³⁵ lɑ³¹ pã⁵³ tu³¹ kwei³⁵,
　　两 块 小 田 坡 土 黄

　　qo³⁵pjɛ⁴⁴ ȵʈɔ⁴⁴, tɑ⁴⁴ȵʈõ³¹ tsʰei³⁵— lə⁴⁴qe³⁵.
　　边上　　浊　中间　　清　　眼睛

　　　黄土坡上两小田，边上浊，中间清——眼睛。

52. le⁴⁴ nã⁴⁴ ʂʰɔ³⁵, ntɯ⁴⁴ nã⁴⁴ ʐo⁵³,
　　短 的 多　长 的 少

　　qo⁴⁴l̥ɔ³⁵ tɑ⁵³, qo³⁵ntɯ²² tʰɔ⁵³— qo³⁵tei³¹.
　　脚 踩　　手 抓　　　梯子

　　　短的多，长的少，用脚踩，用手抓——梯子。

53. tɕe⁵³ me³⁵ tɔ⁵³, tɕe⁵³ me³⁵ ntɯ²²,
　　没 有 脚　没 有 手

　　mɹei²²mɹei²²mɹɑ³¹mɹɑ³¹ ntɕʰu⁵³ tõ⁵³ pɹɯ⁴⁴— ntɕo⁵³ tə²².
　　晃晃　悠悠　　　　　上 顶 屋　　烟　火

　　　没有脚，没有手，晃晃悠悠上屋顶——炊烟。

（龙正海讲述，2018年4月19日）

三 歌谣

1. te⁵³te⁵³ ŋa⁵³, pu²² zɯ⁴⁴ qa⁵³.
   伢儿 哭　背　窝　鸡

   伢儿哭，背鸡窝。

zɯ⁴⁴ qa⁵³ tɕʰo⁵³, tã²² tə²² o⁵³.
窝　鸡　破　当　柴　烧

   鸡窝破，当柴烧。

o⁵³ tɕe³¹ ɕi⁴⁴, kə⁴⁴ ȵtɕʰu³¹ tei⁴⁴.
烧　成　灰　拿　种　豆

   烧成灰，来种豆。

ʑʰu³¹ tei⁴⁴ kwõ⁴², tã²² mpʰa³¹tɕʰu⁵³.
种　豆　黄　接　新娘

   豆子黄，接新娘。

mpʰa³¹tɕʰu⁵³ ɕɛ⁵³, kə⁴⁴ ʎɯ²² pɹɯ⁴⁴.
新娘　　新　拿　看　家

   新娘新，让看家。

ʎɯ²² zʅ³⁵ pɹɯ⁴⁴, ntɕʰɯ³¹ ɕi⁴⁴mpɛ⁴².
看　好　家　织　　花带

   看好家，织花带。

ɕi⁴⁴mpɛ⁴² mpõ³¹, ã⁴⁴ ta⁵³zõ⁴².
花带　　花　　接　龙

   花带花蓬蓬，拿去好接龙。

ta⁵³zõ⁴² tɛ⁴⁴, tɯ⁴⁴ pɹɛ³¹pɹɛ⁴⁴.
龙　　到　笑　哈哈

   龙接到，哈哈笑。

281

tɯ⁴⁴ to³⁵ a⁴⁴ le⁵³ qo⁵³ kʰu⁵³ pɹɛ²².
笑　得 一 个　壳蚌

　　笑得像蚌壳把嘴翘。

（龙正海吟诵，2018 年 4 月 20 日）

2. qa³⁵　ka²²tɕi⁵³? qa³⁵　sa⁴⁴ki⁵³.
　 去　　哪里　　去　 三吉

　　去哪里？去三吉。

me³¹ qa³⁵ sa⁴⁴ki⁵³ tʰɯ⁴⁴ ȵtɕɯ³¹ zu³⁵? pə³⁵ qʰu⁴⁴ ntu³⁵.
你　去　三吉　　做　 什么　好　睡　洞　树 洞树：树洞，又作地名。

　　你去三吉做什么？睡树洞。

qʰu⁴⁴ ntu³⁵ tɕi⁴⁴ me³¹ pə⁵³, pə³⁵ kʰu⁵³ qə⁵³.
洞　 树　 没　有　 被子 睡　壳　螺蛳 壳螺蛳：螺蛳壳，又作地名。

　　树洞没被子，睡螺蛳壳里。

kʰu⁵³ qə⁵³ pə³⁵ tɕi⁵³ to³⁵, we²² tɯ³¹ pə³⁵ tɕi⁵³ tə²².
壳　螺蛳　睡　不　得　 我　就　睡　塘火

　　螺蛳壳里睡不得，我就睡火塘。

tɕi⁵³ tə²² ce⁵³, pə³⁵ ce⁵³ ȵe³¹.
塘　火　 烫　 睡　 角　水牛 角水牛：水牛角，又作地名。

　　火塘烫，睡牛角。

ce⁵³ ȵe³¹ za̱²², pə³⁵ qʰu⁴⁴ tso⁵³.
角　水牛　尖　 睡　 洞　 灶

　　牛角尖，睡灶膛。

qʰu⁴⁴ tso⁵³ kʰã²² tɯ⁵³hɯ³⁵, we²² ʁey pə³⁵ tsõ⁴² ntɯ²².
洞　 灶　 炕　豆腐　　 我　要　睡　床　织 床织：织布机，又作地名。

　　灶膛炕豆腐，我就睡织床。

tsõ⁴² ntɯ²² ʎe²² ntɯ⁴⁴ ntei³¹, pə³⁵ mõ³¹ pʰɹei⁵³.
床 织 要 织 布 睡 堂 屋

织床要织布，睡堂屋。

mõ³¹ pʰɹei⁵³ tɕi⁴⁴mpɑ⁵³ hõ³⁵, we²² tɯ³¹ pə³⁵ qʰu⁴⁴ ntsʰõ³⁵.
堂 屋 拥挤 很 我 就 睡 洞 坟_{洞坟：坟洞，又作地名。}

堂屋太拥挤，我睡坟洞里。

qʰu⁴⁴ ntsʰõ³⁵ me⁴² ta⁵³qwõ⁵³, we²² pə³⁵ tɕi³⁵ ɲtɕã⁴².
洞 坟 有 鬼 我 睡 后 墙_{后墙：墙后，又作地名。}

坟洞有恶鬼，我睡墙后。

tɕi³⁵ ɲtɕã⁴² ʂɛ³⁵ la³¹ ʂɛ³⁵, we²² tɯ³¹ pə³⁵ tõ⁴² mpʰa³⁵.
后 墙 高 又 高 我 就 睡 栏 猪_{栏猪：猪栏，又作地名。}

墙后高又高，我就睡猪栏。

to⁴² mpʰa³⁵ me⁴² mpʰa³⁵ qa⁵³, ʎe²² qa⁵³ te⁴⁴ wu⁴⁴ qa⁵³.
栏 猪 有 猪 咬 要 咬 由 它 咬

猪栏有猪咬，要咬由它咬。

qa⁵³ we²² la³¹ ne²² tɕi⁵³ n̪ã²², ʐɯ²² ta⁵³mo⁵³.
咬 我 也 忍 不 住 跟着 猫儿_{猫儿：又作地名。}

咬我忍不住，就跟猫儿跑。

ta⁵³mo⁵³ tɕi³¹ɲci⁴⁴ ɕɛ⁴⁴, we²² tsʅ³¹ ʂɿ⁵³ a³¹ pjɛ⁴⁴.
猫儿 咧 牙齿 我 就 跑 一 边

猫儿把牙现，我就跑一边。

(龙正海吟诵，2018年4月20日)

3. ʂa³¹ mõ³¹ tu⁵³, ʂa³¹ mõ³¹ sa⁴⁴.
教你话 教你歌

教你话，教你歌。

ṣa³¹ mõ³¹ pi⁴⁴ ŋkɯ⁵³ mpa⁴⁴ qo³⁵ ŋʈa⁴⁴.
教 你 果 白 芨 补 裂口 _{过去用白芨治冬天手脚冻裂的口子。}

  教你白芨补裂口。

ṣa³¹ mõ³¹ sa⁴⁴, ṣa³¹ mõ³¹ tu⁵³.
教 你 歌 教 你 话

  教你歌,教你话。

ṣa³¹ mõ³¹ ɴqe⁵³ kʰo⁴⁴ mõ²² pʰə³⁵ lu⁵³.
教 你 扛 锄 去 挖 土

  教你扛锄把土挖。

（龙正海吟诵，2018 年 4 月 20 日）

4. tɕi⁴⁴ ɳtɕo⁵³ ne⁴⁴, tɕi⁴⁴ ɳtɕo⁵³ ma⁵³.
  不 认识 妈 不 认识 爸 _{这是一首现代留守儿童唱的童谣。}

  不认识妈,不认识爸。

pʰɯ³¹ n̥ã³¹ ta³⁵ we²² mõ²² tʰu⁴⁴ ntsa⁵³.
爷爷 奶奶 带 我 去 做 庄稼

  爷爷奶奶带我种庄稼。

tɕi⁴⁴ ɳtɕo⁵³ ma⁵³, tɕi⁴⁴ ɳtɕo⁵³ ne⁴⁴.
不 认识 爸 不 认识 妈

  不认识爸,不认识妈。

a³¹pʰɯ³¹ a³¹n̥ã³¹ tɕõ³¹ ɕy¹³ we²².
阿爷 阿奶 带 大 我

  阿爷阿奶把我带大。

（龙正海吟诵，2018 年 4 月 20 日）

5. ne⁴⁴ n̻i³⁵ pɹɯ⁴⁴, mɑ⁵³ lo⁵³ sɯ⁴⁴.
　娘　在 家　爹　下 吉 首

　　娘在家，爹下吉首。

ne⁴⁴ n̻i³¹ tɕi³⁵ pɹɯ⁴⁴ sɯ⁴⁴ te³⁵ kɯ⁴⁴,
娘　在　家里　　生　小 弟

　　娘在家里生小弟，

ŋã⁴² tɕi³¹ me³⁵? ɯ³⁵ ku²² n̥ʰe³⁵.
时 何　有　二　十　日

　　何时有？二十日。

ŋã⁴² tɕi³¹ to⁵³? ɯ³⁵ ku²² to̪⁵³.
时 何 得　二　十 六

　　何时得？二十六。

te³⁵ kɯ⁴⁴ nã³¹ tɕi³¹ ʎɔ³⁵?
小 弟　像 多 大

　　小弟有多大？

nã³⁵ a⁴⁴ ŋu²² te³⁵ nõ³¹ cɑ⁵³ cɑ³¹ nõ³¹.
像　一 只　小　鸟　翠 翠　鸟

　　就像一只小翠翠鸟。

te³⁵ kɯ⁴⁴ nã³¹ tɕi³¹ ɕu³⁵?
小 弟　像 多 小

　　小弟有多小？

nã³⁵ a⁴⁴ ŋu²² te³⁵ nõ³¹ tɯ⁴⁴ʎɯ²² u³⁵.
像　一 只　小　鸟　蒸 气　水

　　就像一只小水珠鸟。

a³⁵ta⁴⁴ n̻i³¹ kɔ⁴⁴ qo⁵³nã³⁵ ɴqe⁴⁴?
外 婆　就　拿　什 么　看

　　外婆拿什么来看望？

ɯ³⁵ ku²² nɯ³¹ qa³⁵ ɯ³⁵ ku²² mpe⁴⁴.
二 十 蛋 鸡 二 十 粑

二十个鸡蛋二十个粑。

（龙正海吟诵，2018年4月20日）

6. ə³⁵ ə³⁵ ə³⁵, pə⁵³ ŋã³¹ qə³⁵.
哦 哦 哦 睡 里 田螺

哦哦哦，睡田螺。

ŋã³¹ qə³⁵ qʰɛ⁴⁴, pə⁵³ ŋã³¹ wɛ²².
里 田螺 枯 睡 里 锅

田螺枯，睡锅里。

ŋã³¹ wɛ²² ce³⁵, pə⁵³ tõ⁴² ȵe³⁵.
里 锅 热 睡 栏 牛

锅里热，睡牛栏。

tõ³¹ ȵe³⁵ ʎe³¹ ce⁵³ ȵtɕã²², pə⁵³ lɔ⁵³ kã⁴².
栏 牛 要 赶 场 睡 上 架 架：火塘里的三脚架。

栏里牛要赶场，睡架上。

lɔ⁵³ kã⁴² ʎe³¹ tʰu⁴⁴ ʂ̥ʰe⁵³, pə⁵³ tʰõ⁵³ te⁵³.
上 架 要 煮 饭 睡 柜 碗

架上要煮饭，睡碗柜。

tʰõ⁵³ te⁵³ ʎe³¹ tʰɛ²² te⁵³, pə⁵³ jo⁴² tʰe⁵³.
柜 碗 要 放 碗 睡 窑 炭

碗柜要放碗，睡炭窑。

jo⁴² tʰe⁵³ qwe³⁵, pə⁵³ pɹã³¹ ŋ̥ʰe³⁵.
窑 炭 黑 睡 天 上

炭窑黑，睡天上。

pɹɑ³¹ ŋ̊e³⁵ me²² ci⁴⁴nã³¹, pə⁵³ tɕe⁴² tã⁵³.
天上　有　阳光　睡　钱　上

　　天上有阳光,睡钱上。

tɕe⁴² ʎe³¹ kə⁴⁴ zõ³⁵, pə⁵³ qo³¹cõ³⁵.
钱　要　拿去用　睡　猪食槽

　　钱要拿去用,睡猪食槽。

qo³¹cõ³⁵ ʎe³¹ kã³¹ ʐ̊e²² mpɑ⁵³, pə⁵³ lɔ⁵³ sa⁵³.
猪食槽　要　送　饭　猪　睡　上　糠

　　猪食槽要喂猪,睡糠上。

lɔ⁵³ sa⁵³ o⁵³, pə⁵³ qo³¹to³¹.
上　糠　沾身　睡　粮柜

　　糠粉粘身上,睡粮柜。

qo³¹to³¹ ʎe³¹ tɔ⁵³ nu⁴⁴, we²² ʎe³¹ pə⁵³ ŋã³¹ tʰu⁴⁴.
粮柜　要　装　豆　我　要　睡　里　桶

　　粮柜要装豆,我就睡桶里。

ŋã³¹ tʰu⁴⁴ tɔ³⁵, pə⁵³ lɔ⁵³ hɔ³⁵.
里　桶　深　睡　上　雾

　　桶很深,睡雾上。

lɔ⁵³ hɔ³⁵ ŋã⁴²ŋã³¹ ʂə³⁵, te³⁵kɯ⁴⁴ ɴwe³⁵ ʂɯ̃⁴⁴ʂɯ⁴⁴.
上　雾　时时　游　伢儿　睡　悠悠

　　雾上时时游,伢儿睡悠悠。

　　　　　　　　　　　　　　(龙正海吟诵,2018年4月20日)

四 戏剧

下面两段戏剧是花垣县吉卫镇莲花山村民间自发组织的苗剧团创作并演出的现代苗剧《倒塌新厦》中的两个片段。该剧通过国家公职人员万富与其新婚妻子爱银的对白和演唱,讲述了万富违法乱纪、腐化堕落,最后被逮捕法办的故事。全剧用苗语演唱。剧中大多为散句,少量诗句也通俗易懂,为免繁琐,只作直译。少量不太易懂的直译,在直译行的后面做意译或注释。

《倒塌新厦》(一)

万富：ŋe³⁵ȵĩ³¹!
　　　爱银!

爱银：ə⁵³!
　　　哎!

万富：mõ⁴² tɛ³⁵ we²² hə⁵³ mõ⁴² nɯ³¹ to⁵³ qo⁵³ŋã³⁵ ŋtã²²?
　　　你 猜 我 给 你 买 到 什么 回?

爱银：ȵa⁴²
　　　肉。

万富：mõ⁴² sa⁵³ qʰa⁴⁴ ta³¹ tɕi⁴⁴ ta⁵³! ha³⁵ ti⁵³ tɯ²² lɛ⁴⁴!
　　　你 也 馋 死 真的! 还 另 有 呢! 馋死真的：真的馋死。

爱银：ə⁴⁴ ɕɛ³⁵.
　　　衣 新。衣新：新衣。

万富：tɛ³⁵ to³¹ wa³¹ tɛ³⁵ to³¹ wa³¹! ha³⁵ ti⁵³ tɯ²² lɛ⁴⁴?
　　　猜 对 啦 猜 对 啦! 还 另 有 呢?

爱银：pi⁴⁴ ʌɯ³¹ pi⁴⁴ zɯ³⁵tsʅ⁵³.
　　　果 柚子 果 柚子。果柚子：柚子果。

万富：a⁴⁴mi³¹ a³¹, mõ⁴² tu⁵³ ɕã⁵³ pi⁴⁴ ʎɯ³¹!
　　　阿妈 啊，你 总 想 果 柚子！

　　　ɕã⁵³ pi⁴⁴ ʑɯ³⁵tsɿ³⁵, tɕe⁵³ ȵɯ³¹ to⁵³ tɕe⁵³ ȵɯ³¹ to⁵³!
　　　想 果 柚子，没 买 得 没 买 得！没买得：没有买。

　　　ŋe³⁵ȵĩ³¹, ta³⁵ to⁵³ ʂʰo̥³⁵ ho³⁵ hẽ⁵³,
　　　爱银，带 得 多 货 很，多货很：很多货。

　　　mõ⁴² tɕõ⁵³ o³⁵hẽ⁴⁴, we²² me³⁴ kã³¹ mõ⁴² tɕi⁴⁴qʰe⁴⁴ a³¹!
　　　你 坐 板凳，我 拿 给 你 看 啊！

爱银：tɕi⁴⁴ ta⁵³ je⁴²?
　　　真 的 吗？

万富：tɕi⁴⁴ ta⁵³ nã⁴⁴!
　　　真 的 的！

爱银：o³⁵.
　　　噢。

万富：a³⁵, a⁴⁴ huɯ⁵³ nẽ⁴⁴ ȵa⁴² mpa⁵³ mõ⁴² te³⁵ to³¹ wa²².
　　　啊，一 块 这 肉 猪 你 猜 中 了。一块这肉猪：这一块猪肉。

爱银：he³⁵, we²² te³⁵ to³¹ ja³¹, ne⁴² hə⁵³ we²² ta³⁵ to⁵³ ȵa⁴² ntã²² tɕu²²!
　　　嗨，我 猜 中 了，人家 给 我 带 得 肉 回来 了！

万富：a⁴⁴ huɯ⁵³ nẽ⁴⁴ ȵi³¹ ȵa⁴² ʑu²².
　　　一 块 这 是 肉 牛。肉牛：牛肉。

爱银：mõ⁴² ja³⁵ hə⁵³ we²² ȵɯ³¹ to⁵³ ȵa⁴² ʑu²² ȵi³¹ me³¹?
　　　你 还 给 我 买 得 肉 牛 是 吗？

　　　mõ⁴² qʰu³⁵ ʑu⁵³ we²² tɕi⁴⁴ ta⁵³.
　　　你 关心 好 我 真 的。你真的好关心我。

万富：a⁴⁴ huɯ⁵³ nẽ⁴⁴ ȵi³¹ ɯ³¹ kã³⁵ ȵa⁴² zõ³⁵.
　　　一 块 这 是 二 斤 肉 羊。这是一块两斤的羊肉。

爱银：mõ⁴² ja³⁵ hə⁵³ we²² ta³⁵ to⁵³ ȵa⁴² zõ³⁵ ŋtã²² a³¹!
　　　你 还 给 我 带 得 肉 羊 回来 啊！

he⁵³ we²² tsʰə³¹ zə³¹ tsʰə³⁵ n̠u³¹ tɕe³⁵ to⁵³ he⁵³ nẽ⁴⁴,
些 我 从 古 从 昔日 没 得 些 这，这些是我从来都没得到过的。

mõ⁴² ja³⁵ hə⁵³ we²² ta³⁵ to⁵³ ŋ̠tã²².
你 也 帮 我 带 得 回来。

万富：a⁴⁴ hu⁵³ nẽ⁴⁴ n̠i³¹ ʂɛ³⁵ mpa⁵³.
一块 这是 肝 猪。这是一块猪肝。

爱银：mõ⁴² ja³⁵ hə⁵³ we²² ta³⁵ to⁵³ ʂɛ³⁵ mpa⁵³ a³¹!
你 还 给 我 带 得 肝 猪 啊!

we²² tsei³¹ tɕã⁴² nõ³⁵ nã⁴⁴ mõ⁴² la³¹ hə⁵³ we²² n̠u³¹ to⁵³ n̠i³¹ me³¹?
我 最 喜欢 吃 的 你 也 给 我 买 得 是 吗?

万富：o³¹, tei⁵³. ŋe³⁵n̠ĩ³¹ a³¹,
噢，是的。爱银 啊,

tɕi⁴⁴ʎa²² a⁴⁴ hu⁵³ nẽ⁴⁴ n̠i³¹ ɕe⁴⁴ qwɯ⁴⁴.
拖 一 副 这是 肠 狗。这是一副狗肠。

爱银：mõ⁴² hə⁵³ we²² ta³⁵ to⁵³ ɕe⁴⁴ qwɯ⁴⁴ a³¹, tɕɤ⁵³ tɕa⁴⁴ ta³¹!
你 给 我 带 得 肠 狗 啊，味 臭 死!

万富：tɕɯ⁵³ tɕa⁴⁴ ha⁴⁴ kʰi⁵³ me⁴² zɿ³¹ʐã⁵³ a³¹!
味 臭 才 会 有 营养 啊!

爱银：ha³⁵ zu⁵³ nã⁴⁴? mõ⁴² qʰu³⁵ zu⁵³ we²² tɕi⁴⁴ ta⁵³.
果真 好 的? 你 关心 好 我 真 的。是吗? 你真的好关心我。

万富：ŋe³⁵n̠ĩ³¹ a³¹, tɕõ⁵³,
爱银 啊，坐,

ha³⁵ ti⁵³ tu²² a⁴⁴ ŋu²² ko⁴⁴ ti⁵³ he³¹ we²² me³⁵ lɔ²² kã³¹ mõ⁴² ʂɿ³¹ tɕi⁴⁴qʰe⁴⁴.
还 另有 一 双 高 低 鞋 我 拿来 让 你 试看。高低鞋：高跟鞋。

爱银：tɕi⁴⁴ ta⁵³ me³¹?
真 的 吗?

万富：tɕi⁴⁴ ta⁵³!
真 的!

爱银：ho³⁵.
　　　好。

万富：to⁵³ we³⁵ kwe³¹ hə⁵³ mõ⁴² ta³⁵ to⁵³ a⁴⁴ ŋu²² te³⁵ ko⁴⁴ ti⁵³ he³¹,
　　　从　外　国　给你　带　得　一　双　小　高　低　鞋，

　　　we²² sa⁴⁴ hə⁵³ to⁵³ qʰe⁴⁴ to⁵³ to⁵³ je³¹.
　　　我　先　给　穿　看　穿　得　啰。

爱银：ho³⁵ wa⁵³.
　　　好　哇。

万富：e³¹ ja³¹, to⁵³ tɕi⁴⁴ to⁵³, a⁴⁴ ntɕʰa⁴⁴ nẽ⁴⁴ to⁵³ tɕi⁴⁴ to⁵³
　　　哎　呀，穿　不　得，一　只　　这　穿　不　得。一只这：这一只。

　　　kã³¹ we²² ta³¹mpa²² zã²² ʌaˇ a⁴⁴ ntɕʰa⁴⁴ qʰe⁴⁴ to⁵³ to⁵³ je³¹.
　　　让　我　重新　换了　一　只　　看　穿　得　不。

　　　a⁴⁴ ntɕʰa⁴⁴ nẽ⁴⁴ na³¹ ʂa⁴⁴ tɕi⁴⁴ ta⁴⁴ qʰe⁴⁴qʰẽ⁴⁴ to⁵³ to⁵³ mõ²² je³¹
　　　一　只　　这　也　试　使　硬　看看　　穿　得　进　不。

爱银：ho³⁵ wa⁵³.
　　　好　哇。

万富：ho⁵³n̯a³¹, a⁴⁴ ntɕʰa⁴⁴ nẽ⁴⁴ na³¹ to⁵³ tɕi⁴⁴ to⁵³.
　　　哎呀，一　只　　这　也　穿　不　得。一只这：这一只。

　　　ŋe³⁵n̯i³¹ a³¹, mõ⁴² nã⁴⁴ pi⁴⁴l̥o³⁵ nõ³⁵ tʰõ⁵³ wɑ³¹,
　　　爱银　啊，你　也　脚肢　像　桶　瓦，桶瓦：瓦桶，旧时制作瓦坯的圆木桶。

　　　pɛ⁴⁴ tə⁵³ lɛ⁴⁴ qa³¹ nõ³⁵ tɯ⁴² ntei³⁵ ntɯ²² wɑ³¹,
　　　板　脚　呢　像　棰　衣　棒　长　呀，板脚：脚板。

　　　sa⁵³ to⁵³ tɕi⁴⁴ to⁵³.
　　　穿　也　不　得。也穿不得。

爱银：ha³⁵ we²² tɕi⁵³ɲcʰɛ⁴⁴.
　　　害　我　高兴。高兴：白高兴。

万富：tɕi⁴⁴qʰɛ³⁵ we²² zõ³⁵ a⁴⁴ mpi³¹ tɕi⁴⁴tã⁵³.
　　　枉费　我　花　一　笔　钱。

ŋe³⁵ȵĩ³¹ a³¹, ha³⁵ ti⁵³ tɯ²² a⁴⁴ ntʰɛ³⁵ ə⁴⁴ ɕi⁴⁴ʈa²².
爱银 啊，还 另 有 一 件 衣 辣椒。衣辣椒：辣椒衣（红辣椒颜色的衣服）。

爱银：tɕi⁴⁴ ta⁵³ je³¹?
　　　真 的 吗？

万富：tɕi⁴⁴ ta⁵³ nã⁴⁴, qʰe⁴⁴.
　　　真 的 的，看。

qʰe³¹ a³¹, tɕi⁴⁴ɕɛ³⁵ a⁴⁴ le³⁵ we³⁵ kwe³¹ na⁴² hə⁵³ mõ⁴² qʰe⁴⁴ ʂã³⁵ a⁴⁴ nte³⁵ nẽ⁴⁴ a³¹.
看啊，绕　 一 个 外 国 也 给 你 看 上 一 件 这 啊。一件这：这一件。

（麻昌文、麻海清等演唱，2017年12月28日）

《倒塌新厦》（二）

爱银：kwa³⁵ to⁵³ ne⁴² pʰu⁴⁴ ȵi³⁵ qo³⁵qwe³⁵,
　　　怪 得 人家 说 嫁官，

ʎe³¹ nõ⁴² me³¹ ʎe³¹ ŋʰẽ⁴⁴ ʐã³⁵ʐã³⁵ me³⁵.
要 吃 啥 要 穿 样样 有。

we²² sẽ⁴⁴ho³¹ mɛ³¹ ko³⁵ ʐu⁵³ nã³¹ ʐɛ³¹ we³⁵,
我 生活 嘛 过 好 像 员外，

ə³⁵tɯ²² tɕi⁴⁴ hu⁵³ nõ³⁵ pʰo³⁵ qe³⁵.
手 使 合 像 面 眼。双手合十在眼前（意指很幸运、有福气）。

we²² ȵi³⁵ mõ⁵³ wɛ³⁵fu³⁵ tɕʰo³¹ sʅ³¹tse³⁵,
我 嫁 你 万富 确 实在，确实在：很实在，很实惠。

we²² ʐo⁵³ ȵi³⁵ ʂɯ³⁵ ȵɛ³¹ ti⁵³ ca⁴⁴ qe³⁵.
我 少 坐 寿 年 都 闭 眼。少坐寿年：少活几年。

万富：ŋe³⁵n̩ĩ³¹ mõ⁴² pʰu⁴⁴ zu⁵³ ja³¹?
　　　爱银　 你　 说　好　不？

爱银：zu⁵³, zu⁵³ tɕi⁴⁴ ta⁵³!
　　　好，好　真　的！好真的：真的好。

万富：zu⁵³ mõ⁴² tõ⁵³ we²² pʰu⁴⁴ la³¹.
　　　好　你　听　我　说　啦。

爱银：ho³⁵ a³¹!
　　　好　啊！

万富：we²² to⁵³ zu⁵³ mpʰa⁴⁴ ti³¹ qə³¹ wei³¹wei³⁵,
　　　我　得　好　女人　真　高　危危，高危危：高挑。

　　　we²² to⁵³ tɕei⁵³ to⁵³ nə²² mɛ³¹ tsɯ⁴⁴ na⁴² pʰei³⁵.
　　　我　从　后　从　前　嘛　瞧　也　漂亮。

　　　tɕi⁴⁴ tã⁵³ zõ³⁵ tɕu²² we²² tɕe⁵³ kʰo⁵³ sɿ³⁵,
　　　钱　财　用　完　我　不　可　惜，

　　　te³⁵ mjɯ²² n̩u³¹ na⁴² te²² mõ⁴² tsʰei³⁵.
　　　小鱼　买　肉　任　你　吃。

　　　fã⁴⁴ mõ³⁵ we²² tɕe⁵³ kə⁴⁴ ma⁴² tɕa⁴⁴ ntei³⁵,
　　　遮　你　我　不　拿　嘛　差　布，

　　　tʰu⁴⁴ lɔ²² kã³¹ tɕa³¹ tɕʰi³¹ tsɿ⁴⁴ mei³⁵.
　　　做　来　让　赶上　七　姊　妹。七姊妹：当地传说中的美女。

爱银：wɛ³⁵fu³⁵ a³¹!
　　　万富　啊！

万富：ɔ⁵³!
　　　哎！

爱银：mõ⁴² tõ⁵³ we²² pʰu⁴⁴.
　　　你　听　我　说。

万富：qa⁴⁴mã³¹ tɕi⁴⁴ntʰa⁵³ zo²², we²² tɕi⁴⁴ntʰa⁵³ zo²²,
　　　不　要　说　啦，我　说　呀，

muɯ⁴² hwe⁵³ qa⁵³ ka⁴⁴ nẽ⁴⁴ we²² ʂa³¹ muɯ³⁵.
你 走 往 里 这 我 教 你。走往里这: 往这里走。

爱银：ʂa³⁵ we²² tʰu⁴⁴ nã³⁵ a³¹?
教 我 做 什么 啊?

万富：we²² ʂa³⁵ a⁴⁴ nto⁵³ mõ⁴² pʰu⁴⁴ a⁴⁴ nto⁵³ lã³⁵!
我 教 一 句 你 说 一 句 啊!

爱银：ho³⁵ a³¹!
好 啊!

万富：lo⁵³ pi³⁵ tɕi⁵³ntsʰo⁴⁴ nã³⁵ ʐɯ²² qa³⁵,
上 头 发 蓬蓬 像 窝 鸡, 窝鸡: 鸡窝。

爱银：we²² lo⁵³ pi³⁵ tɕi⁵³ntsʰo⁴⁴ nõ³⁵ ʐɯ²² qa³⁵,
我 上 头 发 蓬蓬 像 窝 鸡,

万富：we²² ŋo³⁵ kɯ⁴⁴ tsʰã⁵³ tsɔ³¹ ti³¹ tɕi⁴⁴ ʎe³¹ n̩a³⁵.
我 走 路 撞 众 的 不 用 招 呼。

爱银：we²² ŋo³⁵ kɯ⁴⁴ tsʰã⁵³ tsɔ³¹ we²² tɕi⁴⁴ ʎe³¹ n̩a³⁵.
我 走 路 撞 众 我 不 用 招 呼。

万富：ɕo⁵³ tɕɯ⁴⁴ ɕo⁵³ ʐɛ⁴⁴ ti³¹ kə⁴⁴ tɕi⁴⁴ ntsʰa³⁵,
学 酒 学 烟 的 拿 使 高雅, 拿使: 显摆。

爱银：we²² ɕo⁵³ tɕɯ⁴⁴ ɕo⁵³ ʐɛ⁴⁴ ti³¹ kə⁴⁴ tɕi⁴⁴ ntsʰa³⁵,
我 学 酒 学 烟 的 拿 使 高雅,

万富：tɕõ⁵³ tɛ⁴⁴ qə³⁵kɯ³⁵ we²² pʰɛ⁴⁴ co⁴² pa³⁵.
坐 到 凳子 我 盘 郎 腿。盘郎腿: 跷二郎腿。

爱银：tɕõ⁵³ tɛ⁴⁴ qə³⁵kɯ³⁵ we²² pʰɛ⁴⁴ co⁴² pa³⁵.
坐 到 凳子 我 盘 郎 腿。

万富：ne⁴² qʰa⁵³ lɔ⁴⁴ tɛ⁴⁴ we²² tɕi⁴⁴ ʎe³¹ ta³⁵,
人 客 来 到 我 不 用 接待, 人客: 客人。

爱银：ne⁴² qʰa⁵³ lɔ⁴⁴ tɛ⁴⁴ we²² tɕi⁴⁴ ʎe³¹ ta³⁵,
人 客 来 到 我 不 用 接待,

万富：nõ⁴² ȵa³⁵ ȵɛ⁴⁴ ʎe⁵³ tɕɑ̃⁵³ tɕʰi³⁵ pʰa³⁵.
　　　吃　肉　知道　要　放开　肚子　装。

爱银：nõ⁴² ȵa³⁵ ȵɛ⁴⁴ ʎe⁵³ tɕɑ̃⁵³ tɕʰi³⁵ pʰa³⁵.
　　　吃　肉　知道　要　放开　肚子　装。

万富：to⁵³ je⁴²?
　　　得　吗？得：会了。

爱银：to⁵³ zo²².
　　　得　啦。

万富：to⁵³ mõ⁴² ȵa³⁵ a⁴⁴ mpa²² kã³¹ we²² tɕi⁴⁴qʰe⁴⁴.
　　　得　你　念　一　遍　给　我　看。

爱银：ho³⁵ ma⁵³.
　　　好　嘛。

　　　we²² lo⁵³ pi³⁵ tɕi⁵³ntsʰo⁴⁴ nõ³⁵ zɯ²² qa³,
　　　我　上　头发　蓬蓬　像　窝　鸡，

　　　we²² hwe⁵³ kɯ⁴⁴ tɕʰã⁵³ tsɔ³¹ we²² tɕi⁴⁴ ʎe³¹ ȵa³⁵.
　　　我　走　路　撞　众　我　不　用　招呼。

　　　we²² ɕo⁵³ tɕɯ⁴⁴ mɛ³¹ ɕo⁵³ zɛ⁴⁴ mɛ³¹ kə⁴⁴ tɕi⁴⁴ ntsʰa³⁵,
　　　我　学　酒　嘛　学　烟　嘛　拿　使　高雅，

　　　tɕõ⁵³ tɛ⁴⁴ qə³⁵kɯ³⁵ we²² pʰɛ⁴⁴ ɕo⁴² pa³⁵.
　　　坐　到　凳子　我　盘　郎　腿。

　　　ne⁴² qʰa⁵³ lɔ⁴⁴ tɛ⁴⁴ we²² tɕi⁴⁴ ʎe³¹ ta³⁵,
　　　人　客　来　到　我　不　用　接待，

　　　we²² nõ⁴² ȵa³⁵ ȵɛ²² kə⁴⁴ tɕɑ̃⁵³ tɕʰi³⁵ pʰa³⁵.
　　　我　吃　肉　知道　拿　放开　肚子　装。

万富：ȵi³¹ nã⁴⁴ ȵi³¹ nã⁴⁴, zɯ⁵³ ci³⁵ sɿ⁴⁴, zɯ⁵³ ci³⁵ sɿ⁴⁴.
　　　是　的　是　的，好　记　心，好　记　心。

爱银：zɯ⁵³ ci³⁵ sɿ⁴⁴ ja⁴²?
　　　好　记　心　吗？

万富：n̠i³¹. ŋe³⁵n̠ĩ³¹ a³¹,
　　　是。爱银　啊，

　　　mõ⁴² lɔ⁴⁴ pe⁴⁴le³⁵ tʰo³⁵　le³⁵ ɕi⁴⁴ fã⁴⁴pa⁴⁴lei³¹ wu⁵³ o³¹!
　　　你　来　我俩　跳　个　西　方　芭蕾　　舞　吧！

（麻昌文、麻海清等演唱，2017 年 12 月 28 日）

以下两段苗剧节选自花垣县吉卫镇莲花山村苗剧团创作并演出的大型苗剧《歌献情成》。该剧讲述一对青年男女通过山中对歌而生情，遭到男方年迈父亲的打压，最后仍结为夫妻的爱情故事。全剧用苗语演唱。剧中不易懂的句子在直译的下面再意译。其他地方，在直译行的后面适当做意译或注释。

《歌献情成》（一）

女呼：ʐa³¹ kə²²!
　　　姐　妹！

女应：ɔ³⁵!
　　　哎！

女呼：pɯ³⁵ ŋei³¹ ʐei³⁵ mpa⁵³ le⁴⁴!
　　　我们 打　草　猪　　去！草猪：猪草。

女应：o³⁵!
　　　噢！

女呼：u⁵³ hu³⁵ u³¹ u⁵³!
　　　乌　呼　乌　乌！女性打招呼声。

女扮男呼：ei⁵³ hu³⁵ u³¹ u⁵³!
　　　　　唉　呼　乌　乌！男性打招呼声。

女应：ʐi³⁵! qo⁵³ ei³⁵ ñã⁵³ nã³⁵ n̥ʰã⁴⁴ ne⁴² tɯ³⁵we⁵³ ʐo²²lə⁴⁴?
　　　噫！边 那 好 像 听见 人 应和 哟啰？哟啰：疑问语气词。

女和：ã³⁵ a³¹.
　　　嗯 呐。嗯呐：表示肯定的语气词。

女呼：ɴqə³⁵ ɑ⁴⁴ mpɑ⁴² sa⁴⁴ kə⁴⁴!
　　　唱　一　首　歌　妹子们!

女应：o³⁵!
　　　噢!

女唱：ta⁴⁴ wu³⁵ qʰõ⁵³ qʰõ³¹ ta⁴⁴ wu³⁵ qʰa⁴⁴ ə⁴⁴ o³¹,
　　　打 高腔 空　空　打 高腔 干　呃 哦 高腔：湘西苗歌的一种腔调。

打起高腔空又空，

　　　ta⁴⁴ wu³⁵ qʰa⁴⁴ qʰa⁴⁴ ta⁴⁴ wu³⁵ qʰõ³¹.
　　　打 高腔 干　干　打 高腔 空

空打高腔没有用。

　　　ta⁴⁴ wu³⁵ ʎeɣ³¹ ɴqə³¹ ta⁴⁴ mpɑ³⁵ sa⁴⁴ ə⁴⁴ ə³¹,
　　　打 高腔 要　唱　几 首　歌　呃 呃

打起高腔要唱几首啊，

　　　tɕe⁴⁴ ɴqə³¹ ta⁴⁴ mpɑ³⁵ ne⁴² nte⁴⁴ ɕõ³¹ ə⁴⁴ ə³¹.
　　　不　唱　几 首　人家 笑　苗家人 呃 呃

不唱几首人家笑我苗家人啊。

女扮男唱：mõ⁴⁴ nã⁴⁴ ʂõ³⁵ sa⁴⁴ to³⁵ qə⁴⁴ (qa³¹ ȵi³¹) to³⁵ zẽ⁴² lo³⁵ ə⁴⁴ ə³¹,
　　　　　你　的　声　歌 从　高山（就　是）从　山岭 下　呃　呃

你的歌声从高山大岭下来，

　　　to³¹ nẽ³⁵ ta³⁵ zẽ⁴² tɕi³⁵ cã⁴⁴ lɔ²².
　　　从　这　上 山岭 滚　　 来

从高山顶上滚下来。

　　　ɴqʰe⁴⁴ we²² tõ⁴⁴ mpʰa³⁵ nã⁴⁴ ʂõ³⁵ ɴqə³¹ we²² ȵi⁵³ tɕi⁵³ to³⁵ ə³¹,
　　　咳　我　听 妹子　的　声　唱　我　坐 不　得　呃

咳，我听见妹子的歌声坐不住啊，

　　　nã⁴⁴ ɴqə³¹ tɕi⁵³ ȵtu³⁵ qo³⁵ʂõ³⁵ lõ⁴⁴ ə⁴⁴ ə³¹.
　　　唉 唱　不　出　声　　　来　呃　呃

唉，我又唱不出声音来。

女唱：ntsei⁴⁴ ho³⁵ me⁴² sa⁴⁴mã⁴⁴ ntɔ³⁵ l̥ʰõ⁵³ ə⁴⁴ ə³¹,
　　　小伙　嗬　有　歌儿　同　竹子　呃　呃

哥哥的歌就像山竹子脆啊，

　　　me⁴² sei⁴⁴ mõ⁴² lo³⁵ qo³⁵l̥ʰɔ⁴⁴ ʑɿ³¹ o³¹.
　　　有　心　你　下　竹　　岭　　啊

有心你就下竹岭来啊。

　　　ɯ⁴⁴ le³⁵ pi⁴⁴tɕo³⁵ we²² ʎey³¹ tsʰo⁴² ə⁴⁴ ə³¹,
　　　两个　膝盖　我　要　跪　呃　呃 跪：拜服；倾倒。

我双膝跪地拜服你呀，

　　　ɯ⁴⁴ ntʰu³⁵ sa⁴⁴mã⁴⁴ we²² zẽ³¹ mpĩ³¹ o⁴⁴ o³¹.
　　　两　首　歌儿　我　认　平　噢　噢 认平：照样奉还。

两首山歌我奉还噢。

女扮男唱：we²² tɔ³⁵ ca³⁵ nẽ⁴⁴ tɕi⁴⁴kʰi³⁵ sa⁴⁴ ə⁴⁴ ə³¹,
　　　　　我　从　里　这　起　　歌　呃　呃

我从这里起头唱歌，

　　　we²² tɔ³⁵ ca⁴⁴ nẽ⁴⁴ tɕi³⁵ pi⁴² ʑɿ⁴² o³¹.
　　　我　从　里　这　与　你　对　噢

我在这里跟你对歌噢。

　　　ɴqe⁴⁴ we²² sɿ⁴⁴hu³⁵ n̠i³⁵ ntɔ³⁵ ta⁴⁴zẽ⁴² tɕi⁴⁴ɴqə³¹ sa⁴⁴,
　　　看　我　师父　在　山包　上面　唱　　歌

我的师父在山上唱歌，

　　　we²² nã⁴⁴ sa⁴⁴mã⁴⁴ tɕã³¹ kã³⁵ ə³¹ qa³¹ n̠i³¹ mpʰə³⁵ te⁵³ŋwei⁵³ ə⁴⁴ ə³¹.
　　　我　的　歌儿　献　给　呃　就　是　妹　青年　呃　呃

我把歌儿献给年轻的妹子。

（麻昌文、麻海清等演唱，2017年12月28日）

《歌献情成》（二）

坝伞：tɑ³⁵qa³⁵ tɯ³⁵ qa⁵³ we²² tɯ³⁵ ɕɔ⁴⁴,
　　　鸡　　就　　叫　我　就　　起床，

　　　ɕɔ⁴⁴　 lɔ²² tɕi⁴⁴wu⁴² pi⁴⁴tə²² pʰɹɔ³⁵.
　　　起床　来　捧起　　火子　　吹。

　　　nte⁴⁴ ma⁵³ ntɑ⁵³ we²² tɔ⁵³ ɕɔ⁴⁴ ntsɔ⁴⁴:
　　　母　父　骂　我　说　起床 早，母父：父母。

　　　tɑ³¹ zã⁵³ tɕi⁴⁴ nɛ⁴⁴ ʎe³¹ qa⁵³ tɕi³⁵ tɔ³⁵.
　　　死　小子　不　知　要　往　哪里　去。

　　　we²² ɳu⁵³ n̥ʰe³⁵ ŋã³¹ ne³¹ tɯ²² tu⁵³ tɔ²²,
　　　我　昨　天　与　人　有　话　留，有话留：有约定

　　　we²² ɕã⁵³ tɕɑ³¹ wu²² tɕi⁴⁴ ʂã⁵³ n̩tʂo³⁵.
　　　我　想　赶上　她　使　快　行。我想赴约得赶紧去。

父亲：pa⁴⁴sɛ⁵³! pa⁴⁴sɛ⁵³ ə³¹!
　　　坝伞！ 坝伞 呃！

坝伞：ə⁵³!
　　　哎！

父亲：mõ⁴² ʎe³¹ qa⁵³ tɕi³⁵ mõ²² o³¹?
　　　你　要　往　哪里　去　噢？

坝伞：ce⁵³ ntsã⁴² mõ²² o³¹!
　　　赶场　　去　噢！赶场：赶集。

父亲：tʰu⁴⁴ tɕi⁴⁴ to⁵³! ə³¹ te³¹ kɯ⁴⁴ a³¹!
　　　使　不　得！呃 儿 弟 啊，儿弟：儿子。

　　　hwa³¹ mõ³⁵ tʰu⁴⁴ tõ³⁵ mõ⁴² tɕi⁴⁴ kʰi⁵³.
　　　交代 你　做　工　你　不　肯。

　　　ɕã⁵³ ʎo⁵³ ʎe³¹ kʰo³⁵ pɯ³⁵ tɯ⁵³n̩tɕi²²,
　　　想　富　要　靠　我们　自己，

ne³¹ te³⁵ ne³¹ mpʰa⁴⁴ tʰa⁴⁴ zõ³⁵ zi³⁵,
娶 婿 娶 妻　　才 容 易，娶婿娶妻：谈婚论嫁。

ne³¹ n̥ɛ⁵³ he⁵³ ŋõ⁴² qwə³⁵ pɯ³⁵ tɕi⁴⁴ ʂe³¹ pẽ²².
人家 要求 些 银 白 我们 不 要 怕。银白：白银。

坝伞：he³¹ ne⁴² qɔ⁵³ tɕi⁴⁴ n̥ɛ²² we²² nã⁴⁴ ʂi⁵³,
嗝 人 老 不 懂 我 的 心，人老：老人。

pʰu⁴⁴ ka³¹ wu²² tõ⁵³ n̥ɛ²² nõ⁴⁴tɕi³⁵?
说 给 他 听 懂 如何？懂如何：如何懂。

we²² ɕã⁵³ a⁴⁴pɛ³⁵ pɯ²² tɕi⁴⁴ n̥ɛ²².
我 想的 那些 他 不 懂。

ne³¹ mpʰa⁴⁴ ʂe³¹ tʰa⁵³ ma⁴²tɛ³⁵ tɕʰi³⁵,
娶 妻 要 找 直 肚子，直肚子：真心真意的人。

tei³¹ mõ³¹ tei³⁵ we²² ʂe³¹ ka³¹ zu̯⁵³.
对 你 对 我 要 送 好，送好：善待。

we²² ne³¹ ɕi³⁵ ka³¹ wu²² tei⁵³ zɛ³⁵ zi³⁵.
我 忍 饥 送 她 也 愿 意。送，对待。

父亲：he³¹, kʰɯ³¹wa³⁵ nã⁴⁴ ne⁴² me⁴² tu⁵³ tɕu²²,
喂，过来 的 人 有 话 了，过来的人：老辈人。

ka³¹ we²² sa⁴⁴ ɕɔ³¹ ɲi³¹ ka²²tɕi³⁵?
让 我 先 问 是 哪里？哪里：哪里的人。

he³¹, pa⁴⁴sɛ⁵³, ɲi³¹ ka⁴⁴tɕi³⁵ nã⁴⁴ a³¹?
喂，坝伞，是 哪里 的 啊？

坝伞：pɛ⁴²l̥ʰei³⁵.
板内。板内：地名。

父亲：o³¹, ɲi³¹ tu⁴⁴qwei³⁵!
噢，是 都鬼！父亲年老听力不好，把"板内"听成"都鬼"，"都鬼"谐音"鸡"，双关地名"鸡司"寨。

坝伞：ɲi³¹ pɛ⁴²l̥ʰei³⁵ nã⁴⁴ a³¹!
是 板内 的 啊！

父亲：o⁵³，n̠i³¹ pɹa³¹ʐei³⁵！
　　　噢，是　叭仁！_{又把"板内"误听成"叭仁"寨。}

坝伞：n̠i³¹ pɛ⁴²l̥ʰei³⁵ nã⁴⁴ a³¹！
　　　是　板内　　的　啊！

父亲：o³¹，n̠i³¹ tʰu⁵³tʰei³⁵！
　　　噢，是　土屯！_{又把"板内"误听成"土屯"寨。}

坝伞：n̠i³¹ pɛ⁴²l̥ʰei³⁵ nã⁴⁴，tu³⁵ ta³¹！
　　　是　板内　　的，聋　死了！

父亲：o³¹，n̠i³¹ pɛ⁴²l̥ʰei³⁵ a⁴⁴，n̠i³¹ qo³⁵ŋã³⁵ sei³⁵ o³¹？
　　　噢，是　板内　　啊，是　什么　　姓　噢？

坝伞：a⁴⁴ pɹɯ⁴⁴ n̠i³¹ qo³⁵qwa³¹ nã⁴⁴．
　　　一　屋　是　石姓　　的。_{一屋：全村。}

父亲：o³¹，n̠i³¹ qo³⁵qwa³¹．
　　　噢，是　石姓。

　　　pɛ⁴²l̥ʰei³⁵ qo³⁵qwa³¹ we²² nã⁴² n̠tɕo⁵³，
　　　板内　　石姓　　　我　也　认得，

　　　qo⁵³mpʰa⁴⁴ tei⁵³ me⁴² pɹa³⁵ ku²² ʈo⁵³．
　　　女人　　　共　有　五　　十　六。

　　　ne⁴² qwei⁴⁴ lu⁵³ qwei⁴⁴ la³¹ n̠tʰa⁵³ tɕi⁴⁴ to⁵³，
　　　人家　宽　　土　宽　　田　了　不　得，_{宽土宽田：地多田广。}

　　　a⁴⁴，ne⁴² hɛ⁵³ kɯ⁴⁴n̠tõ³⁵ mõ⁴² tʰu⁴⁴ tɕi⁴⁴ to⁵³．
　　　啊，人家　些　活儿　　　你　做　不　得。

　　　mõ⁴² pə⁵³ kwe³⁵ qa⁴⁴n̠tsɔ⁴⁴ n̠e²² ta³¹ n̠e²² sei³⁵ ʐo²²，
　　　你　　睡　觉　　早晨　　　懒　死　懒　极　了，_{懒死懒极：懒得要死。}

　　　qa⁴⁴ma³¹ hɛ³¹ ne³¹ te³⁵mpʰa⁴⁴ ŋã³¹ mɯ⁴²，
　　　不要　　害　人家　闺女　　　和　你，

　　　we²² tɕe⁵³ n̠tõ³¹ ʐi³⁵！
　　　我　不　同　意！

　　　　　　　　　　　　　（麻国柱、麻海清等演唱，2017年12月28日）

五 故事

1. 砍日月树

ɕi³¹	ŋã³¹	ɕi³⁵	ȵu³¹,	ȵu³¹	ɕi³⁵	ȵu³¹	mɛ²²	to³¹pɹa³¹	ŋʰe³⁵	me⁴²	a⁴⁴	ku²²	ɯ³¹	le³¹
昔时	昔日	日	昔	日	古	天空		有	一	十	二	个

n̥ʰe³⁵,	za̠⁴⁴	sa⁵³	me⁴²	a⁴⁴	ku²²	ɯ³¹	le³⁵	l̥ʰa⁵³.	ɕɔ⁴⁴	te⁴⁴	le⁴⁴	qo⁴⁴sɔ³⁵	qo⁴⁴ntʰa⁵³,	o⁵³ẓɯ³⁵
太阳	又	也	有	一	十	二	个	月亮	热	到	呢	天下		石头

qo³⁵ɕi⁴⁴	o³¹	tei³⁵	ʂɔ⁴⁴	o³¹	ji⁵³	tɕɛ³⁵	mpe⁴⁴	tɯ³⁵	mpe⁴⁴	ẓɯ³⁵.	tei³¹tɯ³¹	tei³⁵la³¹	nã⁴⁴
沙砾啊	就	晒	啊	熔成	粉	土	粉	石	人间		的

ne⁴²	le⁴⁴	sa⁵³	ȵi³⁵	tɕi⁴⁴	tɕɛ⁴²	tɕõ⁵³	tɕi⁴⁴	to⁵³.	a³¹,	ŋã³⁵	ŋã⁴⁴	le⁴⁴	tɯ³⁵	ȵi³¹	tɯ²²
人	呢	也	住	不	成	坐	不	得	啊	像	这样	呢	只	是	剩

za̠⁴⁴	qa⁵³	qʰu⁴⁴	zõ⁴²	qʰu⁴⁴	pɹa⁴⁴	qo³⁵nã³¹.	tɕi⁴⁴	ŋʰe³⁵	sa⁵³	tʰu⁴⁴	tɕi⁴⁴	to⁵³	qo³⁵ntsa⁵³,
躲到	洞	石壁洞	崖壁	里		白天	也	做	不	得	庄稼

tɯ³⁵	ȵi³¹	ntɕe³¹	kʰo³⁵	kə⁴⁴	m̥ʰa⁵³	tɕo³¹	tʰu⁴⁴.
就	是	全	靠	拿	晚上	黑	做

很久很久以前，天上有十二个太阳，又有十二个月亮。天下的石块沙子都被晒成土末和石末。人间的人不能生存，无法居住，只好躲进石洞崖洞里。白天不能做农活，全靠在晚上摸黑做。

pɯ³⁵	nã⁴⁴	qo³¹ɕõ³¹	qo³⁵ŋa³¹	sa⁵³	me⁴²	a⁴⁴	le³⁵	qo³¹ne⁴²	ntsʰa³⁵	ne⁴²	za̠³¹,
我们	的	苗族	里	也	有	一	个	人	清醒	人	聪明

pɯ²²	le²²	tɯ³⁵	ȵi³¹	mpʰu⁵³	a⁴⁴pʰɯ³⁵	ko⁴⁴tɕe⁴².	pɯ²²	Nqʰe⁴⁴	qe³¹	o³¹	tei³⁵tɯ³⁵	na⁴⁴
他	呢	就	是	叫	阿爷	高杰	他	看	见	啊	人间	的

ne⁴²	ʂɯ³⁵	o³¹	ne⁴²	pʰu⁴⁴	to⁴²	hɛ⁵³	nã³¹mɛ²²,	ɕʌ⁴²	nã⁴⁴	a³¹	ȵi³⁵	tɕi⁴⁴	tɕɛ⁴²	tɕõ⁵³
人	受	啊	人	说	的	些	这样	大	人	啊	住	不	成	坐

tɕi⁴⁴ to⁵³, a⁵³ le³⁵ qo³⁵tɕʰi³⁵ pɯ²² tu³⁵ cʰi³⁵ tʰɯ⁴⁴ a⁴⁴ tɕʰi³⁵. ŋã³⁵ ŋã⁴⁴ le⁴⁴ pɯ²²
不 得 一 个 肚子 他 就 气 做 一 肚子 像 这样 呢（他

tu³⁵ ɕã⁵³ a⁴⁴ le³⁵ pɛ³⁵ pɯ²² tu³⁵ ɕã⁵³ pɹõ²² a⁴⁴ le³⁵ pɛ³⁵hwa³¹, ʎe³¹ kə⁴⁴ a⁴⁴
就 想 一 个 办）他 就 想 出 一 个 办法 要 砍 一

pa³⁵ ntu⁵³ n̥ʰe³⁵ ntu⁵³ l̥ʰa⁵³ nẽ⁴⁴ qʰə⁵³ tɕi⁴⁴ntɕʰi³⁵ tɕi⁴⁴tɕo³¹.
些 树 太阳 树 月亮 这 砍 干净 完

我们苗族里有一个聪明的人,他就是高杰爷爷。他看见世人遭受这样大的磨难,人们无法生存,就生了一肚子的气。这样他就想出一个办法来,要将这些日月树砍光伐尽。

ŋã³⁵ ŋã⁴⁴ le⁴⁴ a⁴⁴pʰɯ³⁵ ko⁴⁴tɕe⁴² pɯ²² ta³¹ cʰi⁴⁴ o³¹ ntã⁵³ tɕe⁴² a⁴⁴ tei³⁵
像 这样 呢 阿爷 高杰 他 就 开始 啊 打 成 一 把

qo³⁵to⁵³, hẽ⁴⁴ me⁴² ʑi²² pa⁵³ pɹei³⁵ ku²² kã³⁵, ntu⁴⁴ le⁴⁴ sa⁵³ ɯ³⁵ tã³⁵ pɹa³⁵
斧子 重 有 八 百 四 十 斤 长 呢 也 二 丈 五

tɕʰi⁴². a³¹, kə⁴⁴ mõ²² qʰə⁵³ a⁴⁴ pɛ³⁵ ntu⁵³ n̥ʰe³⁵ ntu⁵³ l̥ʰa⁵³ nẽ⁴⁴. pɯ²² a³¹, a⁵³
尺 啊 拿 去 砍 一 些 树 太阳 树 月亮 这 他 啊 一

hu⁴⁴ ɕe⁴⁴ tu³⁵ qʰə⁵³ qo⁵³ a⁴⁴ ku²² a⁴⁴ tu³¹. qʰə⁵³ tɛ⁴⁴ qo³⁵pɹa³⁵ a⁴⁴ tu³¹,
口 气 就 砍 倒 一 十一 棵 砍 到 末尾 一 棵

ɲcã⁴⁴ɲcã⁴⁴ qʰə⁵³ to⁵³ a⁵³ hu⁴⁴ te³¹te³⁵. pɹu⁴⁴ qwe³⁵ tu²², pɯ²² a³¹ to³¹ ŋã²² mõ²².
刚刚 砍 得 一 口 点点 使 黑黑 了 他 啊 得 回 去

te⁴⁴ ɕi³⁵ta⁵³ qa⁴⁴ntsɔ⁴⁴, pɯ²² ŋã²² lɔ²². nta⁵³! ntu⁵³ n̥ʰe³⁵ ntu⁵³ l̥ʰa⁵³ za⁵³ tã²² ŋã³⁵
到 早上 清早 他 回来 哇 树 太阳 树 月亮 又 长 大

tã²² ʂe³⁵. ŋã³⁵ ŋã⁴⁴ le⁴⁴ pɯ²² ʎɛ²² tɕe³¹ ʎe³¹ qʰə⁵³ qo³⁵ mi³¹ n̥ʰe³⁵ tei⁵³ ŋã³⁵
长 高 像 这样 呢 他 连 接 连 砍 好 多 天 总 像

ŋã⁴⁴ nã⁴⁴ tã²² kɔ⁴² tã²² ʂe³⁵. a⁴⁴pʰɯ³⁵ ko⁴⁴tɕe⁴² lɛ²², a³¹ tɯ³¹ pʰu⁴⁴ tɕ⁴²: a⁴⁴
这样 的 长大 长 高 阿爷 高杰 呢 啊 就 说 道 一

pɛ³⁵ qo³⁵ntu⁵³ nẽ⁴⁴ ŋã³¹mɛ²² nã⁴⁴ ku⁵³ kwe³⁵ mõ²²!
些 树 这 如此 的 古 怪 去

这样高杰爷爷就开始打一把斧头，有八百四十斤重，两丈五尺长，用来砍这些日月树。他一口气就砍倒了十一株。砍到最后一株，刚刚砍了一点口子，天黑了，他不得不回去。到第二天早晨，他回来了。天啊！这棵日月树又长大长高了。就这样他接连砍了好几天，但都是如此，砍了又长。高杰爷爷就说道："这树真是奇怪了！"

ku⁴⁴ tɕei⁵³ a³¹ me⁴² a⁴⁴ n̥he³⁵ lɛ⁴⁴, a⁴⁴pʰɯ³⁵ ko⁴⁴tɕe⁴² za²² lɔ⁵³ qʰə⁵³. qʰə⁵³
面　后　啊　有　一　天　呢　阿爷　高杰　又　来　砍　砍

tɛ⁴⁴ m̥hã³¹ tɕo³¹, nã⁴² tei⁵³ qʰə⁵³ tɕe⁵³ te⁵³. ã³¹, a⁴⁴ n̥he³⁵ nẽ⁴⁴ lɛ⁴⁴ pɯ²² ɕã⁵³
到　天　黑　也　还　砍　不断　嗨　一天　这　呢　他　想

wã³¹: qʰə⁵³ tɕe⁵³ te⁵³ we²² sa⁵³ tɕe⁵³ ŋtã²² tu²², we²² tu³¹ pə⁵³ n̩i³¹ mõ³⁵ ntu⁵³
呀　砍　不　断　我　也　不　回去了　我　就　睡　在　你　树

n̥he³⁵ ntu⁵³ l̥ha⁵³ nã⁴⁴ tʰa⁴⁴ tʰa⁴⁴ ntu⁵³ nẽ⁴⁴, we²² ɕey³¹ ŋqʰe⁴⁴ mõ³⁵ lɛ⁴⁴ a³¹ ɲã³⁵
太阳树　月亮　的　权　权　树　这　我　要　看　你　呢　啊　怎

tɕʰe³⁵ nã⁴⁴ ha³¹, ŋã³¹tɕʰe³⁵ nã⁴⁴ tã²² nã³¹tɕʰe³⁵ nã⁴⁴ ɕɔ⁴² pə⁵³ tɛ⁴⁴ pɹei⁴⁴mõ²²
样　的　啊　怎样　的　长　怎样　的　大　睡　到　三更

tu⁵³tɕi⁴⁴ zo²², a⁴⁴pʰɯ³⁵ ko⁴⁴tɕe⁴² lɛ²² tu²² Nqe³⁵tu²². ntu⁵³ n̥he³⁵ ntu⁵³ l̥ha⁵³ lɛ⁴⁴ za⁴⁴
半夜　了　阿爷　高杰　呢　忘了　瞌睡了　树　太阳　树　月亮　呢　又

tã²² ɕɔ⁴² tã²² ʂe³⁵ tu²². kə⁴⁴ pɯ⁴⁴ lɛ⁴⁴ ca⁴² n̩i³⁵ ntu⁵³ n̥he³⁵ ntu⁵³ l̥ha⁵³ nã⁴⁴
长　大　长　高　了　把　他　呢　夹　在　树　太阳　树　月亮　的

ta³¹ŋtõ³⁵. tã³¹ pɯ²² sa⁵³ lɔ²², a³¹, ã³⁵! tei⁵³ ca⁴² n̩i³⁵ ntu⁵³ n̥he³⁵ ntu⁵³ l̥ha⁵³ nã⁴⁴
中间　等　他　睡醒　啊　唉　还　夹　在　树　太阳　树　月亮　的

ta³¹ŋtõ³⁵. pɯ⁴⁴ tɕi⁴⁴ to⁵³ qo³⁵pʰe⁴⁴ lo⁵³ tu²² lɛ⁴⁴. to³¹ ka²², a⁴⁴pʰɯ³⁵ ko⁴⁴tɕe⁴² lɛ⁴⁴,
中间　他　不得　办法　下　了　呢　从此　阿爷　高杰　呢

ŋã³⁵ nã⁴⁴ tu³⁵ pə⁵³ n̩i³¹ ntu⁵³ sə³⁵ a³¹ ntu⁵³ n̥he³⁵ ntu⁵³ l̥ha⁵³, pə⁵³ tɛ⁴⁴ ma⁴²
像　这样　就　睡　在　树　青冈　啊　树　太阳　树　月亮　睡　到　时候

nẽ⁴⁴ lɔ²² wa²².
这　来　哟

后来有一天，高杰爷爷又来砍树。砍到天黑，还没砍断。这天他就想："砍不断树我就不回去了，就睡在日月树的树权上,我要看它是怎样长高长大的。"到三更半夜,高杰爷爷睡着了。这棵日月树又长大长高了,把他夹在了树的中间了。等他醒来时,被卡在了树中间,没有办法下来了。从此,高杰爷爷就这样睡在青冈("青冈"为讲述者口误)日月树上,一直睡到现在。

a⁴⁴ pʰɯ³⁵ ko⁴⁴tɕe⁴² lə⁴⁴, qʰə⁵³ te⁵³ a⁴⁴ ku²² ɯ³⁵ te²² ntu⁵³ ŋ̊ʰe³⁵ ntu⁵³ l̥a⁵³
阿爷　高杰　　呢　砍　断　一　十　二　棵　树　太阳　树　月亮

nã⁴⁴ ku⁴⁴ tɕi⁵³ taʳ³¹pɹa³⁵ŋ̊ʰe³⁵ lɛ⁴⁴ tə⁵³ ɲi³¹ tuɯ²² a⁴⁴ le³⁵ ŋ̊ʰe³⁵ a⁴⁴ le³⁵ l̥a⁵³.
的　面　后　天上　　　呢　就　是　剩　一　个　太阳　一　个　月亮

tu³¹tɕi³¹tu³⁵la³¹ sa⁵³ pje³⁵ ʐu⁵³ tu²². a³¹, na³¹ sa⁵³ hwei⁴⁴ to⁵³ tẽ⁴⁴ ɕa³⁵ tɕʰu⁴⁴
人间　　　　也　变　好　了　啊　就　也　分　得　冬　夏　春

tõ⁴⁴, ŋã⁴² ne³¹ ŋã³⁵ nõ⁵³. pɹɯ⁴⁴ ne³⁵ lɛ⁴⁴ sa⁵³ a³¹ tɕã⁵³ ɕi³⁵ tɕã⁵³ ʂe³⁵ nã⁴⁴
秋　时　夏　时　冬　家　人　呢　也　啊　放　心　放　肝　地

mõ²² tʰu⁴⁴ se³⁵ tʰu⁴⁴ ntsa⁵³. tse³⁵ za³⁵ na³¹ tɕi⁴⁴ ɛ³¹ ɤ³⁵ ŋ̊⁴⁴, pʰu⁴⁴ cɤ⁴² ʌe³¹
去　做　农活　做　庄稼　再　又　也　不　要　担　心　说　道　要

pɹa⁴⁴ qa⁵³ qʰu⁴⁴ ʐu²² qʰu⁴⁴ pɹa⁵³ mõ²² tsʰu³⁵.
逃　往　洞　野外　洞　悬崖　去　还

高杰爷爷砍断了十二棵("一十二棵"为讲述者口误。应是"一十一棵")日月树以后,天上只剩一个太阳一个月亮。人间也变好了,分出了春夏秋冬。屋里的人也可以放下心来出去干农活种庄稼,再也不用担心要躲进外面的崖洞里去了。

(龙正海讲述,2018年4月22日)

2. 三脚架的故事

ɲi³¹ pu³¹ qo³¹ɕõ³⁵, pɹɯ⁴⁴ pɹɯ⁴⁴ nã⁴⁴ pɛ⁴⁴ tsõ⁴² tei⁵³ me⁴² a⁴⁴ le³⁵ sɿ³⁵ sɿ³⁵
在　我们　苗族　　家　家　的　板　地楼　都　有　一　个　四　四

hwã⁴⁴ hwã⁴⁴ nã⁴⁴ qʰu⁴⁴ tɕi³⁵ tə²². qʰu⁴⁴ tɕi³⁵ tə²² tã⁴⁴ŋ̊õ³⁵ lɛ⁴⁴ tʰɛ³⁵ a⁴⁴ le³⁵ kə⁴⁴
方　方　的　坑　烧　火　坑　烧　火　中间　　呢　摆放　一　个　用

l̥o⁵³ tʰu⁴⁴ tɕe⁴² nã⁴⁴ sɛ⁴⁴ ko³¹ ca³⁵. a⁴⁴ le³⁵ sɛ⁴⁴ ko³¹ ca³⁵ nẽ⁴⁴ mpʰu⁵³
铁 做 成 的 三 脚 架 一 个 三 脚 架 这 叫

"qo³¹kã³⁵". ku⁴⁴lɔ⁵³ ɲi³¹ a⁴⁴ le³⁵ ntɛ³¹ ntɛ³¹ zɛ³¹ zɛ³¹ nã⁴⁴ kwã⁴⁴ kʰwã⁵³ l̥o⁵³,
"果刚" 上 面 是 一 个 团 团 圆 圆 的 圈 圈 铁

ta⁴⁴hã⁴⁴ ɲi³¹ pu³⁵ te²² qo³⁵ʈa⁵³. pɯ³⁵ lɛ⁴⁴ mpĩ³¹ ʂ̩³¹ tʰu⁴⁴ ɕʰe⁵³ ca³¹ zei³⁵, tɯ³⁵ ɲi³¹
下 面 是 三 只 脚 我们 呢 平 时 煮 饭 炒 菜 就 是

tʰɛ³¹ ɲi³⁵ a⁵³ tɯ²² qo³¹kã³⁵ nẽ⁴⁴.
摆放 在 一 架 果刚 这

在我们苗族，家家的地板楼上都有一个四四方方的火塘。火塘的中间摆放着一个用铁做成的三脚架。这个三脚架叫"果刚"。上面是一个圆圆的铁圈，下面是三只脚。我们平时煮饭、炒菜，锅就放在这个三脚架上。

qʰu⁴⁴ tɕi³⁵ tə²² nã⁴⁴ a⁵³ tɯ²² qo³¹kã³⁵ nẽ⁴⁴, pɯ³¹ qo³¹ɕõ³¹ ne³⁵ tɕe⁵³ ʈei⁵³
坑 烧 火 的 一 架 果刚 这 我们 苗族 人 不 准

tɕi³¹ le³⁵ kə⁴⁴ qo³¹l̥o³⁵ ʈa⁵³ nã⁴⁴. tɕi³¹ le³⁵ sa⁵³ tɕi⁴⁴ ɲɛ²² he⁵³ ha⁴⁴lɯ²² nẽ⁴⁴
谁 个 用 脚 踩 的 谁 个 如果 不 懂 些 习惯 这

lɛ⁴⁴, kə⁴⁴ qo³¹l̥o³⁵ ʈa⁵³ a⁵³ tɯ²² qo³¹kã³⁵ nẽ⁴⁴ a³¹, tu⁴⁴pɹɯ⁴⁴ ʂ̩³⁵ ɲi³¹ tɕe⁵³
呢 用 脚 踩 一 架 果刚 这 啊 主人 是 是 不

tɕã⁴² tɕʰi³¹ tɕã³⁵ ɕe⁴⁴ nã⁴⁴. wei³⁵ qo⁵³nã³⁵ pɯ³¹ qo³¹ɕõ³¹ ne³⁵ lɛ⁴⁴ tei³⁵ a⁵³
高兴 肚子 高兴 肠子 的 为 什么 我们 苗族 人 呢 对 一

tɯ²² qo³¹kã³⁵ nẽ⁴⁴ nã³¹mɛ²² nã⁴⁴ Nqʰe⁴⁴ hẽ⁴⁴ lɛ⁴⁴? a⁴⁴ tɕɯ⁴² qɔ⁵³ na⁴² ɲi³¹
架 果刚 这 这么 的 看 重 呢 一 代 老 也 是

ŋã³⁵ ŋã⁴⁴ pʰu⁴⁴ nã⁴⁴:
像 这样 说 的

火塘里的这个三脚架，我们苗族人是不准任何人用脚踩踏的。谁要是不懂这个规矩，用脚踩了这个三脚架，主人就会一肚子的不高兴。为什么我们苗家人对三脚架这么看重呢？老一辈人都是这么传说的：

tə³⁵ ɲi³¹ hu³⁵ ʐo⁵³ hu³⁵ ʐo⁵³ lɯ⁴² nã⁴⁴ ku⁴⁴nə²², pɯ³¹ qo³¹ɕõ³¹ ne³⁵ nã⁴⁴
就 是 很 多 很 多 久 的 前面 我们苗族 人 的

tsu⁵³ ɕɛ⁴⁴ to³¹ ne⁴² tɕi⁵³pei²², sa⁵³ to³¹ ne⁴² tɕi⁴⁴tɕi⁵³ to⁵³ hu³⁵ʐo⁵³ qu³⁵ nã⁴⁴
祖 先 被人 恐 吓 也 被 人 驱 赶 从 多 少 远 的

tõ⁴⁴ta³¹u³⁵, o⁴⁴ mi²² pɛ⁴² mĩ²² pʰo⁵³, a³¹, mĩ²² pu²² mĩ²² tei³⁵, pɹa⁴⁴ qa⁵³ ɕã⁴⁴
董代务 喔 大 平坝大平原 啊 大山坡 大 地方 逃 往 湘

ɕi⁴⁴ nã⁴⁴ a³¹ po³⁵ʐu⁴⁴ mĩ²² po³⁵ʐu⁴⁴ ntu⁵³.a³¹, ne⁴² pʰu⁴⁴ tə⁴², qʰu⁴⁴ ʐu⁴⁴ qʰu⁴⁴
西 的啊 丛林 枫树 丛林 树 啊 人 说 的 地方森林 地方

pɹa⁵³. a⁵³ tʰã³¹ qo³¹ŋã³⁵ a⁴⁴, za⁴⁴ pei⁴⁴ za⁴⁴ ntɕʰa⁵³, pei²²pei²²tei²²tei²² ʐã²², kə⁴⁴
悬崖 一 阵 时候 那 又 慌 又 怕 慌 慌 张 张 极 把

qo³¹ntɯ³⁵ pi⁴⁴tə²² zɛ⁴² to³¹ tɕi⁵³mi²² nã⁴⁴ tõ⁴⁴ta³¹u³⁵ lɛ⁴⁴ pɹɯ⁴⁴ ɕo⁵³ ka⁴⁴ ei³⁵
种 火 丢失在 他们 的 董代务 呢家 老 里 那

tə⁴⁴ tu²². tɛ⁴⁴ tɕu²² ɕã⁴⁴ ɕi⁴⁴ lɛ⁴⁴, a³¹, pə⁵³ na³⁵ pə³⁵ nõ³¹ o³¹ tɕe⁵³ me³⁵
留下 了 到 了 湘 西 呢 啊 打 野兽 打 鸟 噢 没 有

pi⁴⁴tə²² kə⁴⁴ o³⁵, kə⁴⁴ ho⁵³, nõ⁵³, sa⁵³ tɕe⁵³ me³⁵ pi⁴⁴tə²² lɛ⁴⁴ kə⁴⁴ ntu⁵³
火 用来 烧 用来煮 冷 也 没 有 火 呢 用来 烤

pɯ³¹ qo³¹ɕõ³¹ ne³⁵ a⁴⁴ tu³⁵ ɲi³¹ nõ⁴² nɯ²² nõ⁴² kʰu⁴⁴, nɛ³¹ ɕi³⁵ nɛ³¹ qʰe⁴⁴,
我们苗族 人 啊 就 是 吃 生 吃 苦 忍 饥 忍 渴

nɛ³¹ tsɛ²² nɛ³¹ nõ⁵³ nã⁴⁴ kwa⁵³ ʐu²² tsɿ⁵³.
忍 凉 忍冷 的 过 日子

那是在很久很久以前,我们苗族人的祖先被别人恐吓、驱赶,从很远的董代务大平坝、大平原、大山坡、大地方逃往湘西的深山老林、崇山峻岭中。那时又急又怕,慌慌张张,把火种丢在他们的董代务老家了。到了湘西后,打了野物没有火烧、火煮,天气冷了也没有火烤,我们苗族人只能吃生食,忍受饥饿寒冷过日子。

me⁴² a⁴⁴ n̥ʰe³⁵ o⁴⁴, me⁴² pu³¹ lɛ³¹ tɛ³¹ ɕõ³⁵ lɛ⁴⁴ tɕi⁵³mi²² ta³¹ɕi³⁵ tɕi⁴⁴tsu⁴²
有 一 天 噢 有 三 个 伢苗族 呢 他们 大家 碰

tʰu⁴⁴ a⁵³ kuɯ⁴⁴. me⁴² a⁴⁴ le³⁵ mpu⁵³ qo⁵³kã⁴⁴ nã⁴⁴ a³¹ mpɯ²² tuɯ⁴² pʰu⁴⁴: mã⁵³
到 一 路 有 一 个 名叫 果刚 的 啊 他 就 说 时候

nẽ⁴⁴ ã⁴⁴ pɯ³⁵ hɛ̃⁵³ tɕe⁵³ me³⁵ pi⁴⁴tə⁴⁴ pi⁴⁴tɕi⁵³, kwa⁵³ n̥e³⁵ kwa⁵³ l̥ʰa⁵³ lɛ⁴⁴ hɛ⁵³
这 啊 我们 些 没 有 火 柴火 过 日 过 月 呢 些

nẽ⁴⁴ nɛ⁴² kwɑ⁵³ hẽ⁵³ to⁵³, we²² ɕã⁵³ tsʰei⁵³ me⁴² ɯ³⁵ le³⁵ lɛ⁴⁴ ɲã³¹ we²² ɳã⁴⁴
这 难 过 很 得 我 想 请 你们 两 个 呢 和 我 回

qa⁵³ tõ³¹te³¹u³⁵ pɹɯ⁴⁴ qɔ⁵³ mõ²², me³⁵ a⁴⁴ le³⁵ qo³¹ɲu³⁵ pi⁴⁴tə² ɳã⁴⁴ lɔ²², me⁴²
往 董代务 家 老 去 取 一 个 种 火 回 来 你们

ɯ³¹ le³⁵ lɛ⁴⁴ kʰi⁴⁴ pi⁵³ tɕi⁴⁴ kʰi⁵³? me⁴² a⁴⁴ le³⁵ mpu⁵³ qo⁵³ʂɯ³⁵ nã⁴⁴, mpɯ²² a³¹
两 个 呢 肯 还是 不 肯 有 一 个 名叫 果受 的 他 啊

qo⁵³ɳã³⁵ tu⁵³ tei⁵³ tɕe⁵³ pʰu⁴⁴, mpɯ²² tɔ⁴²: zu⁵³! ɳã³¹ mõ³⁵ mõ²². tuɯ²² a⁴⁴ le³⁵ mpu⁵³
什么 都 全 不 讲 他 说 好 跟 你 去 剩 一 个 叫

qo⁵³lo³¹ nã⁴⁴ mpɯ²² tɯ³¹ pʰu⁴⁴: zu⁵³ ɲi³¹ zu⁵³ nã⁴⁴! tɯ³⁵ ɲi³¹ pʰu⁴⁴ tɔ³¹ qu³⁵
果洛 的 他 就 说 好 是 好 的 就 是 说 呀 远

kuɯ⁴⁴ qu³¹ kõ³⁵, n̥ɛ⁴⁴ mpu³¹ ɳã³¹tɕʰe³⁵ lɛ⁴⁴ ta³⁵ to⁵³ pi⁴⁴tə²² ɳã⁴⁴?
路 远 程 知道 我们 如何 呢 带 得 火 回

有一天啊，有三个苗家后生碰到一起。有一个名叫果刚的就说："我们这没有火的日子真不好过，我想邀你们两个和我一起回董代务老家去，取一个火种回来，你们两个愿不愿意去？"一个名叫果受的毫不犹豫地回答说："好！我跟你去！"另一个叫果洛的说："好是好，就是路程太远，这火种我们如何带回来呢？"

qo⁵³kã⁴⁴ tuɯ³⁵ pʰu⁴⁴ wa⁴⁴: a⁴⁴ pɛ³⁵ nẽ⁴⁴ a⁴⁴pʰɯ³⁵ pa⁴⁴wã³⁵ me⁴² a⁴⁴ le³⁵ ɲi³¹
果刚 就 说 了 一 些 这 阿爷 巴望 有 一 个 是

kə⁴⁴ qo³¹zu³¹ mɹo³⁵ pə⁴² tɕe³⁵ nã⁴⁴ qo³⁵tʰã⁴⁴, a⁴⁴ le³⁵ qo³⁵tʰã⁴⁴ nẽ⁴⁴ za⁴⁴ tã⁵³
用 石头 青 打 成 的 风箱 一 个 风箱 这 又 通

kʰi³⁵ za⁴⁴ tã⁵³ ci⁵³, pɯ³⁵ lɛ⁴⁴ tuɯ³⁵ kə⁴⁴ pi⁴⁴tə²² to⁵³ to³¹ a⁴⁴ le³⁵ qo³⁵tʰã⁴⁴
气 又 通 风 我们 呢 就 用 火 放 在 一 个 风箱

nẽ⁴⁴ ta³⁵ ɳã⁴⁴ lɔ²².
这 带 回 来

果刚说:"我们的巴望阿公有一个用青石做成的风箱,这个风箱又透气又通风,我们可以把火种放在这个风箱里面带回来。"

ŋã³⁵ŋã⁴⁴ lɛ⁴⁴ tɕi⁵³mi⁴² pu³¹ le³⁵ a⁴⁴, a³¹, tɕi⁴⁴ŋã³¹ qa⁵³ a⁴⁴pʰɯ³⁵ pa⁴⁴wã³⁵
这样 呢 他们 三 个 啊 啊 一起 往 阿爷 巴望

pɯ⁴⁴ mõ²², po⁴⁴ a⁴⁴pʰɯ³⁵ pa⁴⁴wã³⁵ pʰu⁴² : pɯ³⁵ ɕe³¹ lɔ²² ŋã³¹ mu⁴²
家 去 告诉 阿爷 巴望 说道 我们 要 来 向 您

qa⁴⁴ a⁵³ le³⁵ qo³⁵tʰã⁴⁴, ŋã⁴⁴ qa⁵³ pɯ³⁵ nã⁴⁴ tõ⁴⁴ta³¹u³¹ lɛ⁴⁴ mɯ⁴⁴ qo⁵³ ka⁴⁴
借 一 个 风箱   回 往 我们的 董代务 呢 家 老 里

ei³⁵ mõ⁴⁴, me³⁵ a⁵³ le³⁵ qo³¹ȵtu³⁵ pi⁴⁴tə²².
那 去   取 一 个 种   火

于是他们三人就一起去巴望阿公家里,跟巴望阿公说:"我们要向您借一个风箱,回到我们的老家董代务去,取一个火种回来。"

a⁴⁴pʰɯ³⁵ pa⁴⁴wã³⁵ lɛ⁴⁴ n̥ʰã⁴⁴ to³¹ a⁴⁴ pɛ³⁵ nẽ⁴⁴, nã³¹ tɕi³⁵ nã⁴⁴tɕa⁴², tɕi⁴⁴sə³⁵
阿爷 巴望 呢 听 到 一 些 这 是 当 的 喜欢 高高

tɕi⁵³n̥ɛ⁴⁴. wu²² pʰu⁴⁴ wa²²: we²² tɯ³⁵ tɛ⁴⁴ sẽ⁴⁴ me⁴² qu³¹te³¹ qu³⁵ta³¹, ne⁴⁴ku⁴⁴
兴兴   他 说 了 我 就 担 心 你们 远地方 远地方 路

za⁴⁴ tɕa⁴⁴ hwe⁵³, ɕi⁴⁴ me⁴² ɣə³¹ ne³⁵ hwɛ⁴⁴. qo³¹kã³¹ tɯ³⁵ pʰu⁴⁴ wa²²: we²² wei³¹
又 难 走 呢你们 要 耐 烦 果刚 就 说 了 我 为

ʑo⁵³ a⁵³ qə²² ne⁴² nẽ⁴⁴ kə⁴⁴ kã³¹ zu⁵³ ȵi³⁵ zu⁵³ tɕõ⁵³, he⁵³ ȵi³¹ tɕe⁵³ tu²² mĩ³⁵
了 一 寨 人 这 拿 让 好 住 好 坐 些 是 不 留 命

we²² ti⁵³ ɕe³¹ kə⁴⁴ pi⁴⁴tə²² me³⁵ kã³¹ to⁵³ ŋã⁴⁴ lɔ²².
我 也 要 拿 火子 取 让 得 回 来

巴望阿公听说后,当然很高兴。他说:"我只是担心你们路途遥远,路又难走,你们要小心。"果刚说:"我们为了全寨人生活安宁,就是拼了性命也要把火种取回来。"

a⁴⁴pʰɯ³⁵ pa⁴⁴wã³⁵ lɛ⁴⁴ a³¹ n̥ʰã⁴⁴ to³¹ a⁴⁴ pa³⁵ tu⁵³ nẽ⁴⁴ a²², kə⁴⁴ qo³⁵tʰã⁴⁴
阿爷 巴望 呢 一 听 到 一 些 话 这 啊 把 风箱

tɕi⁵³ lõ⁴⁴ kə⁴⁴ kã³¹ tɕi⁵³mi⁴², po⁴⁴ tɕi⁵³mi⁴² pʰu⁴⁴ to⁴²: tʰa⁵³ nẽ⁴⁴ ɲcã⁴⁴ɲcã⁴⁴ sa⁵³
取出 拿给 他们 告诉 他们 说 道 今 这 刚刚 正

n̩i³¹ a³¹ qe³⁵l̩ʰa⁵³ ntɛ³¹ʐɛ³¹ nã⁴⁴ qo³¹ŋã³⁵, me⁴² mõ²² lɛ⁴⁴ ʐɔ²² a⁴⁴ l̩ʰa⁵³ tɛ⁴⁴
是 啊 月亮 团圆 的 时候 你们 去 呢 再 一 月 到

tʰa⁵³ nẽ⁴⁴ a³¹ n̩ʰe³⁵ qe³⁵l̩ʰa⁵³ ntɛ³¹ʐɛ³¹ nã⁴⁴ qo³¹ŋã³⁵ lɛ⁴⁴, we²² ŋã³¹ wu³¹tʰei⁴⁴
今 这 一 天 月亮 团圆 的 时候 呢 我 跟 寨子

wu³¹ʐã²² ta⁴⁴ɕi³⁵ lɔ²² tã²² me⁴². me⁴² lɛ⁴⁴ ɕe⁵³ tɕi⁴⁴ʂã⁵³ mõ²² tɕi⁴⁴ʂã⁵³ ŋtã⁴⁴.
村子 大家 来 接 你们 你们 呢 要 快 去 快 回

　　巴望阿公听到这些话，就拿出风箱给他们，叮嘱他们说道："今天正好是月圆的时候，你们走后下一个月圆的日子，我和村寨里的乡亲们来接你们。你们要快去快回。"

qo³¹kã³⁵, qo⁵³kã⁴⁴ tɕi⁵³mi⁴² pu³¹ le³⁵ a³¹ qo³⁵tu²² tu³⁵ ntɕi⁴² qo³⁵tʰã⁴⁴ wa²²,
果刚 果刚 他们 三 个 啊 手 就 提 风箱 呀

tɕi⁴⁴ʐã³¹ u³⁵ tɕi⁴⁴ʐã³¹ tə²², nã⁴⁴ sa⁵³ tɕi⁴⁴ʐã³¹ ʐu⁴⁴ tɕi⁴⁴ʐã³¹ pɹa⁵³, tʰe⁴⁴ ɕi³⁵
沿 河沿 溪 同时也 沿 森林 沿 悬崖 餐饿

tʰe⁴⁴ tʰɔ⁵³, hwe⁵³ tɕu²² a⁵³ ku²² n̩ʰe³⁵, ŋtã⁴⁴ tɛ⁴⁴ a⁴⁴ tɕi⁵³mi⁴² nã⁴⁴ tõ³¹te³¹u³⁵
餐饱 走 了 一 十 天 回 到 啊 他们 的 董代务

a⁴⁴, pɹu⁴⁴ qɔ⁵³ tu⁴⁴ a⁴⁴.
啊，家 老 了 啊

　　果刚他们三人就手提风箱，沿着河流、溪谷，沿着丛林、悬崖，饱一顿饿一顿，走了十来天，终于回到了他们的董代务老家。

ŋã³⁵ŋã⁴⁴ lɛ⁴⁴, a⁴⁴ qʰu³¹ qo³¹tɛ³⁵ nẽ⁴⁴, ha³⁵ to³¹ a⁴⁴ lɛ⁴⁴ a⁴⁴ ne⁴² pʰu⁴⁴ tə⁴²
这样 呢 一 处 地方 这 还 被 一个 一 人 说 的

ʐa⁴⁴ çõ⁴⁴ ʐa⁴⁴ hẽ⁵³ nã⁴⁴ ne⁴² mpo⁴²o³¹ ta³¹ʐõ³¹ ne³⁵ lɛ⁴⁴ tɛ³⁵ to⁵³ tu²². tɕi⁵³mi⁴²
又凶 又狠 的 人 头人 龙 人 呢 占 得 了 他们

ʐa³⁵ tɕi⁴⁴ cɛ⁴² mi³¹mi³¹ nã⁴⁴ tɕi⁴⁴ŋku⁵³ wu³¹tʰei⁴⁴, qo³⁵ mi³¹ to³⁵ ɕi³¹ɕi³¹ ɲɛ³¹
又 不 敢 明明 的 进 寨里 好几次 悄悄 偷

tɕi⁴⁴ŋku⁵³ mõ²², tei⁵³ to³¹ ne⁴² tɕi⁴⁴tɕi⁵³ pɹõ²² lɔ²².
进　去,　都　被　人　赶　　出　来

　　这个地方呢,已经被一个又凶又狠的龙族头人占据了。果刚他们不敢明着进寨,好几次试着偷偷进去,都被赶出来了。

tɕi⁵³mi⁴² lɛ⁴⁴ a³¹ zɿ⁴⁴ n̩i³⁵ a⁴⁴ tu³¹ ɕi⁴²ɕi³⁵ ntu⁵³ ta⁴⁴hã⁴⁴, n̩i³⁵ tɕi⁴⁴ to⁵³
他们　呢　啊　躲　在　一　棵　底下　树　下面　　在　没得

qo³⁵pʰe⁴⁴ tʰu⁴⁴ nã⁴⁴ qo³¹ŋã³⁵, a³¹, n̥ã⁴⁴ lɔ⁵³ ntu⁵³ a⁴⁴ me⁴² a⁴⁴ le³⁵ tɕi⁴⁴tɕi⁴⁴
办法　做　的　时候　　啊　听到上　树　那　有　一　种　叽叽

tsa⁴⁴tsa⁴⁴ nã⁴⁴ qo³¹ʂɔ³⁵, o³¹ ʂɔ³⁵. nã⁴⁴ n̩i³¹ tɕi⁴⁴ntɕe³⁵ pɹei⁴⁴ a⁵³ Nqʰe⁴⁴, o³¹, qa⁴⁴
喳喳　的声音　哦声音的是抬　头　一　看　哦　原来

n̩i³¹ lɔ⁵³ ntu⁵³ kɯ⁴⁴lɔ⁵³ lɛ⁴⁴ me⁴² a⁴⁴ ŋu²² te³⁵ nõ³¹. qo⁵³kã⁴⁴ lɛ⁴⁴ a⁴⁴ me³¹
是　上　树　上面　呢　有　一　只　小鸟　果刚　呢　一　眼

tu³⁵ zei³⁵ to⁵³ pɹõ²² wa²² a³¹, a⁴⁴ le³⁵ nẽ⁴⁴ n̩i³¹ zi⁵³ntɕɛ²² n̩i³⁵ we²² pɯ⁴⁴
就　认得　出　了　啊　一　个　这是以前　在我家

tɛ³¹pa⁵³ tei³¹ tɕi⁴⁴tsa²² nã⁴⁴ a⁵³ ŋu²² te³⁵ nõ³¹, mpu⁵³ lu⁴²tsei⁴⁴.
院坪　院子　玩耍　的　一　只　小鸟　　叫　奴贞

　　他们躲藏在一棵树下,正没有办法的时候,忽然听到树头上有叽叽喳喳的叫声。抬头一看,原来树枝上有一只小鸟。果刚一眼就认出这是以前常在他家院坪玩耍的一只小鸟,名叫奴贞。

ŋã⁴⁴ pɯ²² a³¹ tɕi⁵³Nqʰe⁴⁴ qo⁵³kã⁴⁴ a³¹, tɕi⁴⁴tɕi⁴⁴tsa⁴⁴ tɕi⁴⁴tɕi⁴⁴tsa⁴⁴tsa⁴⁴ nã⁴⁴
这样　它　一　看见　　果刚　啊　叽叽喳　　叽叽喳喳　　的

a³¹ n̩a³⁵ mõ²² tɕi⁵³ tsɛ²² tɕi⁴⁴ te⁵³. ho⁵³ ɕã³⁵ tei⁵³ nã³⁵ pʰu⁴⁴ a³¹: tu⁴⁴ pɹɯ⁴⁴ a³¹,
啊　叫　去　不　停　不断　　好像　也像说　啊主家　啊

mɯ⁴² qa⁵³ tɕi³⁵ mõ²² tɕu²² a³¹? hɯ³⁵zo⁵³ lu⁴² tɕe⁵³ qɛ³¹ zo³¹. qo⁵³kã⁴⁴ a³¹ po⁴⁴
你　往　哪里　去　了啊多少　久　不　见啦果刚　啊　告诉

te³⁵ nõ³¹ a³¹ lu⁴²tsei⁴⁴, pʰu⁴⁴ to³¹: lu⁴²tsei⁴⁴ a³¹, ɕi⁴⁴ mõ³⁵ tei⁵³ tɕi⁴⁴ n̩ɛ²², pɯ³⁵
小　鸟　啊　奴贞　　说　道　奴贞　啊　呢你　还不　知道　我们

tei⁵³ to³¹ ne⁴² tɕi⁴⁴tɕi⁵³ ʂə³⁵ tu²²! mã⁵³ nẽ⁴⁴ mõ⁴² nɛ²² me⁴² o³¹nã³⁵ pe³⁵hwa²²
已 被 人 赶 跑 了 时候这 你 知道 有 什么 办法

hə⁵³ puɯ³⁵ tʰa⁵³ a⁴⁴ le³⁵ pi⁴⁴tə²² e⁴²?
帮 我们 找到 一 个 火子 不

这时奴贞看到果刚，叽叽喳喳叫个不停。好像在说："主人啊，你到哪里去了啊？好久不见啦！"果刚告诉小鸟奴贞说："奴贞啊，你还不知道呀，我们已经被人赶走了！不知道现在你有没有办法帮我们找到一个火种？"

nu³¹tsei⁴⁴ a⁴⁴ ŋã³⁵ ɲã⁴⁴ lɛ⁴⁴ tɕi⁴⁴ɴqɔ⁵³ pɹei⁴⁴, a³¹, na³¹ sa⁵³ tɕi⁴⁴ʎa⁴² pi⁵³tə⁴⁴,
奴贞 啊 像 这样 呢 点 头 啊 同时 也 摆 尾巴

ɲa³⁵ tɕu²² ta³⁵ nto⁵³ tʰa⁴⁴ kʰi⁴⁴ zi⁵³ ʂə³⁵. tɕe⁵³ tɕe³⁵ huɯ³⁵ʐo⁵³ luɯ⁴², nu³¹tsei⁴⁴
叫 了 几 声 就 开始 飞 走 没 成 多少 久 奴贞

a³¹ tã³⁵ tẽ⁴⁴ ɴqa⁴⁴ to⁵³ a⁴⁴ le³⁵ ʎeɣ³⁵ pɹa⁴⁴ ʎeɣ³¹ pɹa⁴⁴ nã⁴⁴ pi⁴⁴tə²² zi⁵³ ŋɽã⁴⁴
啊 当 真 夹 得 一 个 要 熄 要 熄 的 火子 飞 回

lɔ²². mpuɯ²² kə⁴⁴ pi⁴⁴tə²² a⁴⁴ kə⁴⁴ ɴpe⁴⁴ ɲi³⁵ qo⁵³kã⁴⁴ nã⁴⁴ kuɯ⁴⁴nə²², qa⁴⁴ lɔ⁵³ ha³⁵
来 它 把 火子 啊 拿 吐 在 果刚 的 面前 嘴 里 还

tei⁵³ nə²² n̠tɕʰi⁴⁴!
一直 流 血

这时小鸟奴贞点点头，又摆摆尾巴，叫了几声就飞走了。没过多久，奴贞真的衔着一个快要熄灭的火种飞回来了。它把火种吐在果刚的面前，嘴里还流着血！

tɕi⁵³mi⁴² pu³¹ le³⁵ lɛ⁴⁴ huɯ³⁵ʐo⁵³ nã⁴⁴ tɕi⁴⁴sə³⁵tɕi⁵³n̥ʰɛ²², a³¹ tɕi⁴⁴wei⁴² a⁴⁴ le³⁵
他们 三 个 呢 多少 的 高高兴兴 啊 围 一 个

te³⁵ pi⁴⁴tə²² nẽ⁴⁴ a³¹ nɛ³⁵ hwɛ⁴⁴ nɛ³⁵ hwɛ⁴⁴ nã⁴⁴ pʰɹɔ³⁵. kə⁴⁴ pi⁴⁴tə²² tei⁵³ pʰɹɔ³⁵
小 火子 这 啊 耐烦 耐烦 的 吹 拿 火子 一直 吹

na⁴² tei⁵³ ta³¹, tei⁵³ ta³¹ na⁴² tei⁵³ ntu²². tɕi⁵³mi⁴² lɛ⁴⁴ a³¹ nɛ³⁵ hwɛ⁴⁴ nɛ³⁵ hwɛ⁴⁴
也 一直燃 一直燃 也 一直燃 他们 呢 啊 耐烦 耐烦

nã⁴⁴ kə⁴⁴ a⁴⁴ le³⁵ qo³¹ɲtu³⁵ pi⁴⁴tə²², nẽ⁴⁴ lɛ⁴⁴ kə⁴⁴ tʰe³⁵ qa⁵³ ŋã³¹ tʰã⁴⁴. ha³⁵
的 拿 一 个 种 火子 这 呢 拿 摆放 往 里 风箱 还

tei⁵³ tɕi⁴⁴ɕɑ̃⁴⁴ to⁵³ ŋɑ̃³¹ a³¹ te³⁵ nõ³¹ lu⁴²tsei⁴⁴ pʰu⁴⁴ tɔ⁴² tɕi⁴⁴kʰə³¹ mõ³⁵ le⁴⁴, ɑ̃³⁵,
一直 未成 得 跟 啊 小 鸟 奴贞 说 道 谢谢 你 呢 啊

ku⁴⁴ tei⁵³ to⁵³ qo³⁵ŋɑ̃³¹ pɹo²² lɔ²² huɯ³⁵ʐo⁵³ ʐʰ³⁵ nɑ̃⁴⁴ tso³¹, tɕi⁴⁴tɕi⁵³ tɕi⁵³mi⁴².
面 后 从 里面 出 来 多少 多多 的 群 追赶 他们

tɕi⁵³mi⁴² lɛ⁴⁴ pei²²pei²² tei²²tei²² ẓɑ²², a³¹, ȵtɕi⁴² qo³⁵tʰɑ̃⁴⁴ tɯ³¹ ʂə³⁵ wa⁴⁴.
他们 呢 怕怕 慌慌 极 啊 提 风箱 就 跑了

  他们三人不知道有多高兴,围着火种小心翼翼地吹着,不停地吹,越吹火种越燃,终于将火种吹旺了。他们小心翼翼地把这个火种放进风箱里,还没来得及向小鸟奴贞说声谢谢,就从村寨里面跑出一大群人来追赶他们,他们又怕又慌,急忙提起风箱就往回跑。

a⁵³ huɯ⁴⁴ kʰi³⁵ hwɛ⁴⁴ kwɑ⁵³ a⁵³ ku²² ɯ³¹ le³⁵ qə²², na⁴² sa⁵³ tɕi⁴⁴tɑ⁵³
一 口 气 走 过 一 十 二 座 山 同时 也 跨

kwɑ⁵³ a⁵³ ku²² ɯ³⁵ te²² u³⁵. a³¹, hwe⁵³ kwɑ⁵³ huɯ³⁵ʐo⁵³ qu³⁵ nɑ̃⁴⁴ qo³¹te³⁵,
过 一 十 二 条 河 啊 走 过 多少 远 的 地方

tɕi⁵³mi⁴² tɕi⁴⁴mpe³⁵ me³¹ tɕi⁴⁴ɴqʰe⁴⁴, tɕe⁵³ tsa⁴⁴ ne⁴² tɕi⁴⁴tɕi⁵³ tu²², tʰa⁴⁴ kʰi⁵³ ɕo⁵³
他们 返 脸 望 不见 人 追 了 才 开始 歇

a⁵³ huɯ⁴⁴ ɕɛ⁴⁴, ʐa³⁵ pei²²pei²² tei²²tei²² ʐo²² cɛ⁵³ ŋtɑ̃⁴⁴ lɔ²². tɕi⁵³mi⁴² a³¹ tei⁵³
一 口 气 又 怕怕 慌慌 重新 赶 回来 他们 啊 边

we⁵³ tei⁵³ tɕi⁴⁴mpɛ⁴², ȵi³¹ pɯ³⁵ kə⁴⁴ kɑ̃³¹ to⁵³ a⁴⁴ ŋ̊e³⁵ ntsɔ⁴⁴ a⁴⁴ ŋ̊e³⁵ nɑ̃⁴⁴
走 边 想 是 我们 拿 让 得 一天 早 一天 的

kə⁴⁴ qo³¹ŋtu³⁵ pi⁴⁴tə²² kə⁴⁴ kɑ̃³¹ ta³⁵ nɑ̃⁴⁴ tɛ⁴⁴ pɯ⁴⁴ nɑ̃⁴⁴ lɛ⁴⁴ qo³¹ɕõ³⁵ a⁴⁴,
把 种 火 拿 让 带 回 到 我们 的 呢 苗族 啊

kə⁴⁴ kɑ̃³¹ ta³¹ɕi³⁵ lɛ⁴⁴ a³¹ nõ⁵³ tu²² sa⁵³ me⁴² tə²² ntu⁵³, ɕi³⁵ tu²² sa⁵³ me⁴²
拿 让 大家 呢 啊 冷了 也 有 火 烤 饿了 也 有

pi⁴⁴tə²² kə⁴⁴ ho⁵³.
火 用 煮

  一口气翻过了十二座大山,蹚过了十二条河流。走了很远很远,他们回过头看,不见追赶的人了,才开始歇口气,又惊慌着急地往回赶。他们边走边想,要早一天把火种带回苗族,让大家冷了有火烤,饿了有火煮食物。

tɕi⁵³mi⁴² a³¹ ne⁴² pʰu⁴⁴ tɔ⁴², sa⁵³ tɕi³¹n̥ʰe³¹ tɕi³⁵m̥ʰã⁵³, a³¹, tɕi³⁵m̥ʰã⁵³
他们　啊人　说　的　也　白天　　夜晚　　啊　夜晚

tɕi³¹n̥ʰe³⁵ nã⁴⁴ hwe⁵³. lə⁴⁴qe³⁵ ɴqʰe⁴⁴ tsa⁴⁴ a³¹, ha³⁵ tei⁵³ nã³¹ tuɯ²² a⁴⁴ nã³¹ n̥ʰe³⁵
白天　　的　走　　眼　　看　　见　啊　还　一直　像　剩　一　半　天

nã⁴⁴ ne⁴⁴kuɯ³⁵ ta⁵³le³⁵ ʐo⁴⁴ lɛ⁴⁴, ʃe³¹ te⁵⁴ mɯd⁴⁴ lɔ²² wa²². tɕe⁴⁴ le³⁵ ȵe⁴⁴ tʂ⁴² a³¹,
的　路　　　而已　了　呢　要　到　家　来　了　谁　个　知　道　啊

ta³¹pɹd³¹n̥ʰe³⁵ a²² ʃa²² sɔ³⁵ kwe⁴⁴kwe⁴⁴, ta⁴⁴tu³⁵ lɛ⁴⁴ sa⁵³ ta⁵³ tɕu³⁵ mĩ²² nõ³¹,
天空　　　　啊闪雷滚滚　　　地下　　呢　也　下　了　大　雨

sa³⁵ pʰɹɛ³⁵ tɕu²² mĩ²² ɕi⁵³, tɕe⁵³ mã³⁵ a⁴⁴ qə⁴⁴ tuɯ³⁵ ȵi³¹ a⁵³ ŋõ²² ʐa⁴⁴ tɕʰo³⁵ ʐa⁴⁴ ɕo⁴⁴
也　吹　了　大风　　没　想　啊　确　就　是　一条　又　恶　又　凶

nã⁴⁴ a³¹ qo³⁵ne⁴⁴ʐõ⁴², ȵɛ⁴⁴ tɔ⁴² pu³¹ le³¹ te³¹ ɕõ³⁵ nẽ⁴⁴ kə⁴⁴ pi⁴⁴tə²² me³⁵ to⁵³ ʐo²²,
的　啊　母龙　　　知　道　三　个　伢　苗族　这　把　火　子　取　得　了

puɯ²² lɛ⁴⁴ tə⁵³ le³⁵ a⁴⁴ sa⁴⁴ tɕõ⁵³ ca⁴⁴tu⁵³, ca⁴⁴tu⁵³ ɕi⁵³, ca⁴⁴tu⁵³ nõ³¹ tɕi⁴⁴tɕi⁴⁴ lɔ²²,
它　呢　自　个　啊　也　坐　云　　　云　风　　云　雨　　追赶　　来

puɯ²² ɕã⁵³ kə⁴⁴ mĩ²² nõ³¹ mĩ²² ɕi⁵³ lɛ⁴⁴ a³¹, kə⁴⁴ a⁴⁴ le³⁵ pi⁴⁴tə²² nẽ⁴⁴ lɛ⁴⁴ a³¹ kə⁴⁴
它　想　用　大　雨　大　风　呢　啊　把　一　个　火子　这　呢　啊拿

pi⁴⁴tə²² nẽ⁴⁴ lɛ⁴⁴ a³¹ kə⁴⁴ pʰɹɛ³⁵ tɕi⁵³pɹd⁴⁴, sa⁵³ kə⁴⁴ ʃɛi⁴² tɕi⁴⁴nte³⁵. ʃe³¹ kã³¹ me⁴²
火子　这　呢　啊拿　吹　熄　　　也　拿　淋　湿　　要　让　你们

qo³¹ɕõ³⁵ a³¹ kuɯ⁴⁴tu³⁵kuɯ⁴⁴ne³¹ nõ⁴² ȵu²² nõ⁴² kʰu⁴⁴ a³¹, ne⁴² pʰu⁴⁴ tɔ⁵³ ɛ³¹ nõ⁵³
苗族　　啊　永生永世　　　　吃　生　吃　苦　啊　人家　说　的　忍冷

a³¹ tɕi⁴⁴ me⁴² tə²² ntuɯ⁵³.
啊　没　　有　火　烤

他们夜以继日地赶路。眼看只要半天的路程就要到家了,谁知道,忽然间天空电闪雷鸣,地上狂风暴雨,原来是一条又恶又凶的母龙,得知火种被三个苗族后生取走后,就亲自驾着云坐着风赶来了。它想用狂风暴雨把火种吹灭浇熄,要让苗家永生永世吃生食、吃苦食、挨饿受冻。

qo⁵³kã⁴⁴ lɛ⁴⁴ pu³¹ le³⁵ a³¹, tɕi⁴⁴mi⁴² a³¹ ȵã³¹tɕʰe³⁵ nã⁴⁴ tei⁵³ ʃe³⁵ wei³¹ ʃo⁵³
果刚　呢　三　个　啊　他们　　啊　无论如何　的　一直　要　为　了

314

po⁵³ tu³⁵ a⁴⁴ le³⁵ pi⁴⁴tə²² nẽ⁴⁴, a³¹ ta³¹ ɕi³⁵ a³¹, tʰa⁴⁴ kʰi⁵³ a³¹ tɕi⁴⁴tɛ³⁵tə⁵³
保 护 一 个 火子 这 啊 大 家 啊 就 开 始 啊 拉 脚

tɕi⁴⁴tɛ³⁵ tu²², tɕi⁴⁴ɴqa²² ɴqõ²², tɕi⁴⁴ɴqa²² mja²², nã⁵³ a⁵³ tu²² qo³¹kã³⁵ zi³¹ zã³⁵
拉 手 抱 脖子 抱 舌头 像 一 个 三脚架 一 样

nã⁴⁴ tɕi⁴⁴ɴqa²² le⁴⁴ tʰu⁴⁴ a⁴⁴ nts²², a³¹, tɕi⁴⁴wei⁵³ a⁵³ le³⁵ pi⁴⁴tə²² nẽ⁴⁴, qa⁴⁴
的 抱 呢 做 一 团 啊 围 一 个 火子 这 不

mã³¹ kã³¹ pɹo⁴⁴. kə⁴⁴ tə⁵³ le³⁵ a⁵³ ɕɯ³⁵ te³¹ na³⁵ nẽ⁴⁴ a³¹, ne⁴² pʰu⁴⁴ to⁴² tʰã⁵³
要 让 熄 把 自个 一 身 小 肉 这 啊 人 说 的 挡

u³⁵ tʰã⁵³ nõ³¹, tʰã⁵³ ɕi⁵³ tʰã⁵³ mjã³⁵, ŋã³⁵nã⁴⁴ lɛ⁴⁴ pi⁴⁴tə²² sa⁵³ tʰa⁴⁴ kʰi⁵³ tɕe⁵³
水挡 雨 挡 风 挡 小风 这样 呢 火子 也 才 始 没

pɹo⁴⁴. tɕi⁴⁴ ȵɛ²² kwa⁵³ tɕɛ⁴² hɯ³⁵ʐo⁵³ lu⁴² za²², ne⁴² pʰu⁴⁴ a³¹ mĩ²² nõ³¹ sa⁵³
熄灭 不 知 过 了 多少 久 了 别人 说 啊 大 雨 也

ɕo⁵³ tu²², mĩ²² ɕi⁵³ na⁴² tɕe⁵³ pʰɹɛ³⁵ tu²².
停 了, 大 风 也 没 刮 了

　　果刚三人无论如何都要保住这个火种，大家就手挽着手，脚卡着脚，咬紧牙关，互相抱着脖子，像三脚架一样抱成一个圆圈，围着这个火种，不让它熄灭。用自己小小的肉身挡住了狂风暴雨，这样火种才没有熄灭。不知过了多久，大雨停了，大风止了。

a⁴⁴pʰɯ³⁵ pa⁴⁴wã³⁵ lɛ⁴⁴ tɕi⁴⁴ɴqe⁴⁴ ta³¹pɹa³¹ȵe³⁵ a⁵⁴, tʰa⁵³ nẽ⁴⁴ qe³⁵tʰa⁵³ za³⁵
阿爷 巴望 呢 看 天空 啊 今 这 月亮 又

zɛ³¹ tu²², ŋɛ³⁵ to⁵³ qo⁵³kã⁴⁴ pu³¹ le³¹ ne³¹ nẽ⁴⁴ mõ²² nã⁴⁴ qo³¹ŋã³⁵ pʰu⁴⁴ lɛ⁴⁴,
圆 了 按着 果刚 三 个 人 这 去 的 时候 说 呢

zi³⁵ ce⁴⁴ ɕe³¹ ŋã⁴⁴ te⁴⁴ lo²² tu²². pɯ²² tʰa⁴⁴ kʰi⁵³ tɕi⁴⁴lõ⁵³ wu³¹tʰei⁴⁴ wu³¹zã²²
应 该 要 回 到 来 了 他 就 开 始 召集 寨子里 村子里

a⁴⁴, ta⁴⁴ ɕi³⁵ lɛ⁴⁴ a³¹ tɕi⁴⁴zu³¹ ne³¹ pʰu⁴⁴ to⁴² ne⁴⁴kɯ⁴⁴ zu³⁵ ne⁴⁴kɯ⁴⁴ ntsʰɯ⁴⁴,
啊 大家 呢 啊 跟随 别人 说 的 路 石 路 草

qo⁵³u³⁵ qo⁵³tə²² hwe⁵³ tɕu²² pɛ³⁵ tɕʰɛ⁴⁴, ȵi³⁵ a⁴⁴ lɛ³⁵ ta⁴⁴qe⁴⁴ lɛ⁴⁴ tʰa⁴⁴
水 溪 走 了 半天 在 一 个 山坳 呢 就

kʰi⁵³ tsɯ⁴² to³¹ n̪tɕi⁵³mi⁴². tɕe⁵³ mã³⁵ qo⁵³kã⁴⁴ tɕi⁵³mi⁴² pu³¹ le³⁵ a⁴⁴, tei⁵³ to³¹
开始 碰 到 他们 没 想 果刚 他们 三 个 啊 都 被

ʎa²² sɔ³⁵ le⁴⁴ o³¹ mõ³⁵ a⁵³ ɕɯ³⁵ qwe³⁵ l̥ə⁴⁴l̥ə⁴⁴, a⁴⁴ n̪tu⁵³ ta⁴⁴ tɛ²²tɛ²² ha³⁵
闪 雷 呢 烧 你 一 身 黑 漆漆 一 树 硬 邦邦 还

tei⁵³ tɕi⁴⁴Nqa²² tʰu⁴⁴ a⁵³ kɯ⁴⁴. a⁴⁴pʰɯ³⁵ pa⁴⁴wã³¹ me³⁵ a³¹ na⁴² n̥ɛ⁵³ tɕi⁴⁴
在 抱 做 一 路 阿爷 巴望 他们 啊 也 叫 不

n̥ã⁴⁴ wa⁴⁴, a³¹, tɕi⁴⁴ n̥ã⁴⁴ tɕi⁴⁴ tɯ³⁵, ne⁴² pʰu⁴⁴ a³¹, tɕʰi⁴⁴ tɕu³¹ tɕi⁴⁴ n̥ã⁴⁴.
听见 啦 啊 不 听见 不 回答 人 说 啊 没 作声 没 听见

ŋã³⁵ŋã⁴⁴ le⁴⁴ qo³⁵ŋã³¹ nã⁴⁴ pi⁴⁴tɛ²² a³¹, qo³⁵ŋã³¹ nã⁴⁴ pi⁴⁴tɛ²² ha³⁵ tei⁵³ mɛ̃³¹
这样 呢 里面 的 火子 啊 里面 的 火子 还 在 亮

wã³¹wã⁵³. ta⁴⁴ ɕi³⁵ Nqe⁴⁴ qɛ³¹ he̥⁵³ nẽ⁴⁴ tɕi⁴⁴ to⁵³ qo³⁵pʰe⁴⁴ tʰu⁴⁴, na⁴² tɕõ⁵³
旺旺 大家 看见 些 这 没 得 办法 做 只有 坐

nɛ⁴⁴ tʰu⁴⁴ a⁴⁴ tɛ³¹.
哭 作 一 地

　　巴望阿公看着天空中的月亮今天又圆了。按照果刚三人去时说好的日期，该回来了。他召集寨上的乡邻，沿着山石路、草径、河流、小溪去迎接。走了半天，在一个山坳里终于迎着了。可是没想到，果刚他们三个，早已被雷电烧得一身漆黑，硬邦邦地环抱在一起。巴望阿公再也唤不醒他们了，他们已经无声无息了。风箱里面的火种还烧得正旺。大家看着这些，没有办法，只得坐在地上哭成一团。

qo³¹ɕo³⁵ a³¹ wei³¹ ʎo⁵³ kã³¹ ne⁴² kɯ⁴⁴ tɕi⁵³ nã⁴⁴ ne⁴² a³¹ tɕi⁴⁴ tɕɛ³⁵
苗族 啊 为了 让 人 面 后 的 人 啊 记住

qo⁵³kã⁴⁴ pu³¹ le³¹ ne³⁵ nẽ⁴⁴, a³¹ wei³¹ pɯ³⁵ ta³¹ ɕi³⁵ kə⁴⁴ mĩ³⁵ le⁴⁴ a³¹ kə⁴⁴
果刚 三 个 人 这 啊 为 我们 大家 把 命 呢 啊 用

ʎa³¹ pi⁴⁴tɛ²², a⁴⁴pʰɯ³⁵ pa⁴⁴wã³¹ ta³⁵ kʰi⁴⁴ ŋã³¹ ta³¹ ɕi³⁵ tɕi⁵³ pʰu⁴⁴ wa⁴⁴, a³¹,
换 火 阿爷 巴望 就 开始 跟 大家 相互 说 了 啊

n̪i³⁵ pɯ³⁵ nã⁴⁴ qo³¹ɕo³⁵ qʰu⁴⁴ tɕi³⁵ tə²², ɕe³¹ kə⁴⁴ a⁵³ le³⁵ qo³⁵l̥o⁵³ tʰu⁴⁴
在 我们 的 苗族 炕 烧 火 要 用 一 个 铁 做

tɕe⁴² nã⁴⁴, nã³⁵ pu³¹ le³¹ ne³⁵ ʑi³¹ ʐã³⁵ po⁵³ hu³⁵ pi⁴⁴tə²² nã³⁵ ʐã³⁵tsɿ⁵³ a³¹
成 的 像 三 个 人 一 样 保 护 火子 的 样子 啊

nã⁴⁴ sɛ⁴⁴ ko³¹ cɑ³⁵, tɕi⁴⁴ le³⁵ tɕi⁵³ tɕi⁵³ kə⁵⁴ qo³¹l̥o³⁵ ʈa⁵³. kã³¹ ta³¹ ɕi³⁵
的 三 脚架 谁 个 都 不 准 用 脚 踩踏 让 大家

n̠i³⁵ tʰu⁴⁴ ʐei³⁵ tʰu⁴⁴ ʂʰe⁵³ nã⁴⁴ qo³¹ŋã³⁵ a³¹ tʰa⁵³ kʰi⁵³ tɕɛ³⁵ to⁵³, a³¹ wei³⁵
在 做菜 做饭 的 时候 啊 就 开始 记得 啊 为

pɯ³⁵ me³⁵ pi⁴⁴tə²² kwɑ⁵³mõ²² nã⁴⁴ pu³¹ le³¹ ne³⁵ n̠tʰa⁵³ nẽ⁴⁴.
我们 取 火 过去 的 三 个 人 厉害 这

  为了让苗族后辈记住果刚三人用生命为大家换来了火种，巴望阿公就跟大家说，在苗家的火塘里，都要用铁做一个跟三人保护火种时样子相似的三脚架，任何人都不准用脚踩踏它。当大家在三脚架上做饭做菜的时候，就记得过去为取火种而牺牲的这三位英雄。

（龙正海讲述，2018 年 4 月 22 日）

调查手记

2015年，教育部和国家语委启动了"中国语言资源保护工程"，我们在2016年申报并获批了"中国语言资源保护工程专项任务"中的"语言方言文化调查"项目"湖南花垣苗语"课题。

2016年7月25日，我和课题组成员吉首大学文学院的瞿继勇教授一起，从吉首驾车前往对我来说久闻其名而又非常陌生的湘西苗族聚居地花垣县，做预先的"踩点"调查。在我的印象中，花垣是一个处在湘黔边界的苗乡秘境。一路上我内心惴惴不安，到这样一个人生地不熟的苗族地区做田野调查，会遇到什么样的困难，能否按项目要求完成调研任务，我感到十分的茫然。

经过三天的"踩点"大致了解情况后，7月28日，课题组的其他成员——中南民族大学图书馆的董坤副研究员和吴萍馆员，以及实习学生沈昊宇都已到达花垣县城花垣镇，我们一行5人前往县境西南部与贵州松桃县接壤的吉卫镇，住进了调查主点夜郎坪村——一个由原腊乙坪村和下水村在2015年合并而成的新的行政村。

我们临时居住在村部，在70多岁的原村主任麻兴章老先生的引导下，早出晚归，挨家挨户，上阁楼，下猪圈，拨开密密的蛛网，拭去厚厚的积尘，寻觅苗族传统文化的遗迹，了解社会生活的现状，进行访谈、记音、拍照、摄像等调查工作。这一次的田野调查持续到8月12日结束，历时20天。其间我们还到了吉卫镇、大夯来村、十八洞村、磨老村、茶洞镇、花垣镇及其所属的兴农园社区进行调研。

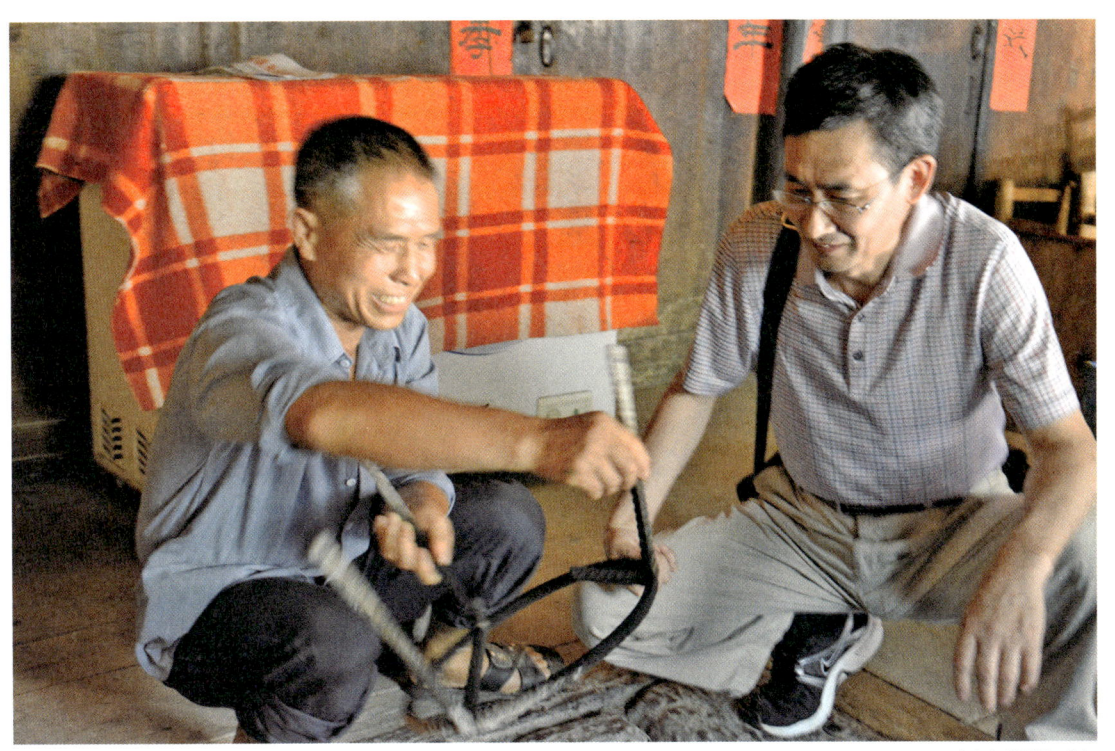

10-1 ◆在夯来村调研三脚架

　　少数民族田野调查的艰辛是在书斋里难以想象的。越是遥远偏僻、贫穷落后的苗族村寨，就越能获得珍贵、罕见的传统文化资源，越能体验到质朴、地道的苗族生活方式。两年前这次调查的艰苦和快乐，至今回想起来仍然历历在目。

　　一天在夜郎坪调查，我们无意中瞥见一个硕大无朋的旧竹篓子躺在墙边，大肚小口，约有两米高，肚部直径有一米多，上面还沾满了泥土。我们不经意地一问，村民说，这是过去用来装粮食的囤子，现在不用了，就扔在外边。我们像发现一件宝物，立刻用相机把这十分难见的珍贵的传统文化遗存记录下来。这种用竹编成、用牛粪拌泥巴糊起来装粮食的粮囤，扔在外面久遭日晒雨淋，仍没散架，让我们感到十分惊奇和欣喜。当我们在夯来村拍到过去用于丧葬活动的地铳时，在磨老村龙家大院拍到精美绝伦的木窗雕时，这种惊奇和欣喜总是伴随着我们，使我们忘记了疲劳、困乏甚至饥饿。

　　住在夜郎坪村部时，有几天断了自来水，没有水洗脸、刷牙、洗澡、洗衣服，也没有水做饭。大家只好到一公里外的吉卫镇街上解决吃饭问题。早晨提着大盆小桶，到村外的水稻田里舀取稻田里的水刷牙、洗脸、洗衣服。晚上九点多钟开车到十几里外一个柴草丛生、漆黑瘆人的山沟里，用冰冷的山间溪水洗澡。这种从未有过的生活体验十分难得，也让我们毕生难忘。

10-2 ◆在大洞冲村与调查对象石寿贵合影

2016年8月8日，我们历尽艰辛赶到双龙镇卧大召村赶秋现场，准备拍摄盛大的赶秋活动，但秋场在前晚的大雨后已变成一片池塘，活动临时取消。我们卷起裤腿，满身泥泞，只留下一张以"池塘"为背景的照片。

此次调查还经历了种种风险。兼任司机的吉首大学瞿继勇教授，载着我们经过坡度足有45度、又陡又弯又狭窄的农村山路，一步一移下到深深峡谷中的大夯来村调查，一车人战战兢兢。在夜郎坪调查时我不小心滑倒，被石台阶的棱角刮去了小腿胫骨上的一层皮；在磨老村调查时在又黑又脏的楼上拍摄历年椎牛留下的牛头时，一头撞在柱子上鼓起一个大包；在花垣镇下车时，又一下子撞在车门的尖角上，把厚厚的眼镜片撞得粉碎……

这次调研获得了我们项目所需的大部分素材。但这些素材大多是表面且容易获得的。一些材料，如婚丧嫁娶、岁时节日，可遇而不可求。所以我们又进行了第二次调查，时间是2016年11月7日到23日。限于经费，这次只有我和瞿继勇教授两人参与。我们没有联系当地政府部门，而是自行前往。调研地点有茶洞、隘门、水井、立新、蚩尤、十八洞、芷耳、金龙、板栗等村镇。

10-3 ◆ 在卧大召村拍摄赶秋节活动遇雨未遂

　　这是我第一次到地处武陵山腹地的苗族村寨十八洞村调研，住了三天两夜。我们到十八洞村梨子寨的平坝，一下车就看见一位70多岁、十分面熟的苗族老太太，主动上前跟我们握手。后来才知道，这位叫龙德成的老太太，就是2013年习近平总书记视察十八洞时，坐在习总书记身边参加座谈的那位。习总书记就是在她家的院子里召开了那次著名的"精准扶贫"座谈会。近年来到十八洞的中外来客络绎不绝，都要见见这位跟习总书记合过影、握过手、谈过话的龙老太太，因此她养成了一见生人就上前微笑握手的习惯。直到现在，龙老太太都是十八洞各种活动和宣传的形象大使。

　　我们来到龙老太太家。她家的院门是那种苗族传统的楼门，门上有阁楼，很是古朴、美观。院门上挂着"成富家厨房"的招牌，他家厨房是习总书记来过后村里第一个接待来客的餐饮点，这个院门包括"成富家厨房"的招牌也成了游人必须"打卡"拍照留念的一个景点。在当年开座谈会的院子，我们跟龙老太太和她老伴施成富一起交谈，了解苗族的语言和文化，在他们家吃晚饭、围坐火塘烤火，感到十分亲切，也十分荣幸。来十八洞村之前，花垣本地的朋友告诉我们，十八洞人都是见过大世面的，连十八洞的狗都是不理人的，要我们做好心理准备。然而事实说明，十八洞人依然没有改变苗族人民淳朴善良、热情好客的本性。

10-4 ◆在吉卫镇调查

我们在挂着"幸福人家"牌子的杨老师家里住了两个晚上。这家也是习总书记来过的地方。杨老师是一位苗族退休教师，他给我们讲述了很多本民族的传统知识，并提供了很多传统实物供我们拍摄。

在十八洞，我们深感遗憾的一件事是，在进十八洞山冲时，路边有一户人家正在建传统的木板房，已经在盖瓦。我们去拍了一些照片，就忘了问什么时候上梁。结果第三天离开十八洞时，发现这房子的门上挂满了红布，地下满是鞭炮纸屑，我心里一震：肯定是上过梁了。上前一问，果然，就在昨天！拍摄的机会就这样与我们擦肩而过，使我们后悔不已。

金龙村是一个负有盛名的花垣苗族村寨，地处海拔900米的悬崖边，被称为"高山上的苗寨"，保留了较完整的传统文化形态。一早我们前往调查，恰遇漫天大雾，可见度不到50米。村边峡谷云雾缭绕，漂亮的高山山寨难见全貌。我们拍了一些照片，但都不太清晰。本来想在金龙住一两天的，但当天下午我们就怏怏离去，后来也没再去，总感美中不足。

此行我们还计划去另一个峡谷中的村寨——龙孔村。去的那天又是下雨。中午时分我们把车停在山上，准备沿着泥泞、陡峭的林间小路下到峡谷里的村子去。下了20来分钟，以为

10-5 ◆在十八洞村与调查对象施成富、龙德成夫妇合影

应该差不多到了。结果碰到一位当地人，告诉我们还没下到三分之一呢！我们想不能下去了，否则当天就上不来了。就这样，一个具有浓郁苗族风情的村寨就无缘相见了。

总的来说，这次的调研天不作美，基本上都在下雨，独自游击式的调研方式效果也不是太好，但还是获得了不少素材，弥补了一些调研的缺项。

2017年暑假，我们进行了第三次田野调查。吸取上次的教训，这次我们通过湖南省民宗委、湘西州民宗委发文到花垣县民宗旅文广新局（简称民宗局），由民宗局帮助联系，为调查提供方便。这次调查从7月25日到8月14日。这次田野调查拍到了一些前两次都没拍到的照片和视频。我们到板栗寨村苗族蜡染名家石杰忠的染坊，对蜡染过程进行了全过程的拍摄；在板栗寨村拍摄了专场组织表演的傩面舞；到五斗村拍摄了银匠打制银器的过程；到夜郎坪村拍摄了苗族"仙娘"通灵的过程；又一次到十八洞村再次拍摄了赶秋的盛大场面，也顺带在新建起的十八洞村苗族博物馆拍摄了不少传统文化的遗存。在麻栗场镇，我们偶然看到一个传统的铁匠铺，但因为天热没有开工。本来我们已经在吉卫镇拍到了打铁的过程，但现代元素较多，不太满意。为了拍摄传统的手工打铁工艺，我们三次前往，终于找到了打铁的夫妇，恳求他们，

10-6 ♦室内音像摄录

付费请他们向我们演示了传统打铁的全过程，获得了一组珍贵的手工打铁照片和视频。

2017年11月26日，我们第四次前往花垣调查。这次调查到12月2日结束，历时7天。调查人有我、瞿继勇教授和我的研究生李果。这次调查的任务比较单一，一是摄录"说唱表演"中的歌谣和曲艺戏剧，二是最后物色、确定室内摄录的发音人。在民宗局民研所谭祖武所长的陪同下，我们在县苗剧团摄录了苗族民歌演唱和乐器演奏，到莲花山村村民麻昌文的苗剧团摄录了地道的苗剧演出，到夜郎坪村确定好了室内摄录的发音人。这是几次田野调查中最轻松、最顺利的一次。

除了以上四次田野调查外，项目组还进行了一些短时间的调查。例如2016年4月30日瞿继勇教授到夜郎坪村拍摄项目申报样品，同年9月22日瞿老师带领他的学生到卧大召村拍摄了该年遇雨而推迟举行的赶秋活动，2017年12月23日瞿老师还派学生到夜郎坪村拍摄了上梁照片和视频。

历时600多天、前后大小7次田野调查，我们获得了不同内容的2000多幅照片和150多个文化视频，以及大量有关苗族语言文化的知识。根据项目要求，我们从中精选了近600幅照片、10个文化视频放在本图册中。

本项目第二阶段的工作，是室内音像摄录和图册编写。相对于田野调查而言，这些室内或案头的工作就容易多了。2018年4月16到22日，我们在中南民族大学的音像摄录室顺利完成了室内音像摄录工作。苗语发音的记录、语料部分的转写和翻译工作由本项目组成员、知名的苗语专家、吉首大学文学院杨再彪教授完成。图册除"序言"和"说唱表演"的转写、翻译外，其余章节所有文字的撰写、校对均由本人完成。

从事苗族语言文化典藏项目的工作，使我有机会第一次深入湘西苗族山乡，最近距离地接触、观察、了解、记录苗族人民的历史传统和现代文化，深切感受、见识了苗族文化的源远流长、丰富多彩和博大精深，亲身体验到了苗族人民出自本性的淳朴、善良和友好。这部饱含我们心血和汗水的著作，希望能为苗族人民对我们的善待做出一点回报，希望能为中国的语言文化资源保护工程做出一份贡献！

刘宝俊

2019年7月22日撰于武昌南湖之滨

参考文献

李廷贵等 1996《苗族历史与文化》，北京：中央民族大学出版社。

凌纯声、芮逸夫 2003《湘西苗族调查报告》，北京：民族出版社。

石启贵 2008《湘西苗族实地调查报告》，长沙：湖南人民出版社。

王辅世主编 1985《苗语简志》，北京：民族出版社。

杨再彪 2004《苗语东部方言土语比较》，北京：民族出版社。

中央民族学院苗瑶语研究室 1987《苗瑶语方言词汇集》，北京：中央民族学院出版社。

索引

1. 索引收录本书"壹"至"捌"部分的所有条目，按条目音序排列。"玖"里的内容不收入索引。
2. 每条索引后面的数字为条目所在正文的页码。

B

八人秋	265
八仙桌	74
巴代	214
粑臼	112
拔河	195
拔火罐	182
把桶	68
粑	146
耙地	131
掰包谷	135
百褶裙	95
拜高堂	234
拜年	256
拜祖宗	234
扳罾	177
办丧事	242
包袱	105
包谷粑	113
包谷饭	111
包谷粉条	114
包谷酒	115
包谷酸	121
包屋梁	54
包粽子	263
背包	105
背柴	139
背带	87
背嫁妆	227
背篓	86
背水桶	68
背椅	86
备嫁	226
臂圈	104
编捕鱼笼	154
编竹篓	155
扁担	141
扁桶	84
簸箕	142
捕鱼笼	178
布鞋	99

C

裁缝	157
菜豆腐	117
菜锅	67
餐桌	75
草标	219

327

草筐	143	搓包谷	136
草鞋	101	撮箕	143
插秧	130	撮瓢	69
锸	150		
茶壶	188	**D**	
茶盘	191	打草鞋	158
茶碗	191	打糍粑	254
茶叶	116	打稻谷	133
柴刀	144	打笞	213
长桌宴	188	打谷机	148
车包谷	137	打谷桶	148
蚩尤	210	打黄豆	137
齿耙	145	打摸米	230
舂碓	136	打牌	193
抽旱烟	190	打绕棺	246
抽水烟	190	打三棋	193
厨房	26	打铁	167
础石	36	打油菜籽	134
穿枋头	25	大门	35
窗户	37	大灶	64
窗联	237	戴孝	244
床	72	单灶	65
吹火筒	67	荡刀	157
吹夹马号	202	荡秋千	201
吹木叶	203	刀剑神	215
吹牛角号	219	捣药臼	183
吹唢呐	204	稻草人	132
吹竹唢呐	204	灯台	81
吹竹埙	205	地	129
吹竹叶	203	地铳	245
椎牛	265	点石桥	51
锤屋架	53	垫锅圈	66
瓷碗	71	雕花	156
糍粑	112	雕花床	72
村寨	40	吊脚楼	22

钓鱼	176
鼎罐	66
钉橡条	57
定鸡	246
丢手绢	194
兜肚	94
斗	170
斗笠	97
斗鸡	196
豆腐	114
豆腐坊	115
豆腐干	114
豆角干	118
都乐舞	207
对襟衣	92
剁猪草	138

E

儿童轿椅	78
儿童书桌	77
耳环	102

F

翻花绳	196
翻筋斗	200
饭篮	86
方凳	78
房屋	20
纺纱	160
放河灯	267
放经线	162
放牛	174
放羊	174
放纸鹰	260
粉筛	149

粪桶	130
风车	150
风箱	166
蜂蜡	181
蜂桶	181

G

干辣椒	120
杆秤	168
赶边边场	192
赶场	192
赶秋	264
割稻谷	133
割漆刀	173
割漆工	173
割油菜	134
格子窗	36
更鞋	229
公鸡枕	241
谷筛	149
瓜瓢	69
刮篾	154
挂彩布	59
挂灯笼	255
挂红	218
官亲	231
棺材	241
灌肠	122
柜台	169
锅盖	66

H

蛤蟆笼	144
蒿菜粑	113
薅锄	140

喝酒	189	架地脚枋	52
喝喜酒	239	架地桥	213
烘架	82	嫁妆	226
红薯饭	111	尖头鞋	99
红薯粉条	114	筧	51
红薯窖	44	剪刀神	215
猴儿鼓舞	206	剪纸	165
葫芦壶	69	浇粪肥	132
花边裤	92	角锄	141
花边衣	93	绞棕绳	159
花带	96	接龙	216
花带架	161	接龙舞	207
花带织板	160	戒指	103
划拳	196	净手脸	235
黄罗伞	244	敬棺神	248
黄鳝夹	179	敬喜酒	236
婚礼	224	酒坊	180
火笼	83	酒窖	45
火盆	82	酒曲	179
火钳	67	酒坛	83
火塘	27	酒提子	169
火塘间	27	酒桶	180
火药罐	172	酒甑	179
		舅爷	230

J

鸡舍	43		
箕篓	178	**K**	
祭梁	56	开春社	266
祭树神	212	开裆裤	94
祭水神	212	开脸	227
祭土地神	213	开梁头	56
祭五谷神	264	坎肩	93
祭祖先	256	看月子	239
夹子	172	炕架	28
家先	211	靠椅	77
		哭嫁	228

挎包	105
跨火	235

L

拉网	175
腊肉	123
腊鱼	123
蜡染	164
拦亲	230
捞桃花虫	175
醪糟	116
老鹰捉小鸡	195
烙铁	158
擂钵	70
犁	147
犁田	128
理发	156
立碑	260
立排架	52
连枷	149
镰刀	144
脸盆	79
脸盆架	79
凉亭	46
粮仓	44
粮囤	85
粮柜	85
粮桶	84
亮瓦	31
猎枪	171
猎人	171
灵柩	243
令牌	216
绺巾	218

龙宝	217
龙王庙	211
龙舟	261
楼门	34
罗盘	216
箩筐	142

M

麻鞋	101
马灯	80
马架	139
马桶	80
满襟衣	93
猫狗洞	35
茅草棚	22
茅司屋	41
茅屋顶	29
煤油灯	81
门符	214
门阶石	37
门联	237
门闩	36
米豆腐	113
米饭	111
米粉	110
米缸	83
米筛	149
棉裤	92
棉鞋	100
苗布	162
苗鼓	204
苗药	182
苗医	182
摸瞎子	194
磨刀	145

磨棉絮	161	牌位	243
墨斗	153	盘秤	168
木板墙	32	盘头发	191
木鼓	205	盘头帕	228
木柜子	84	抛梁粑	57
木姜子	122	劈篾	153
木瓢	69	菩萨	209
木铺板	73		
木桥	50	**Q**	
木锁	36	砌大灶	151
木炭窑	50	扦担	140
木碗	70	抢喜	236
木绣球	24	抢鸭子	262
木椅	76	茄子干	119
		清明祭	259
N		求婚	224
男上装	92		
南瓜干	119	**R**	
撵道师	246	染布	165
碾坊	48	染坊	163
碾子	70	认亲	225
酿酒	180	箬竹	32
牛轭	146		
牛角琴	205	**S**	
牛圈	42	撒灰	131
牛头神	215	撒衣禄米	249
傩公傩母	210	赛龙舟	261
傩面舞	208	三脚架	26
傩神面具	217	丧礼	240
糯米酒	115	扫帚	81
		筛黄豆	137
P		晒簟	150
耙锄	141	杉皮墙	33
排座次	189	杉皮瓦	30
牌楼	46	杉皮屋顶	30

杉树枝	219	送鸡米	239
上刀梯	265	送聘礼	225
上坟	259	送葬	247
上蜡	164	送子娘娘	209
上梁	53	酸菜干	119
上墙板	58	酸豇豆	120
烧堂火	59	酸肉	118
社饭	267	酸汤	117
升子	170	酸汤罐	26
十字镐	141	酸鱼	118
石窗	38	笋干	120
石锤	153	蓑衣	96
石地漏	40		
石匠	151	**T**	
石磨	47	抬棺	247
石墙	33	抬花轿	232
石桥	50	弹玻璃球	197
石桌	74	弹棉花	159
手链	104	糍粑	146
手镯	104	堂屋	25
守灵	242	桃符	214
首饰	226	讨彩头	55
寿帽	240	梯田	129
寿鞋	240	提包	104
寿衣	241	提筲箕	142
树神龛	211	提箱	85
刷桐油	58	天井	39
摔跤	197	田	128
水车	147	挑柴	138
水缸	83	挑粪	132
水井	45	挑箕	142
水桶	67	挑篓	143
水舀子	69	条凳	76
司刀	217	跳房子	199
司刀绺巾舞	208	跳鼓舞	206

333

跳马	199	舞狮子	258
跳皮筋	198		
跳绳	198	**X**	
贴春联	257	蟋蟀篓	155
铁叉	172	洗儿	238
铁砂子	172	洗脚盆	80
桐油灯盏	80	喜把	228
桐油桶	70	喜蛋	238
童帽	97	喜堂	237
筒裙	94	下花轿	233
头娘	232	下葬	248
头帕	98	项圈	103
土地庙	210	巷道	38
土砖墙	34	小鸡笼	155
团年饭	257	小卖部	168
拖鞋	101	小鸭食槽	86
脱蜡	164	小猪食槽	87
		孝堂	242
W		孝子	244
挖锄	140	孝子三锄	249
挖红薯	135	鞋匠	158
瓦钵	71	写春联	256
瓦桶	152	新娘出门	231
瓦屋顶	28	雄黄	263
碗柜	71	修坟	260
望楼	23	绣花	165
围腰	95	绣花鞋	100
围嘴	94		
蚊帐	73	**Y**	
卧柜	84	鸭圈	43
屋脊	28	鸭血粑	122
屋架	24	烟袋	191
屋檐	29	烟杆	190
舞龙	258	烟丝	116
		烟叶	116
		腌菜坛	82

腌萝卜	122	糟辣椒	121
盐罐	66	澡盆	79
秧船	130	澡桶	80
羊圈	42	铡刀	144
腰带	103	炸包谷	166
窑瓦匠	152	榨米粉	110
摇篮	73	寨门	47
药铺	183	笊耙	145
药箱	183	罩鱼	176
衣柜	85	针线篮	87
银八卦	55	织布	163
银帽	102	织布梭	160
迎亲	229	纸船	200
油坊	48	纸飞机	202
油罐	66	纸扎屋	245
油提子	170	制梁	54
油香粑	113	制银	166
油炸鱼	119	粥	111
鱼干	121	猪圈	42
鱼篓	179	猪食槽	87
鱼鹰	178	竹床	73
圆凳	78	竹篓	144
圆头鞋	99	竹泥墙	31
圆桌	75	竹枥	215
愿标	218	竹箱	82
耘禾	131	竹椅	77
耘耙	147	竹桌	75
熨斗	158	祝寿	238
		砖瓦房	23
Z		砖瓦窑	49
扎辫子	191	捉田鱼	177
扎裢子	105	粽子	262
扎扫把	167	走高跷	201
宰年猪	255	祖神位	211
宰猪灶	65	坐墩	78

后记

经过三年多的艰苦调查、整理、撰写，本书终于完稿并即将出版。这部著作集艰苦的田野调查、高标准的图片和音像摄录、复杂的现代数据技术处理、大量的文案撰写工作于一体，学科、专业交叉，工作繁重、复杂，靠项目组成员的艰苦努力和其他朋友的鼎力相助才得以完成。

项目组除了由我负责主持、参与全部工作外，瞿继勇教授参与了全部田野调查工作，出力最多。杨再彪教授负责所有词语的记音和语料的转写、翻译。董坤、吴萍、沈昊宇参与了部分田野调查工作。

此外向为这一调研课题提供帮助、做出贡献的领导、同事、朋友特别表示诚挚的感谢。

首先要感谢的是花垣县党政部门的各位领导，包括县委书记罗明，民宗局原局长龙雨，以及该局的刘伟高副局长、广播电视台梁宏斌台长、非遗中心石穆炎主任、民宗股张声辉股长、民族研究所谭祖武所长等，他们为我们的田野调查提供了强有力的支持和帮助，使我们能够顺利开展调研工作。

其次要感谢的是吉卫镇夜郎坪村书记田金珍女士、妇女主任龙秀银女士、调研对象麻兴章先生、发音人龙正海先生。是田书记和龙主任妥善安排我们在夜郎坪村调研期间的生活，协调各方面的工作，不厌其烦地接受我们的电话和网络咨询。是麻兴章先生以70多岁的高龄，在酷热的暑期顶着烈日带领我们挨家入户调研、讲解。是龙正海先生在我们遭遇困难时挺身而出，来到武汉为我们发音。同时我们还要感谢其他的调研对象，像夯来村的麻建文、磨老村的龙林刚、板栗村的石杰忠、莲花村的麻昌文等先生，还有很多的调研对象我们甚至都没有记下他们的名字，请原谅我们的疏忽，在这里一并致以真诚的感谢。

我们还要感谢花垣县的文贤武、麻绍辉、欧建安、龙筱芳、彭淼、麻炜东等朋友。他们有的与我素昧平生，有的是我曾经教过而久未联系的学生。当我第一次来到完全陌生的花垣时，是他们第一时间接待我们，热情地为我们联系各方，或无私奉献他们手中的珍贵素材。没有他们的接待、联系、支持，我们难以打开局面、迅速开展工作。尤其是文贤武和麻绍辉，在我们的田野工作中自始至终给予我们各种帮助，令我们十分感动，难以忘怀！

我们还要感谢中南民族大学文学与新闻传播学院语言类专业的硕士研究生们，其中付出最多、最辛苦的是李果、荣华、谭楚阳三位女生。是她们毫无怨言地为我们的项目做室内音像摄录和所有语料以及音像材料的编辑、加工、整理工作。没有她们技术上的支持，不谙电脑技术的我要完成这些工作是根本不可能的。

最后我要感谢我们调查过的所有苗族人民。在我们走村串寨的时候，不因我们这些素不相识的"不速之客"登堂入室、翻箱倒柜而有丝毫的不快，不因我们的"骚扰"而有丝毫的反感。总是笑脸相迎，积极配合我们的调查，主动引导我们去寻觅，热情帮助我们去翻找，详细为我们介绍。几年来的亲密接触，苗族同胞的诚恳、善良、热情、礼貌，给我们留下了难忘的记忆！

刘宝俊

2019 年 8 月 1 日于武昌南湖之滨

图书在版编目（CIP）数据

中国语言文化典藏. 花垣苗语 / 曹志耘，王莉宁，李锦芳主编；刘宝俊著. —北京：商务印书馆，2022
ISBN 978-7-100-21385-1

Ⅰ. ①中… Ⅱ. ①曹… ②王… ③李… ④刘… Ⅲ. ①苗语—研究—花垣县 Ⅳ. ① H17

中国版本图书馆 CIP 数据核字（2022）第 118009 号

权利保留，侵权必究。

中国语言文化典藏·花垣苗语

曹志耘　王莉宁　李锦芳　主编
刘宝俊　著

商务印书馆出版
（北京王府井大街 36 号　邮政编码 100710）
商务印书馆发行
南京爱德印刷有限公司印刷
ISBN 978-7-100-21385-1

2022 年 12 月第 1 版
2022 年 12 月第 1 次印刷
开本：787×1092　1/16
印张：21¾
定价：280.00 元